在我的家乡阿比让，刚学走路的我。

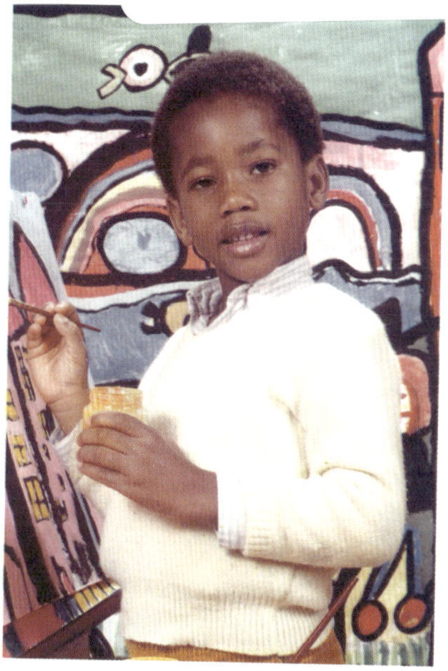

在法国的学校，我正在画画。

我的妈妈克洛蒂尔德。

我的爸爸阿尔伯特。

我和我的堂弟堂妹凯文和玛琳，在我叔叔和婶婶的房子外。

我的叔叔米歇尔·戈巴，他也是一名足球运动员。

10岁的时候我加入了第一支真正意义上的足球队——敦刻尔克足球俱乐部，我站在后排。

1993—1997 年，我效力于巴黎郊外的勒瓦卢瓦运动俱乐部。之后，他们将他们的球场命名为“迪迪埃·德罗巴体育场”。这是一项巨大的殊荣。

1999 年，21 岁的我效力于勒芒，不久前我刚签下了我人生的第一份职业合同。

勒芒主教练马克·韦斯特洛佩，在我职业生涯初期给予了我很大的支持。

来到甘冈，我立刻和我们的主教练居伊·拉孔贝相处得很好，并且用努力来回报他对我的信任。

在甘冈，我和我非常要好的朋友弗洛伦特·马卢达在一起。

2003 年 2 月 22 日，我与哈基姆·沙其和莱昂内尔·巴一起庆祝我的进球，甘冈在这场比赛中不可思议地以 3 ：2 打败了巴黎圣日耳曼。

2003 年 7 月 16 日，我是一个快乐的人，因为我刚刚与奥林匹克・马赛足球俱乐部签下了合约。

2003 年 8 月 2 日，和甘冈前队友、我的朋友布莱瑟・库阿西打招呼。我为马赛出战的第一场比赛竟然是对阵我的前东家！

2003 年 10 月，马赛 vs 波尔图。那晚是我第一次见到何塞・穆里尼奥。

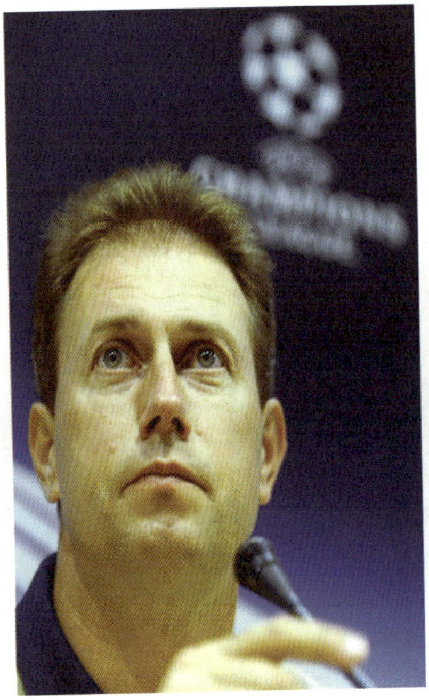

主教练阿兰·佩兰，他在说服我来到马赛这件事上起到了很大的作用。

在这里可以俯瞰马赛港。

2004 年 3 月 11 日，欧联杯第四轮在安菲尔德球场举行。这是 27 年来法国球队在利物浦打入的第一个进球。那天也是我的生日。

和马赛队友们在训练课上慢跑，从左至右：西尔万·恩迪亚耶、法比安·巴特斯、劳伦特·巴特勒。

2004 年 5 月 6 日，我们在欧联杯半决赛第二轮对阵纽卡斯尔联队。在我打入第二个进球后，主教练何塞·阿尼戈向我祝贺。

2004 年 5 月 6 日，在欧联杯半决赛与纽卡斯尔联队对阵时，我打入了我在本场比赛两个进球中的第一个，球迷们在庆祝。

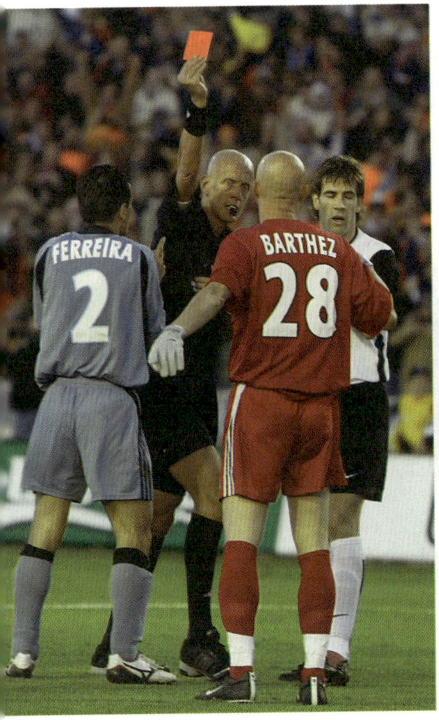

左图：2004 年 5 月 19 日，欧联杯决赛在哥德堡举行，我们对阵的是瓦伦西亚。主裁判皮埃路易吉·科利纳将守门员法比安·巴特斯红牌罚下。

下图：2004 年 5 月 19 日，在皮埃路易吉·科利纳决定将巴特斯罚下之后，我和我的队友阿卜杜拉耶·梅特和德米特里乌斯·费雷拉对他提出申诉。

2004 年 7 月 19 日，马赛在新闻发布会上宣布我的离开，坐在我旁边的是俱乐部老板克里斯托弗·布歇。对我来说这真是艰难的一天。

2005 年 10 月，我受到总统洛朗·巴博的接见，庆祝科特迪瓦国家队首次入围世界杯。

2005 年 10 月，在洛朗·巴博总统祝贺国家队入围世界杯后，我和我的母亲克洛蒂尔德在阿比让的总统府外。

左图：2006 年 2 月，我们在非洲国家杯 1/4 决赛对阵喀麦隆。我在点球大战中打入致胜一球，我们以 12 ：11 赢得比赛。

下图：2006 年 2 月，我们在开罗的非洲国家杯决赛上对阵埃及。我们在点球大战中落败之后，我的马赛前队友、埃及球员米多过来安慰我。

2006 年 2 月，非洲国家杯。听说我们在半决赛中击败了尼日利亚后，球迷们跑上阿比让的街头庆祝。

右图：2007 年 3 月，我获得了“年度非洲足球先生”的称号，我穿着传统长袍接受了颁奖，我感到非常荣幸。

下图：2007 年 6 月，我去看望了我挚爱的祖母伊莲娜，其他家庭成员也围绕着她。

2004年7月22日，我与切尔西签下了合约。虽然未能穿上11号球衫，但我最后选择了15号，那是我的儿子艾萨克的生日。

2005年2月，加迪夫千年球场。我们击败利物浦获得了凯凌杯（联赛杯）冠军，这是我随切尔西获得的第一个冠军，也是我职业生涯中的第一座冠军奖杯。

这张照片无须文字描述。

2005 年 7 月，我们到美国纽约踢季前赛。图中从左到右：威廉·加拉斯、克劳德·马克莱莱、肖恩·赖特·菲利普斯、我、格雷米、拉萨纳·迪亚拉、卡尔顿·科尔。

2006 年 4 月 29 日，我们在斯坦福桥主场迎战曼联，赛后我们庆祝球队连续第二年获得英超联赛冠军。图中后排从左到右：威廉·加拉斯、埃尔南·克雷斯波和格雷米。

2006年10月，在与巴塞罗那的欧冠对决前，我们在诺坎普球场训练。何塞·穆里尼奥在旁边看着我们。

和安德烈·舍甫琴科在一起。和舍瓦一起踢球是一种荣幸。他是一位绅士。

上图：2007 年 5 月 19 日，足总杯决赛对阵曼联，这是我第一次在新温布利球场比赛。开赛前，威廉王子和我们握了手。

右图：和我的朋友兼队友克劳德·马克莱莱庆祝我们赢得 2007 年的足总杯冠军。

下图：2007 年足总杯决赛。我们在新温布利球场进了许多球，这是第一个。

2007 年足总杯决赛，我和迈克尔·埃辛在庆祝，一起摇摆！

2007 年足总杯决赛，在切尔西老板买下球队后，这是我们第一次赢得冠军，他看起来非常开心。

我的患难兄弟！他一直都支持着我。

2008 年 5 月 21 日，我们在莫斯科与曼联展开欧冠决赛的对决。这是一个噩梦般的夜晚——就像我一直说的，我并不是故意的。

2009 年 5 月，庆祝我们在足总杯决赛上战胜埃弗顿。

2009 年 11 月，我和主教练卡尔洛·安切洛蒂。在我的切尔西职业生涯最好的一个赛季中，他扮演了很重要的角色。

2009 年 11 月 25 日，我和我的好朋友尼古拉·阿内尔卡，他在与波尔图的这场欧冠比赛中进球了。

2010年5月9日，我在切尔西8 ：0战胜维冈的比赛中打入我们的第5球，这场胜利帮我们保住了英超冠军。

2010年5月，我和约翰·特里（JT）、弗兰克和彼得在伦敦东南区的街上为胜利游行，并展示我们的英超和足总杯冠军奖杯。

左上图：2010 年 5 月，我获得了我的第二个金靴奖，第一个是在 2007 年获得的。

右上图：我总是在训练中尝试一些疯狂的动作，这样我在比赛中做起这些动作来就会更舒服。

左：上杂志封面总是一件开心的事，特别是像《名利场》这样的杂志，这张照片的摄影师是安妮·莱博维茨。

2010 年 6 月 4 日，因为和日本队的田中（左）相撞，我受伤离场。我很害怕自己的南非世界杯梦就这样破碎。

我们在 2010 年南非世界杯的第一场比赛，我在与葡萄牙打成 0 ∶ 0 时替补上场。

2012 年 2 月，非洲国家杯。后排从左到右：科洛・图雷、热尔维尼奥、索尔・巴姆巴、亚亚・图雷、萨洛蒙・卡卢。前排从左到右：博巴卡・巴里、西亚卡・蒂埃内、迪迪埃・佐科拉、我、让 - 雅克・格索、谢克・蒂奥特。我所效力的最好的一支科特迪瓦队。虽然我们一球未失，但还是出局了。

正在前往瓦伦西亚参加欧冠联赛的老将们。

2012 年 4 月 24 日，欧冠半决赛对阵巴塞罗那第二回合。我们奔跑着，用尽全力为切尔西带来又一次欧冠决赛资格。

弗洛伦特·马卢达和我自始至终都是好朋友：如今我们仍在一起。这么多年来，有他这位好朋友实属难得。

2012 年 3 月，欧冠 1/4 决赛对阵那不勒斯第二回合，我和主帅罗伯特·迪马特奥。

2012 年 5 月 19 日，欧冠决赛，在慕尼黑对阵拜仁慕尼黑。我在点球大战时祈祷。和我在一起的有，从左到右：加里·卡希尔、阿什利·科尔、费尔南多·托雷斯、弗洛伦特·马卢达、约翰·奥比·米克尔。

2012 年的 G8 峰会，为了观看欧冠决赛的点球大战，会议暂停进行。

慕尼黑之役过后，我和我的兄弟们在一起。是的，我们最终做到了。

2012 年 5 月 20 日。我们在泳池边庆祝到天亮——那一晚我们拥有了整个慕尼黑。

为我的家人自豪，为我们赢得欧冠而自豪。我觉得自己非常幸运。

我人生中最自豪的时刻：2009 年与纳尔逊·曼德拉见面。

我和我的妻子拉拉在一次筹款晚宴上。

左图：2012 年 5 月，我被我在效力于切尔西期间随队赢得的奖杯包围着。从左到右：足总杯、联赛杯、欧冠冠军奖杯、社区盾杯，以及英超冠军奖杯。

下图：我送给所有和我一起赢得欧冠奖杯的队友们每人一枚这样的纪念戒指。

下图：三个火枪手。

2012 年 10 月，在上海的日子，训练很开心。

2013 年 5 月，跟随加拉塔萨雷赢得土超联赛冠军，这是该俱乐部的第 19 个土耳其联赛冠军。

2013 年 4 月 9 日，欧冠 1/4 决赛第二回合，加拉塔萨雷 vs 皇家马德里，我在庆祝面对强大的“银河舰队”时的进球。

2013 年 8 月，在对阵费内巴切的第 99 分钟我射入了制胜一球，赛后我和韦斯利·斯内德一同举起土超冠军奖杯。

2014 年 3 月，加拉塔萨雷在欧冠联赛中与切尔西相遇。我的儿子艾萨克陪着我，这次回到斯坦福桥让我感到非常激动。

2014 年 5 月 24 日，切尔西 vs 桑德兰，我们在庆祝又一座英超联赛奖杯，这也是我在切尔西的第四座英超冠军。

2015 年 5 月 24 日，我在艾萨克、伊曼和基兰的陪同下，作为队长带领着切尔西出场，这是我为它出战的最后一场比赛。彼得·切赫、约翰·特里在我的身后，自我 2004 年加盟切尔西以来，那些和我一起效力于此的球员现在只剩下他们两人了。

2007 年 1 月，日内瓦，我被任命为联合国开发计划署亲善大使。

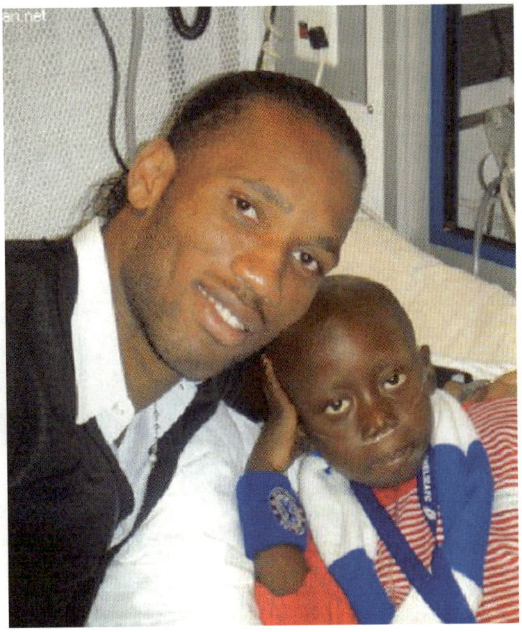

2009 年，我和我的小朋友诺贝尔。他使我产生了创立迪迪埃·德罗巴基金会的想法。

2011 年 12 月，联合国开发计划署在汉堡举行“对抗贫穷”慈善赛，赛前，我和齐内丁·齐达内、罗纳尔多以及法比安·巴特斯一起。

2012 年 3 月，伦敦，我在一次筹款晚宴上讲话。

2012 年 3 月，我和我的队友们在筹款晚宴上，从左到右：劳尔・梅勒莱斯、罗梅卢・卢卡库、我、萨洛蒙・卡卢和何塞・博辛瓦。

2015 年 7 月，我在蒙特利尔机场受到了不可思议的欢迎。

基金会工作最动人的时刻之一：为孩子们举行一次圣诞派对。

我的慈善生涯中最美丽也是最重要的目标：阿比让的诊所。

DIDIER DROGBA

MY AUTOBIOGRAPHY
COMMITMENT

德罗巴自传 承诺

[科特迪瓦] 迪迪埃·德罗巴 \ 著　阅洁作SoccerBooks \ 译

群言出版社
QUNYAN PRESS
·北京·

图书在版编目（CIP）数据

德罗巴自传：承诺 /（科特）迪迪埃·德罗巴著；阅洁作 SoccerBooks 译．-- 北京：群言出版社，2018.6

书名原文：COMMITMENT Didier Drogba My Autobiography

ISBN 978-7-5193-0330-3

Ⅰ．①德… Ⅱ．①迪… ②阅… Ⅲ．①迪迪埃·德罗巴 - 自传 Ⅳ．①K834.465.47

中国版本图书馆 CIP 数据核字（2018）第 124468 号

北京市版权局著作版权合同登记图字：01-2018-3874

责任编辑：潘 昊 金 朝
特约编辑：刘烜飞 庄思雅
封面设计：主语设计

出版发行：群言出版社
地　　址：北京市东城区东厂胡同北巷1号（100006）
网　　址：www.qypublish.com（官网书城）
电子信箱：qunyancbs@126.com
联系电话：010-65267783 65263836
经　　销：全国新华书店

印　　刷：北京亚通印刷有限责任公司
版　　次：2018年7月第1版 2018年7月第1次印刷
开　　本：710mm×1000mm 1/16
印　　张：19
字　　数：258千字
书　　号：ISBN 978-7-5193-0330-3
定　　价：59.80元

鸣谢

特别感谢所有与我共事过的教练以及那些造就了我球员身份的人们，但首先，我要感谢所有对我有过影响的人们，他们激励我成为现在的自己。我无法一一列出他们的名字，否则我可得再写一本书了！感谢我所有的队友们——我曾与如此多的人才一起共事过，我认为自己很幸运能有这么多朋友。感谢我的父母对我的教育，也谢谢我的叔叔米歇尔·戈巴——因为你，我才有了梦想并实现梦想。谢谢从我在勒瓦卢瓦-佩雷时以来的所有教练。感谢在我职业生涯头四年中一直严厉要求我的马克·韦斯特洛佩和阿兰·帕斯卡罗。感谢对我深信不疑的居伊·拉孔贝。感谢何塞——特别的一个，以及罗曼——虽然我已经告诉过你，但我还是要说，你改变了我的生活和我家人的生活，我将永远对你心存感激。感谢斯特凡·雷诺——一个拥有特别的双手的人。卡罗琳·麦卡蒂尔以及所有 Sports PR 的成员……谢谢。XL Sport 的蒂埃诺、皮埃尔和马蒂亚斯以及帕佩·迪乌夫，谢谢你们陪我度过了这些成功的岁月。

谢谢大卫·拉克斯顿和戴比·贝克曼，谢谢罗迪·布卢姆菲尔德以及他的整个霍德和斯托顿出版公司团队。

序言：再见

我想在斯坦福桥代表切尔西出战最后一场比赛。我也想让人们提前知道这件事，所以在我们的赛季收官之战的几个小时前，我宣布了这一消息。我们将被授予英超冠军奖杯，我也能够以我想要的方式退役。这对我的意义比许多人意识到的还要大。然而，那些非常了解我的人都理解这次告别的机会对我来说有多重要。

我这一生，一直被带离我所爱的人和地方，常常是毫无预警，也并非出于我意愿的。这一次——终于——情况有所不同了。我是决定离开的那个人；我是那个决定说“再见”的人——在法语字面上的意义是“再会”，这次告别的感觉很不一样。

开赛之前，他们也背着我做了一些准备工作。那个周日早晨，在我到达球场参加决赛前，主教练已经和约翰·特里谈过，而且他们决定把那天的队长袖标交给我，这的确感动到我了，因为他们没有必要那样做的。如果出现点球，我还会优先于常规选择，被任命为点球主罚。何塞·穆里尼奥和桑德兰的主帅迪克·艾德沃卡特一起谋划了一个最终计划，所有的球员也都熟知内情，但我丝毫没有察觉，当我发现时已经太晚了。

这场比赛本身是一件严肃的事情，不是一场告别游行或者一场表演赛。半小时之后，一个持续的膝盖伤势意味着我不得不被替换下场。当我准备下场时，突然发现自己被整支球队围绕着，接着我发现约翰·米克尔·奥比和布拉尼斯拉夫·伊万诺维奇正试着把我举高，然后将我抬下球场，我大笑起来，因为这太令我惊讶了，但我也的确不舒服。虽然我很愿意试着去娱乐人们，但实际上我非常害羞，而且除非我自己决定要来到舞台中心，否则我不喜欢所有的焦点都落在我身上。当然，我的队友们知道这一点，但即使我一开始表示抗拒，我也很快就意识到抵抗是没有用的。我还想到，因为他们知道我是一个充满热情又容易被感动的人，所以他们真正的目的是使我落泪。然而，我并没有哭！当我下场时，整座球场响起了掌声和欢呼声，我也向所有人挥了挥手。对我来说，这是一个幸福的时刻，而不是难过的时刻。

我们轻松地赢得了比赛，然后娱乐才真正开始。首先是颁奖典礼。我从未把赢得冠军视为理所当然。事实上，我从未把任何事情视为理所当然。我所经历过的生活让我对这一点确信无疑。今天你可以赢得冠军，然后心想明年的冠军还会是你的。接着你就会意识到，你已经去了别的俱乐部，或者球队已经变得不一样了，然后你必须再等个五年——与切尔西的情况一样——才得以重新夺冠。所以我一直认为，真正重要的是去享受每一场胜利、每一个冠军，把它当作是你的最后一次——因为事实可能就是如此。

我带了一台迷你摄像机尽可能多地记录下那一天。我的记忆将永远留在我的心中和脑海中，我想为其他人——我的家人，我的孩子们——记录下这一切，以便他们也能永远拥有那些记忆。当我看视频时，我也能看到很多开心的面孔。

在庆祝过程中有太多的欢乐时刻：当主教练拿起王冠戴在我头上，仿佛他正加冕我为斯坦福桥国王的时候；当我带着奖杯绕场行走，与所有的球迷一起分享的时候——没有那些球迷，这个俱乐部和我们所有球员将什么也不是；当我对这个承载着一切的球场做告别演讲的时候。

虽然从情感上来说很艰难，但对我来说，那是一个伟大的时刻，因为我终于可以公开感谢很多特别的人，这几年来他们给了我如此多的帮助。首先，我对阿布拉莫维奇为这个俱乐部所付出的一切表示了感谢。他的慷慨得到了回报，因为我们赢得了所有的荣誉。然后我感谢了何塞·穆里尼奥，对我来说他的确是“特别的一个”，因为他让我有机会来到切尔西，之后他又给了我机会回到这里。我也感谢了我所有前队友当中的弗兰克·兰帕德——另一个非常特别的人，因为没有他所有的助攻，就不会有这么多的进球或奖杯。弗兰克自己也度过了作为英格兰球员的最后一天，然而就在那天早晨，他以一贯的无私的方式，亲切地给我和其他人发了一条信息，祝贺“他的兄弟们”获得了联赛冠军。

回到更衣室，就是更多庆祝、更多娱乐、更多唱歌和跳舞的时刻了，还有许多的香槟。我认为没有球员能够逃过被我喷香槟。在某一刻，老板（我的确没有对他喷香槟，我必须承认）意识到我是唯一一个一滴都没有被喷到的人，于是他让一个人拿着香槟过来喷我。我是最后一个离开更衣室的人，我想在那里享受最后的点滴时光，品味它的样子和味道，将细节彻底地下载到我的精神硬盘，这样我就永远不会忘记那天的情形，永远不会忘记成为俱乐部历史的一部分有多么荣幸。

或许有些人会觉得很意外，我竟没有落泪。2012年，当我首次离开时，我非常伤感。当时我们刚刚赢得了欧冠冠军。我度过了一个非常艰难的赛季，但作为一个团队，我们一起铸造了一些真正强大的东西，那使我们能够赢得这项不可思议的，也是我们渴望已久的奖杯。当时，我并非真正想离开，所以我非常难过。我以为我永远不会回到切尔西了。对我来说，那是永远的离开。

这一次，我离开的感觉很不一样。我知道我还会回来。这不是我与俱乐部旅程的终点。几天前，俱乐部就向我保证，当我的职业生涯一结束，我就可以回来。这是他们希望的，也是我所希望的。现在我知道未来会发生什么，因为我拥有特别的待遇。

在更衣室里，何塞向我走来。几乎所有人都离开了。我们是如此地理解对方；我们有着独特的联系。由于我们都是容易激动的人，所以无须多言。他只是给了我一个大大的拥抱，一个大大的微笑，然后给我留下一句话：“去吧。然后再回来。”很简单的一句话，非常简单。

目录

第一章

家在何方？

五岁之前，我的生活无忧无虑。家里总有很多人，充满着欢声笑语和生活气息。我们住在位于科特迪瓦东南沿海的阿比让，它是这个国家最大的城市。我们家虽不富裕，但因为我们当时年纪还小，也没觉得缺少什么。然而，我父亲阿尔伯特却出身贫穷，涉世之初生活十分艰辛，在他还是个小男孩的时候，他就失去了养家糊口的父亲。但他通过自学逐步走向成功，最终成为一名银行职员，开启了自己的职业生涯。他在位于阿比让商业中心的当地主要银行 BICICI 任职。这份工作让父亲有了赡养他母亲的能力。到了 1978 年 3 月 11 日，也就是我出生的时候，父亲已经依靠艰苦的努力和坚定的决心建起了我们家的房子。

自祖父过世后，父亲便成了一家之主。除了照料他的母亲、妻子和孩子（我是长子）之外，他还要负担两个妹妹及其各自家庭的生活。在非洲文化中，一家之主承担起这份责任是一种传统，所以我的两个姑姑、姑父和他们的孩子也都住在我们家。结果就是，我从小就与表兄妹、姑姑和姑父生活在一起。这样很好，因为这意味着没有人可以是自私的。我们分享各自所拥有的一切，无论是食物、财产，还是住房，这是我们文化中根深蒂固的观念。例如吃饭时间，我们在坐下之前永远都会先想想：“谁不在这儿？谁还没有吃？”我们会把缺席的人叫出来，以确保他们能一起进餐。在我成长的环境中，照顾他人是件很自然的事，尤其是那些比我们不幸的人。从很小的时候开始，父亲就向我灌输这个观念，它对我的人生一直有着巨大的影响。

我们的房子外面有个大院子，是我们用餐和小孩玩耍的地方。其他房屋也通向这个庭院，所以这里有一种真正的社区意识。邻里之间都相互认识，相互尊敬。关于我五岁之前的生活，我记得最多的就是那种分享以及住在一个大家庭和大社区里的点点滴滴。我还清楚地记得父亲的弟弟米歇尔·戈巴叔叔每年拜访我家的情景。米歇尔住在法国，是一名职业足球运动员。因为他居住在法国，在我和我家人眼中，他就是神一般的存在。他每次总会满载礼物而来，那些东西都来自我梦想能前往的神秘且遥远的国度。其中最令我兴奋的要数一些著名足球队的球衣。有一次，当我看到他从行李箱拿出一件小号的阿根廷队球衣时，我简直乐坏了。那件球衣是米歇尔叔叔在1982年西班牙世界杯后弄到的，我至今依然珍藏着它。

米歇尔叔叔会跟我聊起他在法国的生活，讲一讲有关他足球生涯的故事。我听得十分着迷，尽管我不是很理解他的日常生活，但是一谈到足球，我必定能听懂他在说什么。从很小的时候开始，我就只知道踢足球。虽然我也有玩具，不过说实话，我还是只想踢球。我叔叔常与来自布列塔尼的婶婶福德莉奇一起来我家，她的到来总是让我很高兴。当时叔叔和她还没有自己的孩子，她就会跟我一起玩好几个小时。我觉得她很喜欢我，而我也很喜欢她。有一次他们来我家，当我意识到他们就要离开的时候，我开始恳求他们把我也带回去。最终，叔叔向我父母提议让我去和他们生活。“我会把他视为己出。”他跟我父母保证。

那时，我父母有两个孩子——我和妹妹达妮埃尔，后者还只是个婴儿。我母亲克洛蒂尔德即将完成她的学业，并打算和我父亲一样去银行工作。他们都明白，把我送去法国跟米歇尔和福德莉奇一起生活会让我更有机会出人头地。他们深知，即便是对他们这样受过教育的人来说，在科特迪瓦生活也是非常艰苦的。因此，虽然送我离家是件很痛苦的事，但就像许多非洲的父母一样，为了自己的孩子能有一个好的开始，他们很高兴有机会将他送去欧洲和他们的亲戚一起生活。他们接受了叔叔的建议（解释这一点很重要，这在非洲是十分普通和正常的一件事），因为他们知道我会因此得到多大的益处。我不仅能受到良好的教育，而且会在叔叔和婶婶充满关爱以及稳定的家庭环境中长大。

对于离家这件事，我先是感到非常激动，直到几周后，当我们驱车前往机场的时候，我才开始明白真的就要离开母亲了，我完全不知道自己将去往何方，也不知道何时才能再见到她和家人。现实突然袭来，我焦虑地坐在车里，希望跟她道别的那一刻永远不会到来。那真是一次异常艰难的旅程。

身为长子，我跟我母亲非常亲近，她是世界上最温柔和蔼的人。早先，她曾昵称我为“铁托”，这个名字源于那位她十分钦佩的南斯拉夫领导人。在某种程度上，她把我看成了她的小战友。所以对她来说，看着我踏上未知之旅和向我挥手告别，定是十分艰难的事。至于我，我只记得跟父母道别时自己一直在啜泣，以及母亲怀里抱着达妮埃尔的情景。我戴着我最喜欢的羊毛围巾，独自一人登上了去法国的飞机。飞机大约飞了 6 小时，而我也几乎哭了一路。尽管情况显而易见，但有位负责照看我的空乘人员还是会偶尔过来问问我怎么样。虽然我小睡了一会儿，可是那段旅程却让我感到茫然，而且似乎永无止境，当飞机最终抵达波尔多机场，我与我的叔叔和婶婶重新团聚时，我才如释重负。

不管最后一切有多么顺利，每当我回顾这段往事，这无疑都是一段刻骨铭心的经历。

尽管是心甘情愿的，但背井离乡总会在一个人的心里留下难以磨灭的印记。一个五岁的男孩抛下自己熟知的一切，包括他的母亲、父亲、家人和家乡，这样的经历必定会深深影响到他人格的形成。

虽然离开了家乡，但我从没有忘本，并且一直觉得自己需要落叶归根。就像许多被迫去异乡谋生并开启新生活的人一样，不管在法国叔叔和婶婶有多爱我，那种失去家乡长久且稳定生活的潜意识无疑都影响了我。从我之后十年所走的人生道路来看，这段早期经历绝对是造就了今天的我的原因之一。现在的我始终觉得需要爱和归属感，需要落地生根，营造一个稳定的家庭环境。

和新“父母”的第一个家是在布雷斯特。我的叔叔和婶婶住在城市里的繁华地段，但与阿比让相比，说我感受到了某种文化冲击都言之过轻。一切都太过阴沉，也太过安静了！再加上我是班里唯一的黑人小孩，所以从第一天起我就特别突出。所幸我的母语是法语，所以我不必学习全新的语言，但生活中的其他一切事物都是新的。我不得不结交新朋友，尝试新食物，还要很快适应周围的新环境。

不到一年时间，我叔叔便从之前效力的布雷斯特转会，于是我们搬到了昂古莱姆。这是一座宜人的省会城市，位于波尔多东北部120公里处，以其年度国际漫画节闻名，这个盛大的节日是为在法国十分受欢迎的插画和漫画书而举办的。一切又要重新来过：来到新家，开始新生活，结交新朋友，适应新环境。

尤其是在最初几年，由于没有其他小孩愿意跟我玩，课间休息时我总和老师待在一起。我显然是个外人，而且跟他们如此不同，于是他们便有了一种潜意识，那未必是种族歧视（因为我也不相信那就是事实），而更像是一种出于无知的幼稚的排斥心理。我们的肤色不同，他们只是没兴趣跟我交朋友而已。有些人甚至会搓搓我的皮肤来看看它是否真是黑色的！他们是因为不懂事才这样，我并不怪他们，但每次换了新学校，这种情况便又会发生。几周后，情况会慢慢有所改善，我也会交上新朋友，可我过去很害怕每个学年的开学，因为我总会再次成为新来的小孩。每次我都得站起来向大家介绍自己，我发现这很折磨人。就像所有孩子一样，我只是想交一些朋友，但这需要花些时间，直到彼此间的障碍被打破。之后，正当我开始感觉稳定下来的时候，我却又得离开了。

我最大的问题并不是交友——因为最后我总会交到朋友，而是如何保持与他们的关系，因为我总能预见令人失望的结局：刚结交到一些朋友，我就不得不搬家了。我几乎每年都得重新来过，这让我十分苦恼。

除此之外，我很快就意识到，在我们迁入的许多地方，大家都对我们感到很好奇。当我和叔叔走在街头的时候，我注意到街道两边住户的窗帘抖动着，那是有人躲在窗户旁看着我们路过。有时，他们甚至还会关上百叶窗，或者在街上盯着我们看，但只要跟我们一对视，他们就会立即看向别处。我们大概成了邻居们的谈资。虽然现在想想觉得很可笑，但当时在那种情况下生活却并不容易。

刚到法国不久，米歇尔和福德莉奇便正式申请成为我在法国的法定监护人，但相关的文件审批工作却极为复杂，而且过程十分漫长。合法居住期限一到，我便不能继续留在法国了，这意味着在法国生活了几年后，我又回到了科特迪瓦的父母身边。更确切地说，那是1985年夏天，七岁的我趁假期回了家，结果得知我将长期留下来——至少暂时是这样。我终于能回来同父母和家人一起生活，那种感觉真棒，我感到十分高兴。

事实上，当我在法国的时候，有时候我会感到非常悲伤和孤独。父母偶尔打来的电话（话费很贵）是我坚持下去的动力，但每次挂电话我都很痛苦，特别是在跟我渴望再次见到的母亲通过话后。挂断电话后，我会慢慢走回房间，躺到床上大哭一场，因为我实在是太想念她了。

等我返回科特迪瓦时，父亲由于工作原因已经被调到行政首都亚穆苏克罗，这里距离海岸100公里，位于阿比让的北部。阿比让大约有450万人，而该首都仅有20万人。但我对这个并不感兴趣。我只是很开心能回到家，和我的兄弟姐妹、表兄妹和朋友们一起玩。事实上，与家人共同度过的那一年仍是我童年时期最快乐的时光。回想起那段时间，我记得最多的就是到处玩耍——在街头耍闹，光着脚踢球，再次享受那种无忧无虑的生活。有时，我会跟表兄弟一起踢足球比赛，其间还会受伤——虽然不重，但毕竟也是伤，然后父亲就会非常生气，因为我总是不愿穿鞋踢球。然而，从我不觉得需要保护双脚这件事上，你就能知道当时我们的生活有多么惬意。我们会连续踢上几个小时，扮演着各自的偶像，而胜者则能获得装满糖果的塑料瓶奖杯。我的偶像是马拉多纳。

奇怪的是，或者可能是因为那时我已经学会了如何迅速适应新环境，回家之后，我一点儿也不觉得与那些我并不了解的兄弟姐妹一起生活有何困难之处。我很快便适应了家里的生活。我又有了一个妹妹纳迪亚，她比达妮埃尔小两岁，然后是乔尔，他在 1985 年 10 月我刚到家不久后出生。

在我的新生活中，唯一不那么有趣的部分就是父亲开始密切关注我的学习成绩了。他相当严格，对我期待颇高，特别是在教育方面。每当我的学习成绩低于他所能接受的水平时，他就会十分严肃。如果我的成绩位于全班前五名开外，我就要受到惩罚。与父亲相反，母亲则扮演着培育我们的角色，她总会站出来保护我们。回顾往事，我觉得我从父母那里接受到了最好的教育，因为它包含某种完美的组合——无条件的爱和严厉的管束。尽管我没有和他们一起生活太久，但那段时间已经足够让他们的教育方式影响了我。父母在教育我的过程中向我灌输了两个基本的价值观——尊重他人和努力工作。

在科特迪瓦待了一年后，我被告知叔叔和婶婶已经处理好了成为我的法定监护人的各种文件，我又将回到法国跟他们一起生活。不出所料，我并不想去。虽然第一次离家的经历很艰难，但当时我还太小，根本不明白自己将要舍弃什么。这一次，我很清楚离开家意味着什么，而且我不知道这一走何时才能再回到家人身边。事实上，我记得我当时想的是，我也许再也见不到他们了。尽管我很爱我的叔叔和婶婶，他们也很爱我，但相比于同直系亲属以及父母生活在一起，那种感觉永远都不一样。我能感觉到其中的不同——即便我深知这种不同只是我内心的想法，而不是他们对待我的方式。但对我来说，那段时间确实很困难。不过从积极的方面来看，叔叔和婶婶的两个孩子玛琳和凯文就像我的亲弟弟妹妹一般，我会帮忙照看他们，经常与他们一起玩。

回到法国后，我们去了北部的敦刻尔克。1987 年，9 岁的我在这里拿到了人生第一本足球证书，然后开始在第一支正规的球队里踢球。我感到自己已经是一名职业球员了，所以非常自豪，因为我们身穿与我叔叔所在的成年队相同的球衣。我叔叔踢前场，是一名前锋。在我成长的过程中，他教会了我许多东西。回顾与叔叔一起度过的日子，我总是想起我们俩在敦刻尔克时的情景，我们每周日都会去海滩。叔叔会在那里向我展示各种球技。例如，他教我如何运用身体对抗防守球员，以及如何有效地抓住起跳时机。每当我看到叔叔跃起顶球时，我常常以为他会永远停在空中，就好像在飞一样。我想从各个方面模仿他，所以最后我能和他一样打前锋的位置，能以对抗后卫和头球能力而为人所熟知，我想这些都不是巧合。我会去看他的比赛，看着这个强有力的人在满是球迷欢呼的体育场内踢球，这极大地促进了我对足球的热情，使得我渴望追随他的脚步。简而言之，我叔叔是我的偶像，没有他，也就不会有今天的我。

1989年，我们搬到了北部小镇阿布维尔。我直接进入了中学一年级，但刚开始还是很困难——对小孩来说，升入中学永远都是个巨大的飞跃，再加上我是从外地转来的，不认识一个人，而且肤色又与班里的其他人都不同。尽管如此，我还是成功地安顿了下来。

不幸的是，不到一年时间，我们又搬走了。这一次是去图尔昆。在我去过的所有地方当中，这里是最艰苦的，它给我留下了最糟糕的回忆。图尔昆是个小镇，隶属于里尔市。在那里我很难交到朋友，而且我正开始步入青春期，这个阶段通常都是难熬的。踢足球时，即便是在我受训的俱乐部里，我也总能听到别人议论我的肤色，这令我十分不快。由于觉得自己像局外人，我很容易受他人影响，主要是因为我乐于附和他人，想要“融入其中”，归属于某个团体，而不是因为我想做蠢事。我有几个朋友，但放学后我们几乎不会一起出去玩。而其他人则经常一起出去惹是生非，比如刮花小摩托车、小偷小摸、抽烟，这些都是处于青春期的孩子常常会做的事。

现在我意识到，我常常有幸能避免那些事情，不是因为我有意为之，而是因为我每天的行程基本上都是上学、回家、训练、回家、睡觉。我根本没有时间出去疯。幸亏如此，因为要不是这样的话，说不定我就会像许多本地男生一样，很容易便误入歧途。图尔昆是个艰苦的工薪阶级居住的城镇，许多人都觉得生活非常渺茫，我想我父母和叔叔婶婶都意识到了其中的危险，尤其是后两人，他们一直都在努力保护我。

因此，那段时期，我感到非常孤独，在很大程度上，我总是活在自己的世界里，远离那些不干好事的同龄人。然而，这段经历最终却使我受益匪浅。现在我才意识到，尽管从很多方面来说，我的童年时期是艰苦的，但它却是个相当棒的学习经历，因为它教会我迅速适应自己所处的各种环境。新球队，新国家？完全没问题。我总能成功地适应下来。当然，我并不是说它总是很有趣或者很轻松，但我从小就学会了如何处理生活中所面临的一切，然后继续勇往直前。而那些年不断迁徙的坏处就是，为了应对各种局面，我逐渐给自己裹上了一层外壳，因此等到我进入青春期时，我变得十分内向和腼腆。我将所有感情都深藏于心底，别人问我问题，我只会咕哝地用一个字作答。甚至是现在，我有时依然会害羞，我的腼腆也可能会让人产生误解。说实话，我仍不善于表现自己或是说出自己的内心所想，但我一直都在努力改善这一点。

在图尔昆住了一年后，我们又搬到了瓦纳，但情况并没有变得更好。因为那时候我已经完全处于青春期，我的学业也开始严重退步。我开始对叔叔和婶婶产生叛逆心理，抗拒他们定下的一些约束和规定。虽然那完全不是他们的错，但每当我听到表妹玛琳和表弟凯文叫他们“妈妈”和“爸爸”，而我却不能时，我就会非常伤心。我无法再在课堂上集中注意力，尽管我从不在班里捣乱，也从来没对老师不敬，可我却渐渐从一个勤奋刻苦的好学生，变成了一个陷入挣扎、自暴自弃的学生。

简而言之，我整个人都不在状态。这没什么好惊讶的，因为那时我的父母和兄弟姐妹已经离开科特迪瓦，搬到了巴黎市郊，这与他们在另一个国家的感觉当然是不同的。我真的很想念母亲和家人，心里迫切地想要和他们团聚。

由于科特迪瓦的经济状况十分糟糕，父亲在老家失业了，所以他只能选择来法国找工作。最初，父亲把我母亲和兄弟姐妹留在科特迪瓦，这对我们家的每个人来说都必定十分不易。他曾连续几周甚至几个月睡在朋友的沙发上，尝试去外面找活干，做着过去和现在的移民们常做的工作——忍受着心理、经济以及身体上的巨大磨难，只为给自己和家人开创新的生活。那段时间，父亲展现出了满满的勇气和尊严，这让我备受激励，他也为我树立了一个真正的行为榜样，让我学会如何处世，明白即使面对极端困难也不能放弃。最后，其他家人也来到了法国。尽管父亲曾在科特迪瓦从事不错的管理职业，但来到法国后，他却只能做一些卑微的工作，比如物业管理员、清洁工、保安等，只要是能挣钱养家的工作他都愿意做。最终，我家人在巴黎西北部一个叫作勒瓦卢瓦－佩雷的郊区租了个房子，但那是一间小到不能再小的公寓——实际上只是个卧室兼起居室。

这段时间，由于在法国生活的8年里，我已经搬了6次家，所以大人们决定，在我父母更安定下来一些前，我最好还是和叔叔婶婶一起住在布列塔尼的瓦纳。然而，在那个学年末，由于我的成绩十分糟糕，学校告诉我，我得复读一年。该制度针对的是那些年均成绩低于某特定标准的学生。复读是一件十分困难的事情。你会发现自己身边都是年龄比你小的学生，你的朋友们都离开了，而你却不得不把所有东西重新学一遍。那常常是一种令人失去动力和沮丧的经历。

随着我的整体状态变得越来越糟糕，叔叔婶婶和我父母决定，换个生活环境或许会对我有利。所以我又一次搬家了，这次我在位于法国西部的普瓦捷待了一年。我跟一个在那里上大学的表兄住一起，他读的是法律专业，住在城区繁华地段的一间小套房里，临近美丽而又古老的市中心。我想，他们是觉得表兄应该会对我产生好的影响，能让我重拾勤奋学习的态度。

那时我14岁，尽管我不得不在新学校重新开始并复读一年，但不知什么缘故，情况确实变得更好了。我和表兄相处得很融洽，不过他经常外出听讲座、工作或社交，所以我就有了很多自己的时间。我开始专心学习，成绩也有所提高，而且感觉活得更加自在了。以前在瓦纳，我接到的是糟糕的成绩单，现在我的成绩报告单上则写着“有上进心的学生”，乃至“分析能力出众的优秀学生”！

唯一的不利之处是，我不仅答应父母会在学校表现得更好，而且还向父亲承诺，在接下来的一整年内我都不再踢球了。他不赞同我立志成为一名足球运动员，认为踢球会使我在学业上分心，所以出于对他的尊重，除了自己随意踢两下之外，我真的一整年都没踢球。我知道这听上去很不可思议，但那就是约定，我从没想过去违背父亲。

那年年底，我表兄在毕业后返回了科特迪瓦，而我也终于在离开家乡近10年后搬回了父母身边，跟他们一起住在了勒瓦卢瓦。当我说我们住在一个卧室兼起居室里时，人们或许会想象它位于环境糟糕的市郊，是某栋单调公寓楼里的一个小单间。他们想的完全正确。我们的房子在三楼，很小，大概只有100平方英尺（约10平方米）。前门的左边靠墙摆放着一个橱柜，父母的床正对着门，他们将物品装在许多袋子里，堆放在床下。门右侧几步远是个小厨房，对面则是从主房间勉强隔开的一个小厕所和淋浴间。房间内有一张小圆桌用于吃饭和写作业，但到了晚上，我们会把它折叠起来，腾出一点儿空间。唯一一扇窗户紧挨着床边。我母亲刚刚生下我最小的弟弟弗雷迪，所以他和父母一起睡，另一个5岁的弟弟雅尼克（大家都叫他儒尼奥尔）也跟他们一起睡。那么我们剩下的几个兄妹睡哪里呢？达妮埃尔、纳迪亚、乔尔和我会在前门和双人床之间的区域——也就是之前桌子摆放的位置——铺开一个垫子（需要说明一下，它可不是床垫），然后挤在一起睡觉。这不足为奇，有时我们会为了占得最大的空间而争吵！无论如何，这就是8个人如何夜复一夜地睡在同一个房间里的情形。

家里的经济十分困难，冬天公寓里面很冷。我清楚地记得自己曾在早上5点钟和父亲一起到街头往别人的信箱里投递传单，或者在类似的时间点出去帮助母亲做她的其中一份工作——打扫健身房。尽管生活困苦，我的学习成绩依然不错，或许是因为我已和家人团聚，抑或是因为我在精神上变得更加稳定和成熟了。某一天，我决定找父亲谈一谈。

“我想再次开始从事体育运动。你觉得可以吗？”我尽可能随意地问道。

“是的，也许可以吧。你想要从事哪项运动？”

“哦，好吧，也许，我也不知道，也许是空手道，或者……”

“或者也许是足球，对吧？”

“哦，是的，事实上，你说得对，足球就很好。”我回答道，试图不对他的建议表现得太过兴奋。

“既然这样，那可以。”

我真是太高兴了。

父亲允许我给自己买一双昂贵的足球鞋，随后我便马不停蹄地前往当地颇有名望的业余俱乐部勒瓦卢瓦训练。第一次训练结束后，他们告诉我：“不错，你踢得挺好，如果可以的话，下周回来继续和我们一起训练。”我简直开心极了！起初，他们让我同U16三队一起训练，这还不错，但很快他们就把我调到了一线队。接下来的四年，我一直待在勒瓦卢瓦。这是我待得最久的地方，也是我效力最久的俱乐部。

多年以来，我跟随叔叔从各个城镇搬来搬去，要么加入他所在俱乐部的青少年队，要么加入当地的区域性球队。在其他国家，大多数跟我年纪相仿的人都已进入青训系统，可是由于待的时间不够长，我从未成为青训学院的一员。过去我常认为这对我来说是个劣势，因为我没有诸如蒂埃里·亨利这种球员所拥有的出众球技。虽然他仅仅比我大几个月，但他经历了青训的传统道路，所以他发展得比我快得多。相反，尽管我总能被各支球队选中，但从没有教练花时间对我进行过指导。我所学到的很多东西部分是通过自学得来，部分则是通过模仿我的叔叔以及听从他的教导，但最重要的是，为了成就最优秀的自己，我比别人付出了更多的努力。

刚开始踢球时，我经常踢后卫，通常是右边卫。对此我并不介意，因为我可以罚任意球和角球，而且能够进行身体对抗。但很快，我便开始像叔叔一样踢进攻位置，因为他觉得我天生就是当前锋的料。“你在后防线上做什么？”他会说，“快到前锋线上来。在足球界，人们只会注意射手。”效仿他并且自己付出努力多年后，我终于开始收获回报。

此时我 15 岁，效力于勒瓦卢瓦，即将进入最后三年的学校生活。在法国，这意味着你将进入学业繁重的高中，要为高中毕业考试做准备，这在法国相当于是“A”级的考试。学校老师告诉我，如果我还想把那么多精力放在足球上，我就很难走上这条道路。

也正是在这个阶段，法国的孩子们必须填写一份由父母签名的表格，以表明他们将来希望从事何种工作或职业，因为这有助于学校建议他们选择什么样的学科。我写下了“足球运动员”，然后把表格交给父亲签字。他看了一眼我写的内容，随即把它撕碎，扔到了一旁。

“别想让我签！”他断然说道，语气中明显透露出毫无商量的余地。“等你想好你真正想要从事的工作，再把表格拿来让我签。”

第二天，我拿着另一张表格找他。这一次，我在上面写的是“面包师”。

“这一点儿都不好笑。”父亲愤怒地说道。

最后，我写了个不太可能被拒绝的职业——至今我仍记不起它是什么，父亲终于在上面签了字。然而，不管我父亲说了什么，在我内心深处，我仍然知道自己会成为一名足球运动员。对此我确信无疑。

为了让父亲高兴，我只能继续留在学校，所以在我18岁能离开学校前，我选择了会计课。我之所以选择它，主要是因为我对课程安排做了大量研究，发现会计课恰好与我想在勒瓦卢瓦进行的训练不冲突，而且还能让父亲开心。因此，这是个皆大欢喜的选择，我觉得自己能想出这个办法的确很聪明。我从未告诉他我为何选那门课，但最后事实证明父亲是对的，因为会计确实是一项非常有用的技能。

大多数时间里，我都会去勒瓦卢瓦训练或踢球。只有在球场上时，我才真正感到开心。我能在那里待上一整天。可问题是，刚加入球队不久，我们全家便搬到巴黎的另一边，去了一个叫作安东尼的南部郊区。这一次，尽管我们租的公寓需要彻底重新装修后才能住人，但却比之前的大很多。毫无疑问，转学也是不可避免的。此次搬家的最大坏处是我现在必须长途跋涉往返于训练场，我每周只能去一次。即便如此，还是存在许多难题。虽然我已熟记汽车和火车时间表，但训练结束后，我常常要跑着去赶火车回家，因为如果错过了它，我得凌晨2点才能到家，而第二天早上6点半我就要起床去上学。

有时候，如果学习成绩不好，我便会被禁足，根本不能去参加训练。其他时候，我得做完家务才能去。但我很幸运，我的青少年队教练克里斯蒂安·波尔南是个非常棒的人，他一直很支持我，会尽其所能使我的生活更轻松一些。训练前，他会在上下班高峰期开车到车站来接我；训练后，如果我有可能错过火车，他又会送我回车站。他似乎很相信我，总是不辞辛劳地帮助我，对此我非常感激。

第二章

职业生涯的开端

在勒瓦卢瓦，我很快就一级级地往上升，直到为U17队效力。时任教练是前贝尔格莱德红星队的射手斯雷布伦科·莱普西，他似乎发现了我的特别之处，并在我的技术和跑动方面给予了我许多帮助，尤其是在球门前。他的训练课令人精疲力竭，但同克里斯蒂安·波尔南一样，我非常感激他，因为他鼓励我更加努力，让我向大师们学习（我们常常无休止地观看他们的视频），并树立远大的志向。他还对我照顾有加，有时上完很长的一堂训练课后，他会载我去车站，让我的生活更轻松一些。他向我灌输了一个观念：一生中你只有一次机会，所以你必须充分利用它。能在我人生的那个阶段认识他和克里斯蒂安·波尔南，我感到自己十分幸运，因为他们很信任我，总是鼓励我。当然，我也向他们展现了我的敬意，我非常努力，常常独自训练，以提升自身球技。我坚信，如果你在生活中尊重他人，他们也会以同样的方式回报你。同理，如果你善待他人，他们通常也会反过来善待你。即便在球场上，事情往往并非如此，我还是试图像这样生活！

这两位教练尤其看到了我的决心，这种决心在其他与我同在勒瓦卢瓦训练的人身上并不总是很明显。毫无疑问，我认为他们中的许多人都远比我更有天赋。我与他们之间的区别在于，我有更多的渴望。他们会前来训练，可在训练结束后，他们就会跟朋友或女朋友一起去电影院或酒吧，然后玩到半夜。休息日也是如此。有时候，他们甚至会在赛季中期去度假。最终结果就是，当他们现身训练场时，他们并不总是能保持应有的那种活力。他们想踢足球，但也想玩得开心。

然而，我只想成为一名职业球员。尽管我也会出去玩，但足球始终是我优先考虑的事情。我讨厌失败，特别是在我年轻的时候，如果我们输了，我经常会愤怒地哭泣。那一切对我来说十分重要，足球就是我的热情、我的生活。

在安东尼，上完课后，我会跑着去赶那趟能载我去训练或踢比赛的火车。我常看见同学们站在那里，四处闲荡，津津有味地吃着巨无霸汉堡（别以为我就不会这样，我过去也常放纵自己，特别是在训练结束后回家的路上，一边追赶着火车的时候）。我还能听到他们嘲笑我。他们说我太自以为是了，难不成我真觉得自己能成为一名职业球员，然后效力于巴黎圣日耳曼或其他球队吗？然而，我对成功绝对有决心，也完全相信自己。好吧，有些和我一起训练的球员确实比我更有天赋，但不同于他们，我愿意牺牲一切来达成目标。事实上，我并不认为这是牺牲，因为它正是我想要做的事。

由于如今大量财富涌入顶级足球，人们很容易忘记，20 年前，甚至在顶级联赛里也没有多少富翁，尤其是在法国。我并不是为了钱才踢球。打个比方，18 岁毕业那年，我进入了勒瓦卢瓦一线队，如果我们赢了比赛，我就能挣得 175 英镑，反之则什么也得不到。我做这些完全是出于对足球纯粹的热爱以及我所感受到的激情，因为对我来说，当我踢球时，我便觉得自己恢复了活力。我的生活、呼吸都离不开足球。这是我能真正展现自己的地方。事实上，我记得有一次父亲来看我踢球，回到家后，他对我说："你到底是谁，迪迪埃？你是谁？因为我在球场上看到的那个家伙很快乐，他说着话，指挥着大家，打着手势，享受着自己。"那是真的。当时我是个沉默寡言的少年，而足球场则是唯一能让我做自己并真正感到自由的地方。从很多方面来讲，至今情况依然如此。

不久后，我开始想去其他地方寻找机会，看看我能否上升到更高的水平。虽然勒瓦卢瓦很好，但我们是兼职球员，大多数都是业余爱好者，踢的也是最低级别的全国业余联赛2级联赛（National 2），即法国足球的第四级联赛。这个时候，我还遇见了我未来的妻子拉拉。尽管直到我19岁时我们才真正开始恋爱（部分原因是她住在布列塔尼，所以我很难见到她），但她非常支持我追求更高层次的足球。事实上，她始终是我生命和事业中的一个重要因素，如果没有她那不可思议的爱和支持，我就不会取得如今的成就。这就是为什么之后我会在本书中用一整章来讲述她和我的家庭。不管怎样，我开始给所有法甲俱乐部投简历，希望其中至少有一家能让我去试训。或许并不奇怪，大多数俱乐部甚至都懒得回复，而其他的则仅仅回了个“不”字。有些人可能会因此心灰意冷，但我并没有放弃。

18岁那年，有一天，我叔叔告诉我，他通过关系让雷恩给了我一次试训的机会。过去和现在，位于布列塔尼的雷恩都是一家顶级联赛俱乐部，它的青训学院非常出色，已经培养出了一些杰出球员，所以我十分兴奋。我没有告诉一线队教练雅克·隆卡尔或俱乐部里的其他人我要做什么，便去了那里，想要碰碰运气。到了试训的第二天，他们将最初的23名球员削减至两人，其中就包括我。我距离梦想仅咫尺之遥。第二天，我甚至开始同一线队一起训练，当时出自他们青训系统的西尔万·维尔托德也在阵中。我简直高兴坏了。

遗憾的是，这种兴奋并未持续很久。显然，雷恩方面那天给勒瓦卢瓦打了电话，以获取关于我的更多信息。当晚回到家之前，我的秘密就已经泄露，而我的梦想也随之被丢进了垃圾桶。隆卡尔基本上告诉他们我哪儿也不会去。第二天我见到他时，他明确表示他对我的小伎俩感到不是很高兴，即便我跟他解释，我这么做是因为我有雄心壮志，极度渴望更上一层楼。毕竟，那时我都快19岁了，我的同龄人大卫·特雷泽盖和蒂埃里·亨利早就超过了我。

最终，他接受了我的说辞，并承诺会给我找另一家俱乐部去试训。不久，他果然信守诺言，安排我去了布列塔尼的另一家顶级联赛俱乐部甘冈试训。我觉得最初的训练还不错，可是第二天，在与一线队的练习赛中，我的第五跖骨骨折了，不得不因伤退出。我无法相信自己竟然如此倒霉，然后一瘸一拐地回到家，情绪非常低落，担心我可能搞砸了我的大好机会。我何时才能再得到这样的机会呢？

奇怪的是，尽管第二次遭遇了挫折，我还是如此相信自己，以至于依然坚持认为："总有一天我会在那里。"我始终怀揣着那份信念。我不知道这种执着从何而来，但感谢上帝，我坚持了下来。而后巴黎圣日耳曼青年队教练多米尼克·勒克莱尔突然给我打来了电话，他问我能否去他们的训练中心洛吉斯参观。这可是件不得了的事。我解释说我骨折了，不能同他们一起训练，但这似乎不能阻止他，他显然非常渴望签下我——我猜他们的球探一定观察了我一段时间。我做了身体检查，得知两个月内便能痊愈，他们告诉我，现在没有任何事情能阻止他们与我签约了。

于是，我去了洛吉斯训练营。它位于巴黎西部一座名为圣日耳曼安莱的靓丽小镇，那里同勒瓦卢瓦和布列塔尼有着天壤之别。就其庞大的规模和豪华的球场设施而言，洛吉斯真令我大开眼界。这是一家历史上著名的顶级俱乐部，而我有可能将成为其中一员。尽管我终生都是马赛球迷，从小就支持着这支球队，但我绝不能让我的忠诚阻碍了此次绝佳的机会。

我被带进一间会议室，该俱乐部的代表给我看了他们草拟的合约。我独自一人——既没有父亲陪伴，也没有来自勒瓦卢瓦的任何人协助我，甚至连一个给我提建议的经纪人也没有。我距离拥有经纪人还有很长一段路。这是我人生中见过的第一份合同，老实说，当他们将其中一些细节解释给我听时，我感到异常惊讶。"这就是我们准备给你的合约。"

有个人一边翻着合同一边说道。我将成为一名实习生，也就是学徒，但他们每个月会支付我7000法郎（约700英镑），对当时的我来说，那可是一大笔钱；他们还要给我七双——是的，七双！——耐克足球鞋。以前，我会攒钱买一双昂贵的球鞋，然后悉心地护理，以便它们能穿尽可能长的时间。这是份大合同。我不仅会得到所有这些，他补充说："我们还将配给你一辆欧宝小老虎汽车，因为你的合同很特别。我们只有两名实习生。"哇，这真叫人难以置信！

正当我打算下笔签字时，那个人说道："先把话说清楚，这仅仅是一年的合约。如果你表现优秀，我们会留下你。反之，赛季结束后你就得离开。很明显，如果你受伤了，我们也无法保证会留下你。事实上，由于你现在有伤，我们必须修改一下合约中的几项条款，所以我们得离开几分钟去完成它——但5分钟之内我们就会回来。"说罢，他们便留我一人坐在那里，我仔细斟酌着那人方才讲的话。

突然间，我意识到我将要面对真正的压力，某种我之前从未感受过的高压。鉴于我来自业余球队，每周只训练一两次，然后又在第四级别联赛踢球，因此这将是个巨大的变化。它意味着一年后，如果我的表现未能达到他们的期望，我就会回到起点。比这更糟糕的是，我将从头再来，变得一无所有。为此我深感不安。

时钟嘀嗒嘀嗒地走着。5分钟变成10分钟、20分钟，但依旧没人出现。我对当时的情况有种不好的感觉。到底发生了什么？他们在哪里？他们改变主意了吗？似乎没人对我有一丁点儿的兴趣。我感觉自己像个无名之辈。这可不是个好的开端。突然，我害怕起来。真的很害怕。"好吧，"我开始劝说自己，"我再给他们5分钟。如果他们还不回来，我就走。"结果，我等了30分钟。"好吧，再等5分钟，"我跟自己讨价还价。35分钟过去了。40分钟了。"够了，我要走了。"于是我起身离开，对所发生的事情感到很困惑。

“那么，你签约了吗？”我回到家后，父亲便问道。

“不，我没有。”我闷闷不乐地回答道。

“什么？为什么没有？！”

“我没签是因为他们让我在会议室里坐了很久，而且似乎没人在意我或对我感兴趣，所以我就走了。”

“什么？你应该等他们的，不该就这么走掉！”

“不，我有种不好的预感，反正就是感觉不对劲。”

尽管多米尼克·勒克莱尔显然非常喜欢我，但那次安排的其余部分几乎从一开始就让人感觉不对。老实说，我在那里一直都觉得很不舒服。但我父亲却无法相信这点。

“你总因为没有机会而难过，现在巴黎圣日耳曼找到了你，可你却说不？”我试着解释我的感受，但我看得出来他根本无法理解。

接下来，不可思议的事情发生了。几天后，某个来自勒芒的人给我打来了电话，他的名字叫马克·韦斯特洛佩。我从未听说过他。说实话，除了那个著名的勒芒24小时耐力赛之外，我也从来没听说过勒芒。我知道他们也有一支足球队吗？当然不知道。

“我们有个球员很像你，他的体型跟你差不多，”他开始说，“可他的年纪越来越大了，我们想找个人来取代他。我们希望你能成为那个人，来我们的一线队效力。虽然我从未见过你踢球，但我从别人那里听到了非常好的评价，所以我想签下你。”

“可我现在受伤了，没法踢球。”我回答道。

“不用担心，那不是问题。至少过来见见我们吧。”

真不可思议！他的话很鼓舞人心，我听了非常高兴，所以很快就被说服了。

“好的，我会来。明天我就坐火车过来。”事情就是这样。

我直接去了那里，看了看这家俱乐部和它的整个配置。马克不辞辛劳地带我去城里参观，这是个非常漂亮的地方。从一开始，我就喜欢上了有关这个俱乐部的一切，以及它可能带给我的生活方式。这是个宁静的地方，不像巴黎那般狂热。从首都坐火车到勒芒大约要一小时，这对我来说很完美——若我想去看望朋友或家人，它足够近；若要防止我忍不住经常回去，它又足够远。我也知道，如果我去巴黎圣日耳曼训练，我将拥有自己的公寓，随后我那些来自安东尼的朋友们就会不时地突然造访，我们会一起出去玩，最终我会常常外出，而所有这些都无助于我实现成为一名职业足球运动员的抱负。但是在勒芒，我受到的干扰会少得多。此外，他们提供的薪水和球鞋与巴黎圣日耳曼一样多——这回是阿迪达斯。尽管也是一年合约，但它却没有巴黎圣日耳曼那种与表现挂钩的不确定性。一切都感觉很好。

另外，我打一开始就很喜欢马克·韦斯特洛佩。我俩一拍即合。他说话十分平静，轻声细语，以至于我经常得靠近他，才能听见他到底在说什么。但他也极具威严和智慧，这点非常棒，我会认真听取他所说的一切。

相比之下，几年后，我在比赛中碰到了一位年轻球员，他曾被巴黎圣日耳曼签下，后者提供给他的合同跟他们准备给我的合同一样，而且正好是在我本可能加盟他们的那个时候。然而，对他来说不幸的是，首个赛季结束后，他就因受伤而遭到清洗，于是他的巴黎圣日耳曼美梦也随之告终。这种结局本来很有可能发生在我身上，若是那样，我的人生将会变得十分不同。

1997 年秋天，19 岁的我在一支法乙球队的青训学院里起步，距离入选一线队还有很长一段路。我知道和一些同届的队友相比自己有点老，而且在足球发展方面远远落后，但我依旧非常兴奋。在我看来，我朝着实现目标迈出了一大步。

头三个月，我住在训练基地附近的青训公寓。那时我仍未完成会计课程，所以每天都得去大学上课，有时候要上到下午四五点，然后再去参加训练，经常已经是晚上了。事实上，完成学业除了能取悦我父亲之外，还能让我做点其他事情，而不仅仅是整天踢球。头三个月感觉有点像生活在学生公寓里，因为来自 ELF 赛车学校的学徒们也住在那儿，所以那里真正融合了不同背景的运动员，这还挺有趣的。

很快，我便结交了其他一些足球学徒，包括住我对面的卡德尔·塞迪。他本可以拥有一段不错的足球生涯，但令人遗憾的是，他的希望却因遭遇严重膝伤而破灭，这也让我明白了体育运动有多么残酷。我俩开始同队内的一些职业球员出去玩，那真是令人兴奋。那种感觉很特别，就像是跟学校里的学长一起外出一样。他们开着汽车，穿着漂亮的衣服，向我们展示如何在城里玩得开心。对我来说，这是一个全新的世界，我不得不说，我很享受我新发现的自由、独立以及目前所拥有的少量金钱，并且充分利用了它们！

在勒芒，我还了解到成为一名足球运动员所需的条件。我拥有原始的潜力和技巧，对此我心中几乎毫不怀疑。然而，我确实没有强健的体魄，尤其是在因脚伤而休养了几个月后。我的身体完全没有准备好接受每天训练的冲击。过去，我可以在去训练或踢比赛的路上高兴地吃着垃圾食品，而且那似乎并不影响我的表现。但很快我便意识到，当我每天需要进行大量的身体运动时，我就不能再那样做了。某一天，我可能表现很好，可第二天，我就会完全崩溃和精疲力竭，什么事也做不好。在首堂慢跑训练课中，当大家都在继续跑步并超过我时，我却不得不停下来。我的脉搏超出了正常范围，我的身体被汗水浸湿，体能水平也是队内最糟糕的，与别人相差甚远。

然而，马克·韦斯特洛佩一直很信任我，并且继续给予我建议和鼓励。起步后不久，我还遇见了一线队的体能教练阿兰·帕斯卡罗。之前在我处境困难时，我们曾有过交集，但即便是他也没能让我忘记那段经历。几年前，他把我选进了我所在行政区（毗邻巴黎的上塞纳省地区）的U17队，但由于那会儿我在学校表现不好，我父亲坚决禁止我踢球。我祈求过也哭过，可都没有用，所以到了最后，我只得尊重我父亲和他的权威，没有去参加比赛。

尽管帕斯卡罗知道我为何退出，但这一次，他决定不再让我逃脱。他对我非常严厉，总是大吼大叫，告诉我他会让我付出多么艰苦的努力，并不断刺激我。“哈，你不是想成为一名职业球员吗？小心点，你在学校表现不好，你不希望也在这里失败，对吗？你必须变得更优秀，否则你是不会成功的。”类似这样的话，常常不绝于耳。我之前从未受过这种言语上的冒犯，对此十分憎恶。我觉得他讨厌我，我也无法理解我到底对他做了什么，才会让他如此对待我。

后来我才知道，他对每个人都很严格。虽然我们都有点怕他，但是我们明白，因为他过去在大学教过运动科学，所以在谈到健康、营养、照顾自己和发挥身体最大潜能时，他很清楚自己在说些什么。

无论如何，马克·韦斯特洛佩和阿兰·帕斯卡罗就像“好警察，坏警察”，这种心理作用最终对我产生了奇效。在两种情况下，出于截然不同的原因，它激励我为了他们而拼尽全力，并向他们展示我的能力。对于前者，我极度渴望回报他对我的信任；而对于后者，我只想向他证明他是错的，以及我能够并且终将取得成功！

不幸的是，由于我未能适应这种新的身体机制，而且让身体承受了太多压力，我时常会受伤，不只是轻微的肌肉拉伤，而是那种每次都让我休战三至六个月的重伤。我带着左脚跖骨的伤来到俱乐部，然后在夏末开始训练。到了10月，砰，那块跖骨再次断裂，根本原因是它尚未充分愈合。随后我又开始训练，结果把右脚的跖骨也弄伤了。这次，医生决定立刻在里面放一颗螺丝钉，以帮助它愈合——又是两个月的休战。

我最担心的伤是首赛季末我所遭遇的脚踝和腓骨骨折。这令我倍加担忧，不仅因为我不确定自己能否痊愈，而且因为每年五月初，俱乐部里的每个人都会收到一封信，然后从中得知俱乐部是否会与自己续约。当时我仍处于实习生合同期，迫切希望自己能被留下。此时已到五月初，可我却什么都没收到，于是我开始变得非常焦虑。就在那时，我扭伤了脚踝。

我还清楚地记得，当他们把我带下球场时，我眼含泪水，不是因为疼痛，而是因为害怕——我还未收到那封至关重要的信。我不敢去问任何人，但我真的觉得我的路很可能就要走到尽头了，即便已成为一线队教练的韦斯特洛佩先前曾告诉过我，我会继续留在球队。然而现在事已至此，我已经远不能确定事情会照此发展了。我想象他和包括帕斯卡罗在内的其他教练一起讨论我，然后说道，“啊，那个家伙，他总是受伤，我们不能留他。”对我而言，在精神上，那是一段异常困难和不确定的时期。

由于当时我独自一人住在城里的出租公寓里，我父母便过来看望了我，并帮我料理了一些事情。当我母亲忙里忙外，清扫房间，给冰箱备货和整理物品时，我能看出她很担心我。我坐在床上，腿上裹着石膏，身旁放着拐杖，对未来满是迷茫。我将在这一切结束后回到勒瓦卢瓦吗？还是回到安东尼？我甚至无法想象那样做。我渴望向我父母证明我能成功，证明我的坚持是对的，以及当我告诉他们我会成功时，我也是对的。我想证明我父亲是错的——虽然我没有走上他希望我走的那条路，但我的人生仍然有所作为。我也不想回到安东尼的街头，因为我明白那里有什么样的生活等着我，那儿的生活对我也没有好处。我已经目睹过其他人变成了什么样子。他们失去了所有希望，我都不敢想象有一天我可能会变成那样。

第二天，我瘸着腿走到公寓楼的信箱前，去看看里面是否有我的信。

真有一封。显然是来自俱乐部的。我把它撕开，几乎害怕得不敢去读。他们留下了我，跟我续了约。我感到一阵难以形容的如释重负——我安全了。我只需要完全康复，然后就能回去努力工作了。那是1998年夏天，此时我已经20岁。当法国队在新建的法兰西体育场捧起世界杯时，我看到我的同龄人蒂埃里·亨利在庆祝，他正身处这个国家前所未见的足球狂热之中。亨利当时已是超级球星，在国际上备受追捧。与此同时，我却坐在沙发上，腿上打着石膏，依旧吃着外卖比萨。鉴于我们的成就之间隔着一条鸿沟，那一刻我在想什么呢？并非像有些人所猜想的“你这个混蛋”。不，我主要想的是：“我很想到那里去！终有一天，我会到那里去的。”我从未丧失那份不可动摇的自信，那份相信我有能力取得成功的盲目信仰。

第三章

终成职业球员

来到勒芒的第二个赛季初，我又可以开始训练了。我决心努力锻炼身体，不让马克·韦斯特洛佩失望，而我的付出也开始得到了回报。很快，我便进入了预备队，并开始收获进球。当俱乐部奋力保级时，我甚至一度坐上了一线队的替补席，对此我真的很高兴，因为它让我感觉我正在成为勒芒历史的一部分，而不仅仅是一个地位卑微的学徒。

1999 年夏天，赛季结束后，我终于得到了梦寐以求的第一份职业合同。那时我 21 岁，按照今天的标准，这个年纪已经很大了。一直支持着我的马克·韦斯特洛佩提拔了我，并给了我这个机会。

然而，令俱乐部惊讶的是，此时我已经有了一位经纪人，他绝对是当时最著名的经纪人之一——帕佩·迪乌夫。我的朋友卡德尔·塞迪有个兄弟叫蒂埃诺，他为帕佩工作。蒂埃诺从早期就一直在默默地追随着我的职业生涯，甚至可追溯到我还在勒瓦卢瓦的时候，后来他也经常来勒芒看我踢球。由于蒂埃诺尚未取得经纪人执照，他便劝说帕佩签下了我。勒芒方面对此感到很吃惊，因为在世界足坛，帕佩曾是（至今也依然是）个传奇人物，尤其是在法国，他旗下拥有包括马塞尔·德塞利在内的许多伟大球员。我的朋友们则更为惊讶——事实上，当我告诉他们帕佩对我感兴趣并准备签下我时，他们都是毫无顾忌地放声大笑，特别是因为那个时候，我仍因脚踝和腓骨受伤无法参加比赛。尽管他们都不相信这一事实，但无论如何他确实跟我签了约，而且他至今仍是我人生中一个非常特别的人。后来，蒂埃诺成了我的经纪人，至今依然如此。

很快我就发现，有帕佩这样的经纪人给我提建议，能为我带来惊人的好处。他向我解释，他不会经常给我打电话，也许一个月只打两次。但不久之后，我便意识到这样很好，因为当他打来电话时，他会奉献出自己两三个小时的时间给我。他会同我聊天，仔细聆听我对他讲的话，然后我们会进行长时间的详尽交谈。他充满智慧，拥有太多关于生活、足球和商业的经验，我接受了他对我所说的一切。例如，他会温柔地对我说："年轻时，你很容易叛逆，总是觉得自己是对的，或将发生在你身上的事怪到别人头上，而不是对此承担责任。"

但谈论到足球时，如果我抱怨了什么，他就会对我说："听着，相信我，这事本来就是这样。"在勒芒或我的下一家俱乐部甘冈，当我变得有些厌烦并冲动地告诉他我想离开时，他都会冷静回应道："好吧，你想离开是吗？我可以去和另一支球队谈谈——这是你想要的吗？"

"是的。"我回答道，坚信这是对的。

"首先，你的身价会降低，"随即他会解释道，"因为想去那里的人是你，如果不是他们主动接近你，他们就欣赏不到你原有的价值。其次，作为结果，你签约后赚得的钱会比在这里时更少。你在这里存在的问题，在那边也会出现，或者还会出现不同的问题。现在你该做什么？你该试着找到解决的方法。就是这样。"对我来说，所有这些道理都是全新的，也是必须学会的。

对我而言，成为职业球员后的首个赛季就像是一条陡峭的学习曲线，但不知何故，我成功把握住了自己。不仅如此，由于表现足够好，我开始在对手当中赢得了一些名声，只要有可能，他们都渴望击垮我。法乙联赛非常难踢，身体对抗很强，因此在第一年里，我常常遭受凶猛的冲撞和铲抢，这让我很不开心。不出所料，正当我开始觉得自己将有所成就时，在一场对阵勒阿弗尔的季前"友谊赛"期间，我再一次遭遇了中断职业生涯的伤病——又是腓骨骨折，接着则是不可避免的手术和康复。

不幸的是，此次受伤正好赶上球队状态低迷期，随之而来的2000—2001赛季初，我们的成绩令人大失所望。马克·韦斯特洛佩的星光开始变得暗淡。突然有一天，他毫无预兆地被宣布下课——故事就此结束，他并未因自己为俱乐部所做的一切而收获感谢。这是一个曾将俱乐部带离降级边缘的人，他用不到几个月的时间便扭转了局势，带给球队一个不可思议的赛季；他还营造出了非凡的团队氛围。然而现在，仅仅因为赛季初战绩不佳，他便遭到了解雇。这个人改变了我的生活，我们有着特殊的关系，尽管我多次严重受伤，他还是选择继续信任我。而俱乐部对他所有的努力、技巧和奉献的感谢方式却是这样的。我认为这是不对的，也很反感他受到如此对待。这是我第一次经历这样的情况。当然，如今我已知道，这在足球界太普遍了，可当时我对马克的遭遇真的感到很难过。

不久，他的接任者蒂埃里·古戴来到了俱乐部。这么说吧，我们从一开始就没给对方留下好印象。如果我没记错的话，我想他见到我时的开场白大致是："啊，你就是德罗巴？嗯。"当时我刚刚伤愈归队，那个为我付出一切的主教练已被解雇，而这个新来的家伙突然出现，又以这种方式跟我说话，而且还带来了另一名前锋丹尼尔·库辛，以弥补我尚未完全康复的事实。这可不是个好的开始。

我知道他已听说了诸多关于我的事，而且不全都是正面的。有些批评很有道理，因为我依然年轻、缺乏经验，但我觉得他本该在说任何事之前先停下来，亲自看看事实，然后再来评价我，而且应该先去尝试建立某种关系，而不是从一开始就试图扼杀它。正相反，他似乎想表明他才是掌事的，想让我安分守己。再次强调，我不否认我仍未表现出我应该和本能够表现出来的职业性，但我认为他并不想通过与我共事来激励我，而只是想把我彻底打垮。

我发现与这类人很难相处——那种看不到别人的优点，总是持否定态度的人。我知道他不喜欢我。这很明显。我发现自己很难与他共事，很难向他证明我是值得信任的。我试过，真的试过。我坚持努力训练，从不放弃，但他仍会选择丹尼尔·库辛而不是我。我和丹尼尔并无矛盾，他是我的好朋友，所以我们之间并没有负面情绪。我只是坚信，我至少应该获得一次机会，去展示我在球场上能做什么，而非场场都坐冷板凳。

赛季快结束时，事情终于到了紧要关头。某一天，我还坐在替补席上，可第二天，我甚至连替补席都坐不上了。我一次次地哭泣，泪水中饱含愤怒，并对遭受不公感到绝望。自从加盟这个俱乐部后，还是第一次有人如此待我，而那天也永远留在了我的记忆中。包括丹尼尔·库辛在内的队友们都试图安慰我，但他们所说的并不能帮上什么忙。事实上，我简直不敢相信古戴已把我排除出了他为球队制定的所有未来计划。短短几个月里，我就从一名前途光明的勒芒球员，一个已在俱乐部以外的足球圈引起些许关注的人，变成了职业生涯濒临毁灭之人。那时我 23 岁，而我的未来却仍飘忽不定。

在所有职业中，时机都可能是至关重要的。此后不久，一次偶然的相遇成了我之后足球生涯发展的关键。每个赛季结束时，一场大型晚宴都会在巴黎的某个豪华酒店里举行——当时被称为“足坛奥斯卡”。2001 年，我作为数百位列席者之一参加了该晚宴，而且偶然碰到了我很熟悉的前勒芒射手雷吉纳德·雷。当我还在青训学院时，雷吉纳德已是才华横溢的一线队队员。我们常在训练后留下来一块儿练球。当学徒那会儿，我非常仰慕他，不管是作为球员还是个人，我对他都充满敬意。

“近来如何？”那天晚上他问我。

“不太好，你知道的。”我说道，然后解释发生了什么。我告诉他主教练似乎对我毫无兴趣，虽然我还有一年的合约，但我知道他们不想要我了。同某个如此富有经验且了解勒芒体制的人交谈，我感觉很不错。正是在这时，雷吉纳德给予了我史上最好的建议。毫不夸张地说，它改变了我的人生。

“听着，”他说，“试着全身心地投入六个月。在这六个月内，改变你的生活方式。不要出去玩，健康饮食，好好训练。当你感到疼痛时，立刻停止；不要试图带伤训练。如果六个月后这个方法没有奏效，你再来找我，告诉我你想要什么。但是在这六个月里，你要竭尽全力。”

我完全按照他说的做了。我不仅改变了我的生活方式，还屏蔽了主教练对我做出的所有负面评论。我决定不让它们影响我。每当他指责我时，我就说：“好的，可以，没问题。”我试着积极地去回应。我使自己完全置身于一种新的生活方式之中。

我在季前训练中表现得非常好。我一直没有受伤，对我而言，这几乎是一种新的感觉。赛季打响时，我感觉我拥有前所未有的活力和健康。虽然我只是回到了替补席，但至少现在有了出场机会，即使只是10或15分钟。而且我也会进球。我在做着贡献，并影响着比赛结果。就连主教练也无法忽视这点。

“你知道的，迪迪埃，”几场比赛后，他向我承认道，“我想告诉你，你不需要踢满90分钟。对你来说，5分钟或10分钟就足矣。”

“好吧，但你知道我很愿意踢满90分钟。”我试着向他提议。

“是的，可你没必要。有些人，他们踢了90分钟，但什么也没做。而你只要踢10分钟就能带来不同。”

“对，可我还是想踢满90分钟。”我试着再次指出。连续数周，我们都会进行此类交流。

实际上，每次我出场，无论是5分钟、10分钟或20分钟，我都会抓住机会，全力以赴。我不知道是不是因为我的决心或某种天赐的好运，我在6次替补出场的比赛中都取得了进球，而且每场都恰好有全国直播。最棒的一次是对阵圣埃蒂安的那场比赛，我在15分钟内连进两球，尽管后者当时混迹于法乙联赛，可他们曾是法国顶级俱乐部。

不久后，在 1 月份的冬歇期，来自布列塔尼的法甲俱乐部甘冈打来了电话。他们要将自己的前锋卖给巴黎圣日耳曼，并且正在努力保级，所以需要一名同类型的射手。他们问我是否有兴趣加入。

我当时惊呆了。我不明白他们为何找我，我不过是某家法乙俱乐部里的一名替补球员，但我想他们看到了我的潜力。大约一个月前，我差点与勒芒签了一份四年新约，不过由于出场机会不多，幸好我决定再等等，看看是否有其他事发生。对我来说，一切始终都关乎足球，关乎是否有机会踢比赛。

奇怪的是，勒芒似乎突然渴望留住我。俱乐部主席建议我回家考虑一晚，他向我保证，事后我将意识到我最好还是留下来。其他人则对我能不能在法甲俱乐部取得成功表示怀疑，说我步子迈得太大了。但我并没有犹豫。第二天，我去见了主席，告诉他即使他不想让我走，我也还是要走。要么他们让我的经纪人蒂埃诺·塞迪去跟甘冈谈判，要么我们可以等到赛季结束，那时我就是自由球员了。他明白了我的意思。

不幸的是，想要联系到蒂埃诺，说起来容易做起来难，当时他正陪同塞内加尔队参加非洲国家杯，并隐匿在马里的一家酒店内。我打不通他的电话。整整三天，我一直在他的手机上留言，然后等待着。但始终没有回复。我渐渐变得绝望。最后，我想到了个点子。我与我未来的妻子拉拉自 1999 年起就一直在交往。她的父亲住在马里，所以我给他打了电话，请他查明塞内加尔队下榻酒店的地址。很快，我打通了那家酒店的电话，解释了有关情况，和该队教练布鲁诺·梅楚进行了交谈，并要求同蒂埃诺讲话。我成功联系到了他，之后他便包办了两家俱乐部间的所有事情。

冬歇期即将结束，甘冈迫切想要签下我，因为四天后他们就将在主场迎战梅斯，急需我上场比赛。与蒂埃诺交谈过并从帕佩那里得到如何处理相关事宜的建议后，我匆忙赶往甘冈商讨合同。令我感到非常高兴的是，我们很快就敲定了各项条款。

无论如何，现在我可以自由地离开勒芒了。不过，主教练古戴还是为我准备了最后的“惊喜”——他禁止我进入更衣室，所以我无法与所有队友告别。过去四年里，我结识了许多好友，但我却没有得到向他们辞别并祝他们好运的机会，这既显得狭隘，又令人失望。

那天晚上，我收拾好了所有行李（几乎是在黑夜的掩护之下，当时所有人都回了家），但我的告别最后只能简化为逐个打电话给朋友们，并向他们解释我无法当面说再见的原因。就像那些和我一样在成长过程中不得不离开自己的朋友和稳定生活的人，被迫以这种方式离开尤其让我感到受伤。我是个容易动情的人，至今我依然讨厌告别，特别是当它被强加到我身上的时候。

后文中我将谈到我的妻子和孩子带给我的奇妙影响，但在这里我想提一下，2000 年 1 月，她和她的小家伙凯文搬来和我一起住，我们的儿子艾萨克也在那年 12 月出生，我的生活立刻变得更加美好了，而我也成了一个负责任的丈夫和父亲。那段时期，我有了她和两个需要照料的孩子（2002 年 3 月，我刚加盟甘冈不久，我们美丽的女儿伊曼出生了），这是最让我感觉踏实安稳的事。那时，我将近 24 岁，作为一名足球运动员和一个男人，我都在迅速成熟。事实证明，转会至甘冈对我和我的家庭来说是完美的下一步。

第四章

在布列塔尼的18个月

(2002—2003)

来到布列塔尼这座小镇后，我们在车站旅馆度过了第一个夜晚，四个人同睡一间房。尽管甘冈身处法甲，但它远非一家迷人且富有的俱乐部。这没关系。我们都很开心，很容易就安定了下来，而且还拥有了一所漂亮的小房子。几个月后，我们可爱的小女儿伊曼出生了，我也开始努力实现成为一名顶级联赛球员的梦想。

我和球队教练居伊·拉孔贝一拍即合。再一次，当别人信任我、支持我并给予我机会时，我会为他们付出一切。我不想令他们失望，我想要回报他们对我的信任，所以我努力奋斗，以向他们证明他们是对的。

加盟两天后，我便入选了次日的比赛名单，我们将前往该国的另一边客战梅斯。没时间慢慢放松自己了。可问题是，之前几周我都没怎么努力训练，部分是因为那时正值法国的冬歇期，部分则因为我知道我很可能要走了。此外，我将要替代的是备受球迷喜爱的射手法布里斯·菲奥雷塞，他刚转会去了巴黎圣日耳曼，虽然我继承了他的11号球衣，但却难以望其项背。

幸运的是，拉孔贝和一些队友都很支持和欢迎我，可从拉孔贝的角度来说，他期待我立马就能发挥作用。他并不怎么照顾我，也没教我该做什么。在他看来，他已签下我作为他们的首选前锋，所以我需要保持健康并做好准备。对我帮助最大的球员是弗洛伦特·马卢达。我在勒芒踢球时就碰见过他，那时他效力于沙托鲁，但如今我们成了队友。弗洛伦特很快就成了我最好的朋友之一。入队初期，他在场上不断给我提供战术建议，告诉我如何掌控节奏、找到自己的位置，以便不会太快就筋疲力尽。无论在场上还是场下，他都很关照我，我非常感激他给予我的所有帮助。

虽然他的慷慨令人不可思议，但我也注意到，从总体上看，这支球队的球员要比低级别联赛的球员更加互帮互助。在法乙联赛中，我见过许多球员表现得好像自己是球队核心一般。也许他们是想尽全力引起关注，希望自己能转会至一家更大更优秀的俱乐部。不论是什么原因，当我来到法甲时，我感到非常惊讶——之后效力于马赛和切尔西时也是如此，而且发现，真正优秀的人通常都很务实和简单，仿佛他们没什么要去证明似的。

与梅斯一役，我决定全力奔跑，就像我的生命依赖于此一样。不出所料，30 分钟过后，我便没了力气。半场结束时，虽然我颗粒无收，而且我们还以 0 ∶ 1 落后，但我对自己的表现却相当满意。然而，拉孔贝的看法显然与我不同。

“迪迪埃，这还不够，你需要拿出更好的表现。你需要更多的跑动。你需要做更多事。”

“什么？”我心想，感到很惊讶。我点点头，表面上同意他，但其实心里在想：“我到底如何才能做到那样？那是不可能的。我已经在全力奔跑和付出，而且累得要命！”

然而，必定有某些东西点醒了我，因为下半场刚开始两分钟，我便打进了一粒十分重要的扳平球，最终我们以 4 ∶ 2 收获了宝贵的客场胜利。我也因此出了名，甚至全国性的体育报纸《队报》都在其赛事报道中刊登了一则标题为“德罗巴节日”的消息。

我继续付出努力，为的就是让拉孔贝满意，成为他所期望的前锋。他是个伟大的战术家，教授了我许多关于定位球、移动和节奏方面的事。我们的战绩并不总是很好，接下来几周，他一再督促我，说我在场上仍做得不够，未能踢出他期待的表现。或许是因为他的批评是建设性而非消极的，我都虚心接受了。他的批评使我想要学到更多和更加努力。

赛季下半程，我在 12 场比赛中打进了 3 球——并不惊艳，但我觉得我的球技有了长进，而且也在队内留下了自己的印记。可惜的是，不是所有球迷都这么看。有一天，我突然在家里收到了一封信——显然是匿名信。信上写道：“滚回你的国家吧，吃香蕉的人。”我手里拿着这张纸，感到十分震惊和不安。这是我第一次遭遇如此公然的种族歧视，鉴于我们队内有许多黑人和外籍球员，我不明白为什么会有人这么做，或者说为何他们只针对我。

最初的反应过后，我很快便意识到，这个愚蠢的人实际上倒帮了我的忙。这封信使我进入了奋斗模式，而我获得成功的决心也比以往更加坚定了。我会向他们展示，我对自己的身份和所取得的成就感到自豪。我还推断，此人大概是因为迄今我还没怎么为俱乐部做出贡献而发泄他的失望情绪，试图以一种最廉价、最明显和最懦弱的方式来攻击我。我很清楚，来到甘冈后，当部分球迷听说有个法乙球队的替补球员将要替代他们的法甲宠儿法布莱斯·菲奥雷塞时，他们都曾表示：“迪迪埃是谁？”虽然我并没有那种想去证明自己配得上这个位置的压力，但我知道别人的看法可能不同。尽管这封信的内容使我沮丧，但它实际上给了我某种奇怪的动力。

由于我们要努力避免降级，赛季末确实变得异常紧张。一想到有可能降回法乙联赛，全队都感到很恐惧。我们不想让主帅失望，更重要的是，我们不想让球迷失望。此外，法乙联赛的环境非常艰苦，那里充斥着野蛮、冲撞和肮脏的铲球。当你已经尝到某些甜头后，你就不想再去习惯那些苦日子了。在法甲联赛，这里有良好的足球氛围，有更多的尊重，我们不敢想象可能会失去这一切。我才刚刚加盟这个俱乐部，可不希望直接就回到法乙。再加上球队氛围很棒，许多队友都很信任我，我感觉备受支持。因此在收官战中，当我们以 1 ∶ 0 艰难战胜特鲁瓦从而成功保级时，我们全都欣喜若狂。我不记得是怎么回事，但在场上庆祝时，最后我身上莫名其妙只剩了条内裤！我们就是如此兴奋——那时，我们感觉无所顾虑。我们是那么开心，就像赢得了欧冠冠军一样！

狂欢并未持续太久。很快，拉孔贝便宣布他要离开了。他去了索肖执教，这对他而言是个进步。可对我来说，这却是个巨大的打击。当拉孔贝在接受法国电视台采访时，他表示："有两名球员是法国联赛必须关注的，因为他们是这个国家足球的未来。一个是弗洛伦特·马卢达，另一个则是迪迪埃·德罗巴。"我对此的第一反应是："我？他赞扬的真是我吗？"然而事实上，他很有远见，因为我俩确实都在短时间内取得了很大的进步。

然而，我又一次感觉失去了一位支持我的人，我真是这么觉得的，尤其因为就像之前在勒芒时那样，新来的主帅伯特兰·马尔尚似乎总对我不满。我认为他并不信任我，或者至少不如拉孔贝那般信任。再一次，我得到了"你的身体状态不好"的评价，尽管公平来讲，之前在雷恩担任预备队教练时，马尔尚就已经发现了我，他说我虽是个一流的球员，却总浑浑噩噩度日，或诸如此类的话。

我们与降级擦肩而过，并因此收获了某种十分强大的团队精神。我的队友甚至其他前锋都鼓励并支持我，希望我在夏休期间努力训练，继续相信自己。在接下来的 2002—2003 赛季，首战对阵法甲冠军里昂队，虽然我并未先发出战，不过当我们以 1 ∶ 3 落后时，我还是在最后 20 分钟被派上了场。效力于勒芒时，我曾不得不在短时间内发光，此番经历给我带来了巨大的回报——最后 3 分钟，我们连进两球，而我则攻入了那个至关重要的扳平球。

从那一刻起，我便头也不回地往前冲刺。那个赛季，我在 34 场比赛中打进了 17 球，此外还在法国杯的三轮比赛当中收获了 4 个进球，最终成了全国排名第三的射手——鉴于这是我在法国足球顶级联赛中的首个完整赛季，而且我所在的俱乐部既不大，也无辉煌的历史，这样的表现还算不错。令我惊讶的是，我感觉在这个级别的联赛进球反而比在低级别联赛进球更容易。这取决于多个因素。其一，它少了很多野蛮的争抢，身体对抗也不那么激烈，向队友要球的时候，我拿到球的机会也更大。尽管比赛节奏更快，而且需要更多的冲刺加速，但是倘若我身体健康（那时我的身体状况很好）的话，我就更有机会破门得分。另一个因素是，到那时为止，我已学会了更好地解读比赛，也有了更出色的战术理解能力。我之所以觉得在法甲进球更容易，还因为我终于获得了一些像样的顶级联赛经验。最后一点，我花了很多时间研究比赛，观看诸如蒂埃里·亨利和劳尔这类球员的视频，试图弄明白他们是如何在被紧密盯防的情况下过掉对手的。后一个因素至关重要，因为随着赛季发展，我的进球开始引起了对手球队的注意，我意识到我受到了更多的夹防。我能看出我得到了别人的重视，因此，我不再像从前那样有很多空间去突破。

不幸的是，我容易受伤的趋势却并未扭转。那年秋天，我因脚部骨折休战了一个月。但通过做一些高强度的体能训练，我充分利用了我的休养时间，等到 11 月复出的时候，我正值巅峰状态，并且很快就收到了回报——我在 8 场比赛中攻入了 6 球。更令人满意的是，到圣诞前冬歇期将至时，我们已在积分榜上排名并列第二，仅落后领头羊马赛一分，这对我们来说简直不可思议。我们试着不去沾沾自喜，但有些队员已经开始打趣地谈到（也很向往）欧战。事实上，全队上下都备受鼓舞和支持，这意味着我们处于一个紧密协作、运行良好的团队之中。然而一个月后，当我们再次出发时，我们的对手已然重视了起来，而我们的成绩也突然下滑。不知不觉中，我们连续输掉了 6 场比赛。

我们先是输给雷恩。我们心想，这没关系。“只是一次失利，没什么大不了的。”第三场失利后，我们召开了一次队内会议，试图扭转当前的局面。“好了，伙计们，我们已经输了 3 场比赛。下一场，我们必须赢，我们必须改变！”接下来，我们主场迎战并非最强但势头很猛的勒阿弗尔，结果又输了。一次，又一次，连续 6 场失利。我们从积分榜并列第二一路下滑，似乎无法停下来，直到发现自己身处积分榜下半区。我们的命运转变得也太快了！不管我们多努力，我们的团队精神多强大，我们依旧能感觉到上赛季的幽灵飘浮在头顶，历经惊险的保级战后，我们不敢想象可能会再次走上那条老路。

下一场比赛，我们主场迎战强大的巴黎圣日耳曼，其明星球员依然是罗纳尔迪尼奥。此前在 10 月份的客场比赛中，巴黎人曾以 5 ∶ 0 将我们击溃，当时我因伤坐在看台上观战，考虑到我与他们的历史纠葛，那场大败尤其令我痛苦。

因此 2 月 22 日这天，我们与巴黎圣日耳曼展开了一场较量——这是个永远铭刻在任何甘冈球迷或球员脑海中的日子，我们更多只是怀着对胜利的希望，而不是真的指望能取胜。这便是足球的神奇之处。有句老生常谈的话：“直到终场哨响，比赛才算结束。”有时这听上去很真实，而本场比赛就恰恰如此。

我们斗志昂扬，我们渴望胜利。队长在团队训话时说，我们要一雪前耻，要使之前 5 ∶ 0 的大败作废，还要展现出个性。是的，我们准备好了。赛前，我在通道里接受了电视采访，当时我说，我们的主要目标是快速进入比赛状态并尽早取得进球；拿到三分对我们会很有好处，但重要的是迅速进球。多讽刺啊！比赛确实早早就有了进球——可它并不属于我们。20 分钟不到，我们便以 0 ∶ 1 落后。不仅如此，这个球后来还在法国被评为赛季最佳进球！罗纳尔迪尼奥在中线附近控制住球，除了与杰罗姆・勒鲁瓦做了个二过一配合之外，他在进球前基本上过掉了半数甘冈队员。有时候，球员会因丢球而难过和恼火。可是这次，我只能表示钦佩。我显然不能鼓掌，但说实话，我真的很想鼓掌。我呆呆地站在那里想："哇，这个进球真漂亮。太精彩了。"

中场休息时的团队训话重申了我们必须保持在精神上坚强不屈，永不放弃。10分钟后，巴黎圣日耳曼再度破门。这段时间里，我有过几次机会，可它们不是差之毫厘，就是被扑了出去。尽管在巴黎打进第二球后不久，此时效力于巴黎圣日耳曼的甘冈前宠儿菲奥雷塞险些为他们攻入第三球，从而可能由此锁定胜局，但我们也差点进球了。然而，出于某些奇怪的原因，我们就是没有放弃。我们不断激励彼此："那不可能，我们不能放弃。也许我们会输，但我们必须昂着头继续战斗。"几分钟后，我们终于扳回一城——后卫奥里奥尔·吉洛莫接到一记恰到好处的传中，然后高高跃起，顶进了一个绝妙头球。事实上，吉洛莫跳得如此之高，以至于凭借这股冲力，他在下落的过程中还翻了个筋斗，最后才重重地摔在了地上。

他的跳跃给我们插上了飞翔的翅膀。几分钟后，在第68分钟，我过掉对方门将，为球队扳平了比分。整座球场瞬间沸腾起来。鲁杜路球场很小，只能容纳约1.6万人，但它周围是一栋栋公寓楼，楼上的阳台全都挤满了人。场内场外，所有人都在为我们欢呼，我从未见过或听闻过如此的景象。

比赛并未就此结束。第90分钟，在巴黎圣日耳曼错过一次绝佳机会后，我成功控制住萨西的传中，然后攻入了一记出乎意料的制胜球。我脱掉球衣，和队友们一起跳舞庆祝，我们周围的人也都陷入了疯狂。这场胜利令人感到极其甜蜜和满足。首先，从个人层面上说，我从未忘记几年前他们曾试图签下我的经历；此外，自圣诞节后我就没进过球，所以我迫切渴望找回射门靴。其次，对俱乐部而言，此次胜利也尤为重要。四个月前，巴黎圣日耳曼曾狠狠地羞辱了我们，我们想要告诉这家庞大又高调的俱乐部，小小的甘冈是一支不容忽视的球队；而且，我们的排名正在急速下滑，急需一场胜利来证明那些怀疑者和批评者是错的。

客战里昂的赛季收官战同样让我铭记于心，但却是出于非常不同的原因。我们刚刚主场3：1击败摩纳哥，这是继客场战胜马赛和兰斯后，球队斩获的又一场重要的胜利。我们士气高涨，在战胜摩纳哥后——该赛季我们的最后一个主场比赛，当晚我们在球队下榻的酒店内大肆庆祝了很久。那是个疯狂之夜，我们唱歌、跳舞、畅饮，当我们离开时，我想酒店和我们来时相比已经变了副模样。我们自己也有些不同——我记得第二天下午回到家时，妻子对我说："你出了什么事？"大概是因为我看上去有些两腮发绿。不论如何，那场比赛是在周中，所以次日我们便要动身前往里昂，准备进行收官大战。

击败摩纳哥后，我们实际上已将冠军拱手交给了里昂，但他们仍想证明自己是最棒的。开赛前不久，我们在更衣室里看着彼此，然后有人说道："伙计们，如果我们输了个0：7、0：8或0：10，那并不是我们的错，对吧？因为实际上主教练也在那里和我们一同庆祝。我们同他一起在聚会狂欢，不是吗？所以，他也不能抱怨什么吧？"

"谁说的？"我回答道，"我们一定要获胜，伙计们！"

队内氛围十分积极，我们依然很兴奋，以至于觉得自己势不可挡。我们以4：1痛击了里昂，这令他们大感震惊。弗洛伦·马卢达进了两个球，另外两球则是我进的。真是棒极了！它意味着我们最终获得联赛第七，距离欧冠资格仅有三分之差，鉴于赛季中期我们经历的那些失利以及上赛季曾险些降级，这对我们来说着实是个重大的成就。

那场比赛很重要，因为里昂不仅是法甲冠军，还是一支征战欧洲的球队，所以很多人都会观看他们的比赛。果然，不出几天，里昂和马赛都对我表现出了兴趣。仅仅过了一个赛季，我便从苦坐冷板凳，到有两家大俱乐部对我竞相追逐。"啊，所以事情就是这样，"我心想，"这很有意思。一旦某支球队想要你，其他球队也会开始关注你。你的名字每天都出现在报纸上，突然之间，人人都在争着得到你。"

我该如何决定跟谁签约呢？凭我的直觉吧。这样既纯粹又简单。帕佩·迪乌夫觉得我去马赛可能会碰到困难。他坦诚地表示，他不确定这家俱乐部是否适合我。他曾安排过很多球员去那儿，可它并非一家容易适应下来的俱乐部。他们对球员的期望很高，而且在位置上存在着诸多竞争。但是——对我而言，这是个大大的“但是”——它绝对是我最喜欢的球队。我一生都是马赛死忠。我不得不试着保持理智，不让内心支配大脑。

另一方面，里昂是当时法国最职业和最成功的俱乐部，并且常去欧洲各地比赛。加入他们不是会给我带来更好的前景吗？他们的主席让－米歇尔·奥拉斯是个出类拔萃的人，也是一名真正的绅士。他非常聪明，每当我想起他时，我都会笑。他知道如何与球员沟通以及做正确的事。我记得他曾送给我妻子一些美丽的鲜花，而她则被这种体贴的举动深深打动了。“也许我们应该去里昂。”她说。让－米歇尔做了件精明的事，因为它表明这家俱乐部希望让球员的家庭成员感受到关心和在乎。弗洛伦特·马卢达将与他们签约，在某种程度上，这也使得我更倾向于去里昂。

遗憾的是，他们的主帅保罗·勒冈却不那么热衷于签下我。相反，他曾毫不隐晦地表示，“是的，我们已经有了一个前锋，现在又要另一个，也许……”诸如此类的话。他很难令我信服。在我看来，当你开始说“也许”时，那表明你正试图为将来找借口，以便你可以告诉那名球员：“我曾告诉过你，我不是真的需要你。”我也无法肯定能在他的队伍里踢什么位置。虽然该俱乐部的主席显然很想得到我，但主教练却不想。过去，我常常因为主帅或教练们想要我而加盟其所在的俱乐部，从一开始就跟他们关系很好。

相比之下，马赛的主帅阿兰·佩兰则直接给我打来电话，向我阐明他将如何使用我。“我希望你来马赛，我想让你和米多（他们刚刚签下的埃及球员）一起担当我们的主力前锋。”他详细地给我介绍了他的球队，以及我将要踢的位置。这对我来说已经足够。此外，说老实话，我之所以选择马赛，原因还包括我自己的历史。我希望多年后回顾往事，能说我曾为马赛效力过。我做了一个球迷的抉择，其他人可能觉得不可思议，但是在法国，常被简称为 l'OM 的马赛是一家标志性的俱乐部。我想成为其历史的一小部分。对我来说，那将是一种荣幸，加盟他们是我年少时就拥有的梦想。

尽管我已经向奥拉斯确认我选择了马赛，但直到最后一刻，他仍努力想要签下我。他甚至派出他的特别顾问，前射手伯纳德・拉孔贝来到阿比让，当时我要在那里参加一场非洲国家杯预选赛。我们在球队下榻酒店的大厅里进行了会面，他真的很有说服力，而且他最后还做了一个睿智的举动，将一件里昂的 11 号球衣留在了我的房间——上面印着我的名字。这非常聪明，也令我十分感动。

然而我已下定了决心，没有什么人或事能够阻止我。离开甘冈让我非常难过，我曾在这里很快地结识了许多朋友。我赢得了球迷们的喜爱，这对我来说真的很重要。但我知道我必须抓住这次机会。那年我 25 岁，而时间也在不停地朝前迈着步伐。

第五章

我的马赛梦

(2003—2004)

甘冈是布列塔尼的一座宁静小镇，位于法国西北部，常住人口不到8000人。马赛则完全相反。作为地中海边的一个巨大港口，它是法国第二大城市，拥有85万居民，并因其繁华、喧嚣和多元文化而闻名。甘冈球迷来自城镇的周边地区，而马赛球迷则遍及世界各地。当时，甘冈的鲁杜路球场能容纳约1.6万人，而马赛的韦洛德罗姆球场则可容纳6万人左右。这些仅是两家俱乐部之间诸多差异中的一些而已。

转会是在我为国家队出战期间完成的，因此我是在球队的季前训练营快结束时才加入了他们。讽刺的是，他们的营地就位于布列塔尼，距离甘冈并不太远。我立刻感到轻松许多。我与队长及瑞士国脚法比奥·塞勒斯蒂尼住同一个房间，他告诉了我一些有关主教练阿兰·佩兰的背景信息，包括他的训练方法和为人。他还给予了我很好的建议，即做好本职工作和做自己。这让我稍稍放松了一些。令我惊讶的是，我到处都能见到马赛球迷。他们的支持让我明白，同我之前的任何经历相比，这家俱乐部的受欢迎程度完全属于另一个层面。

幸运的是，大家的注意力并不在我这名新援身上。米多刚刚以1200万欧元的转会费从阿贾克斯加盟至此，这对埃及球员来说是个新纪录，因此所有人的目光都集中在他身上，而不是某个刚从甘冈转会过来、很多人连名字都读不清的家伙。这正合我意。尽管我会对自己施加一些压力，但我并没有感受到外部的压力。我能够在这支球队里踢上比赛吗？如今我是某支一流球队的一员，这对我而言是全新的感觉。我尽全力让自己看上去适应了下来，但在内心深处，我觉得我与其他队友还是不同的——有点像天鹅，看似毫不费力地在滑行，可实际上，它的脚正在水下疯狂地划动。这便是我最初的感受——我并非力所不能及，只是在疯狂地划水，以求跟上别人。

即便如此，我也不能指责我的队友们。他们都格外欢迎我。鉴于那些球员的身份，我原以为这支球队充满个性鲜明的人，以为他们很多人都只管完成本职工作，却不关心或压根不在乎他人的想法和感受。然而，他们与我想的完全不同。对他们而言，团队精神至关重要。

这个观点是在球队返回马赛后的最初几堂训练课中，我在其中一次训练时总结出来的。那是 8 月份，天气非常炎热，由于我没跟他们一起参加季前备战，所以我并不像其他队员那样强健。就连跑步训练我也无法坚持。在正午烈日的烘烤下，我渐渐没了力气，全身筋疲力尽，心率和脉搏都超出了正常值，并且开始与其他队员越拉越远。球队后卫约翰尼·埃克尔注意到了我，他没有继续奔跑，留下我蹒跚前行，而是试着为我鼓劲。“加油，迪迪埃，加油。”当他发现即便为我加油也不能使我跟上时，他就把大家都喊停了。

事情就是这样。现在，由我来掌控速度。我被他们的这种态度震撼了。换作其他球队，尤其是在低级别的球队中，这是不可想象的。成败全靠自己。如果你落后了，你就落后了，就是这样。没人会等你。

因而，从一开始，我就感受到了欢迎和接纳，那是种很美妙的感觉。我和阿兰·佩兰相处得也很不错。尽管他很严厉，但他是个好人，也是一位好主帅。当然，你得听从他的指示，他会告诉你他希望你做什么，可随后他就会把出场表现的责任交给你。你要对球场上发生的事情负责。他会说：“你踢球不是为了我，而是为了你自己。”我认为他的执教风格与古斯·希丁克有点类似，不过那种风格在当时的法国并不常见，所以有时候，他会与一些习惯依赖教练确切地告诉他们必须在场上做什么的球员产生冲突。然而在我看来，一旦你达到某种水平，你就应该知道自己该做什么。虽然教练会指点你，但你才是上场比赛的人，而最终也应该是你去为场上发生的事负责。你应该具备足够的经验，才不会被动到需要手把手指导。

阿兰·佩兰的方法对我很管用，而且对于我在队内的角色，他也信守了诺言，那就是与另一名前锋搭档锋线。他给了我表现的机会。我的进球从一场季前友谊赛开始，随后便一发不可收拾。

生活总是不断制造出奇怪的巧合。那个赛季的联赛揭幕战，我们恰恰要前往鲁杜路球场，迎战我的老东家甘冈队。合同上的墨水几乎还没干透，我就回到了那里，可这次却是试图击败他们。实际上我没有进球，但与许多前队友和球迷见面并不是件容易的事，因为当我走进球场时，他们非常大度地欢迎了我。我确保控制住自己的情绪，至少得坚持到比赛结束；否则我会很难集中精神好好表现。然而，我必须说实话——尽管我对离开甘冈感到难过，但我也很高兴成为一名马赛球员。

我获得了我最爱的11号球衣。过去，这个号码曾属于俱乐部及足坛传奇人物埃里克·坎通纳，所以如今看到它的背面印着我的名字，我觉得这是个特别好的兆头。当我第一次真正踏上韦洛德罗姆球场时，我是如此喜不自胜，不得不努力克制自己的激动之情。我还记得我看到球场某处看台上挂着一条巨大的横幅，上面有我的照片，下方写着：“德罗巴，为我们进球吧。”

每场比赛球迷们都会高歌我的名字，我在如此美丽的大球场里踢球，深知这家俱乐部拥有许多辉煌的历史，而且自己现在将要为它做出贡献，所有这些因素都不断激励着我，让我兴奋不已。显然，同马赛签约的外籍球员都明白，他们加盟的是一家拥有辉煌历史的伟大俱乐部，但如果你是在法国长大的，你就知道l'OM在这里拥有特殊的地位。每场比赛前，当我站在球员通道内，等待着去6万名狂热球迷面前表现自己时，我常常经历某种灵魂出窍的感觉。对我来说，身穿那件浅蓝色的球衣，准备跑入这座不可思议的球场，这一切都让我仿佛置身梦境。事实上，在那个赛季我踢过的所有主场比赛中，这种感觉从未离开过我。每场比赛都像是第一次。每场比赛都是如此特别。

8 月份客战朗斯，我迎来了加盟后的第一粒进球，而在接下来战胜索肖的比赛中，我又收获了我的首粒主场进球。不久后，每当我进球，我都会跳上一段 coupé-décalé 舞，这种舞蹈以科特迪瓦流行乐为基础，风靡于科特迪瓦和法国的科特迪瓦人社区。随着赛季进行，这些舞蹈动作成了我的“标志”，球迷们也很喜欢它。

踢完与索肖的比赛后不久，我的足球生涯迎来了另一个里程碑——欧冠小组赛。凭借 8 月份在资格赛中击败奥地利的维也纳队，我们进入了欧冠正赛，尽管那场比赛并不是很精彩，但没关系，我们还是晋级了。此时，我们发现自己与贝尔格莱德游击、波尔图和强大的皇马同组，而小组赛首战将于 9 月在伯纳乌球场打响。他们阵中几乎囊括了世界上最优秀的球员——实际上，那简直不可思议——从队长劳尔，到齐达内、罗纳尔多、菲戈、卡西利亚斯，最后则是夏季刚从曼联转会而来的大卫•贝克汉姆。

当我即将前往这座绝对是足坛圣殿之一的球场参加最负盛名的欧战赛事时，那种感觉有些超现实。过去，每到周二或周三晚上，我常常和朋友们守在家里看欧冠。我们会坐在电视机前，吃着外卖比萨，边笑边讨论着哪支球队会获胜。然后，欧冠主题曲将会奏响，接着……所以，当我走进这座位于马德里的球场，与所有这些巨星并排站着聆听那首圣歌时，我不禁想起了当时的情景。那是一种势不可挡且震撼人心的感觉。“我做到了，我做到了。”我心里想着，仍不太相信眼前的一切。

也许有些令人诧异，但我并没有被那种场面完全吓住，反而感到轻松，而且出奇地镇静，仿佛我内心非常信任我们的队伍，也相信自己有能力与这群球员一较高下。又或许，我只是觉得，既然已经来到了欧洲足坛之巅，就该放松并享受这个时刻，尤其因为在三天前，我还很有可能错过它。我在训练中扭伤了脚踝，甚至在比赛前一天，当我们在球场内训练时，我仍然感到疼痛。最后，我还算幸运。我的身体条件刚好达到比赛要求——否则我可能就没机会了，第26分钟，当我为球队打破僵局时，我几乎并不感到震惊。我兴高采烈地跑向角旗处庆祝。我们的许多球迷都在欢呼，然而在皇马球迷当中，情况则截然不同。我明显听到他们中有人发出了猴子般的叫声。尽管只是来自少数人，但那声音仍然非常清晰。我很震惊。即便在我的辉煌时刻，我也永远不会忘记当时的想法：“哇，真不敢相信，像皇马这种豪门球队也有这样的球迷！”

“银河舰队”最终以4 ∶ 2获胜，但离开时我们都感觉自己踢得不错，这也让我们在接下来主场迎战贝尔格莱德游击队时信心满满，最后以3 ∶ 0顺利拿下了对手。我再度为球队首开纪录。我对自己的表现以及球队的出色发挥感到十分高兴。

自与皇马一役后，我的朋友们一直给我打电话和发短信。我父母和家人不是那种容易被感情冲昏头脑的人，但我的朋友却无法抑制他们的兴奋。“所以，欧冠联赛，真不敢相信你正在踢欧冠！它是什么样子的？”跟他们一样，我也难以置信！我无法隐藏自己异常惊讶的事实。“好吧，实际上，它……很棒！”然后，我会突然大笑起来。实际上，由于身体对抗很激烈，在法乙踢球要更加困难。在欧冠联赛中，重要的是技术和时机，以及懂得适时进攻，具备出色的足球头脑，知道对手球队的状态何时出现下滑，然后趁势夺取力量平衡。一切都在于解读比赛，而我那时候已经开始理解这些东西了，所以感觉既自然又轻松。

我们与波尔图连续踢了两场比赛，那年他们最终问鼎了欧冠冠军，而他们的时任主帅正是何塞·穆里尼奥先生。首回合坐镇主场，我再次进了球，但两回合我们全都输给了对方，第一场以2 ∶ 3告负，做客葡萄牙时又以0 ∶ 1失利。关于第一回合，最令我高兴的事情是，我听见对方后卫似乎在说，若想阻止我，唯一的办法就是踢我。如果他们认为不踢我便无法阻挡我的话，那我做的必定是正确的事。对我来说，那番话是他们能给予我的最好的赞美！

那也是我第一次见到何塞——赛后，在通道内，他来到我面前，开玩笑地问我，我在法国还有没有兄弟或表兄弟踢球踢得像我这么好的。

“其实，非洲有很多比我更优秀的球员。”我开玩笑地回答道。

“有一天，当我买得起你的时候，我就会签下你。”他在与我分别前说道。

我没有再多想此事，但他仍通过他的球探安德烈·维拉斯－博阿斯与我保持着联系。博阿斯经常过来看我比赛，然后向他的老板汇报。

真正开始影响我比赛的因素之一是，我正处于有史以来最好的身体状态。这不仅仅是因为我在训练期间付出了努力。它还归功于两个人，即斯特凡·雷诺和帕斯卡尔·凯洛，我在甘冈时就开始跟他们合作了，直到现在他们仍在与我共事（但几年前凯洛离开了，他的位置也被马蒂厄·布罗德贝克所取代）。最初，他们一直在和我的甘冈队友弗洛伦特·马卢达合作。我对他在一场硬仗过后的恢复能力甚感惊讶，尤其是有时我们三天后还有一场比赛。与我相比，他似乎永远都那样精神焕发。踢完一场比赛后，我需要五天时间来恢复，这样显然不好，因为如果我要等到第五天才开始在训练中表现出色的话，主教练几乎不会想安排我踢下一场比赛。我意识到我得做出改变。所以，弗洛伦特将这些从身体、技术及战术上帮助他备战的人介绍给了我。从那时起，我也开始与他们共事，直至现在。

斯特凡是一名体能训练师兼运动理疗师，他专门从事能够预防受伤和帮助球员从足球特定训练中恢复的锻炼。这其中涉及许多拉伸运动。当我说“许多”的时候，我指的可不是20分钟，而是两三个小时，甚至更多。如果有必要的话，他还会要求重复相同的动作，舒展我所有的肌肉和身上的所有软组织。

帕斯卡尔则来自更加学术和科学的背景，他精通生理学、生物力学以及那些在最高水平比赛中所需的身体技术。尤其是刚开始合作时，我们常常花数小时观看比赛录像，详细分析所有的移动、拦截和技巧，或许是因为我从未经历过青训体系，这些东西当时都尚未植入我的肌肉记忆里。但我学会了如何调整比赛中一些细微却重要的方面，如何读懂对手的肢体语言——尤其是门将的，如何确保你能在恰当的时刻避开对手，如何刚好保持在他们的视线之外，以及如何利用场上至关重要的几秒钟来取得成功——也就是当你智胜对手，送出致命传球，或找到瞬间空当去跑位和传球的时候。所有这些都需在训练结束后花数小时来分析和练习，回家后还需要进行数小时的身体锻炼和拉伸运动。

此外，为了完成我所做的工作，我通常每周都会去看一次整骨医师。有些人认为这既多余又毫无意义，但我对此非常坚持，也完全相信他们会给我带来好处。最后，这得到了证实，自从在即将离开甘冈时雇佣他们以来，我的健康程度大幅提升，进球不断增加，足球生涯亦开始起飞。

我的“健康团队”从不干涉俱乐部正在做的任何事，也从不干扰它的训练理念。他们总是寻求同训练员合作，以帮助我为俱乐部做出更多贡献。就像迈克尔·乔丹和科比·布莱恩特等篮球巨星——我始终很钦佩他们——也拥有自己的理疗团队一样，我的方法如今正受到其他顶级球队里的顶级球员欢迎。

足球界的现实是，就算是在强队中，也可能只有三名队医，可队内却有22到24名球员。即使抱着最大的期望，那些队医最多也只能在一名球员身上花10到20分钟，然后就需要去帮助另一名队员。在很大程度上，他们不得不使用“一刀切”的方法。由于年轻时老是受伤，我意识到，如果我想发挥我全部的潜能，我的身体就需要接受一些更具针对性和量身定制的帮助。

因此，我的“健康团队”跟随我来到马赛——之后又去了切尔西，而那些额外的努力很快开始让我收到了回报，从而激励我继续坚持下去。在足球方面，我始终都需要付出很大的努力。我一开始就承认我并非最具天赋的球员，但我能看到，我的努力极大地帮助我达到了我想要达到的水准——这也是人们期望我达到的水准。

不幸的是，球队的成绩却有负众望。一开始，我们表现很好，上赛季最终排名联赛第二，而且我们实际上在9月份还曾一度领跑积分榜，但随后球队战绩却开始逐渐变糟。我们在欧冠联赛中位列小组第三，未能进入淘汰赛阶段，也因此丧失了争夺法甲冠军的专注度。在此期间，阿兰·佩兰不知何故对球队失去了信心，他不再同我们交流。在现任门将维德兰·鲁涅批评了球队对阵皇马的战术安排后，法比安·巴特斯就从曼联被租借了过来——虽然不知这两件事是否有关联，但人们难免会猜测它们可能有联系。无论如何，等到临近冬歇期时，佩兰和某些球员之间的关系变得剑拔弩张起来，而队长的受伤则无疑更是雪上加霜。记得有一天，我对某位助教说，现在队内没有可寻求建议的老队员，也没有能引导大家的人，我们的队伍群龙无首。他转过头告诉我：“好吧，那就你来做！”我？当马赛队的领袖？得了吧！可是到最后，我感觉自己别无选择。对我来说，站出来试着团结众人是件很自然的事。所以，我开始在训练结束后组织一些队员一同吃午饭，或者偶尔吃晚饭，只为了让大家聚到一起，帮助我们重新找回团队精神。那很有趣。我们开始更多地了解彼此和各自的家庭，在那段缺乏教练领导的不稳定期，所有这些都带来了巨大的帮助。

1月初，在一场失利将我们送至联赛第六后，阿兰·佩兰终于遭到了解雇，对此我感到十分难过，因为他是我非常尊敬的人——至今依然如此。尽管我对他的下课并不感到惊讶——几周以来，我们都感觉他要走了，但还是震惊于他竟以如此残酷的方式离开。不过，我也渐渐明白，这种情况在所有级别的足球当中都是家常便饭。当时我感觉，他为俱乐部所做的一切几乎没有得到任何感谢或认可。毕竟，他带领他们获得了四年来的首个欧冠参赛资格，而且前一个赛季他们还紧随里昂斩获了联赛亚军。但这显然不够，由于球队在秋季表现平庸，再加上更衣室氛围不佳，他无疑已经不可能再待下去了。

预备队教练何塞·阿尼戈接任了主帅一职。作为土生土长的马赛人，他跟球迷很亲近，对马赛队有着深厚情感，为人也更加直率，并且善于交际，平易近人。阿尼戈一上任就与球员们建立起了亲密的关系，让我们重新振作了起来。尽管我对佩兰的离开感到难过，但我很快就向阿尼戈表明，我会完全忠诚于他，认真在这里踢球。过去，当支持我的人离开球队，而新任主帅不喜欢我或我的球风时，我吃了许多苦头。所以我下定决心向他证明，他完全可以依靠我，而我也会竭尽全力帮助球队。结果，我们的关系有了一个良好的开端。对我和球队来说，是时候迎来全新的开始了。

第六章

它是如何终结的？

好吧，所以我们无法再继续踢欧冠了，但现在我们仍有资格参加欧洲联盟杯，而且我们也想向新教练、俱乐部老板和球迷们证明，我们能够积极应对并好好表现。来自阿尔及利亚的布拉希姆·赫姆达尼被任命为了新队长。我开始参与组织训练期间的热身活动，并继续尝试凝聚整个队伍。在某种程度上，鉴于这是我在马赛的首个赛季，我很惊讶自己竟能在队内扮演如此备受瞩目的角色。这并不是说，好像我有过效力于顶级俱乐部的经历，就可以说："大伙听着，在尤文图斯、巴萨、巴黎圣日耳曼，我们过去都是这么干的。"而是，我是有权在会议上发言的人之一，别人会求助于我，而且当我们踢得不好时，他们也会问我："现在我们该怎么做？"甚至那些资历比我更老的球员都会寻求我的建议和指导。在球场上，我的影响力已经达到如此的程度，以至于某天队友菲利普·克里斯坦瓦尔告诉我，老实说，我是那个将球队凝聚起来的人，如果我踢得好，球队也会表现得好。完全没压力！

我花了很多时间待在我们的训练基地拉科芒德里耶，只为与俱乐部内的每一位工作人员聊聊，试图让他们觉得自己是一幅宏伟蓝图的一部分，让他们真正感觉自己属于一个大家庭。不论过去还是现在，这对我来说都很重要。我们能为这些伟大的俱乐部效力实属幸运，那些工作人员给了我们帮助与爱，我们有义务和责任将其中一些回馈给他们。虽然他们很少得到感谢或注意，但却为俱乐部的成功做出了巨大的贡献。

我在俱乐部扮演的角色以及我在球场上的努力很快就受到了球迷们的注意，而且我的进球数也在持续上升，等到2004年伊始，我已经变得非常有名，以至于每次外出都会被人包围。就连去当地面包房买个法式长棍面包当早餐也要花上一个小时。球迷们想跟你聊天，要签名或合影—— 一般都是用糟糕的手机前摄自拍。这一切对我来说是完全新鲜的。一开始还挺好，我很享受众人的关注，但随着程度的加深，有一天我心想："停下来。够了。这不是我，我不想要这些。我不想让我的家人经历这些。为什么人们要为我呐喊，为我尖叫？当他们发现我在高速公路上与他们同行时，他们甚至差点撞了车（这种情况发生过好几次）。"局势渐渐失控，我并不想过这种生活。而且，我很想对他们说："我并非你们看到的那个人。事实上，我是一个很简单的人。我只是个来自科特迪瓦的普通人。我不值得你们这么盲目崇拜。"

俱乐部有位运动心理学家，于是我决定找他聊聊。我告诉他发生了什么事，以及它是如何开始影响我的。他向我解释说，我必须找到一种方法去理解那种关注，去接受它们；而且，这不仅是为诸如马赛这类强队效力时所要承担的部分职责，还是在这支球队——或其他任何球队——取得成功后的必然结果。我无法与世隔绝，在余下的生涯里回避这些东西。我的人生发生了变化，而我只能去接受。最重要的是，我必须专注于为自己踢球，因为如果我那样做了，我就会收获成绩，进球也会接踵而至，球迷们也会很高兴。这是我优先要考虑的事——通过为自己踢球并努力表现，最终我将令他人满意。我花了一时半刻去消化他说的话，但我明白他想告诉我什么，从那一刻起，我开始适应这种生活，并承认成功往往伴随着责任——对他人和自己的责任。这些年来，虽然生活并不总是很容易，但当时对于这点的领悟，至少是我平静面对如今所拥有的生活的第一步。

我注定只会在马赛待一个赛季，但我觉得我对俱乐部和球迷是如此投入，以至于自那以后，当别人发现我只在那里待了那么短的时间时，他们总是感到很惊讶。"一年？可我们感觉你在那儿待了五年！"不过，这也意味着从一开始我就对俱乐部产生了影响。我从球迷那里收获了太多，身为一名马赛球迷，我同样渴望给予他们我能给予的一切。我在甘冈进过球，并且在球迷当中和球队内部都很引人注目，但是马赛却不同。它让我得到成长。在马赛，我最终成了一个男人和一个领袖。

必须说清楚，我并非唯一的领袖。法比安·巴特斯刚来到球队，便也扮演起了这个角色。法比安在10月份就已签约，但直到次年1月才符合上场条件。他来时已经大名鼎鼎。他获得过1998年的世界杯冠军和2000年的欧锦赛冠军，还刚刚帮助曼联捧起2003年的英超桂冠。实际上，20世纪90年代，他已经为马赛效力过，并取得了极大的成功，深受球迷的喜爱，如今他又重返了马赛。法比安不是那种只为了讲话而交谈的人。在会议中，当大家各抒己见时，他会坐着聆听。就像教父一样，法比安会等到所有人说完自己的看法后，再讲些仔细推敲过的话，而每个人都会坐直身子记笔记。有时候，在球队会议上，我会草草记下他说的话和做的事，会后我们也会一起讨论各种问题。他从不追求成为关注的焦点，但不知怎的还是备受瞩目。法比安对我有着很大的影响，在我俩共同效力于马赛的几个月里，我从他身上学到了许多东西，包括他为人处世的方式。

欧联杯16强战，我们抽到了利物浦，当时他们由热拉尔·霍利尔执掌教鞭。我并不是需要激励，但想到26岁生日那天（3月11号），我将现身安菲尔德球场，在Kop[1]面前比赛，这让首回合变得格外特别。我最渴望得到什么样的生日礼物呢？当然是进球，而我也确实做到了。令人吃惊的是，自1977年3月圣埃蒂安在这里收获进球后，这是27年来法国球队首次在利物浦破门。当时，红军主帅为鲍勃·佩斯利，队内还有诸如凯文·基冈和埃姆林·休斯等传奇球星。我为法国球队打进了一代人以来的首粒进球。比赛以1：1结束，赛后整个更衣室都回响着

[1] Kop指利物浦的死忠粉聚集的看台，现在也指利物浦的忠实拥趸。

粗犷洪亮的生日快乐歌。奇怪的是，霍利尔和他的队员们却未能欣赏这一幕，也没有与我分享那一刻。但无论如何，在与利物浦的多次交手中，我非常珍视这一次的记忆。

次回合我们以 2 ∶ 1 取胜，成功晋级了下一轮比赛，我还贡献了一个至关重要的点球，接着球队又凭借两回合胜利力压国际米兰——我在主场攻入了关键的唯一进球。我们再次成功淘汰了一支拥有法比奥·卡纳瓦罗和克里斯蒂安·维埃里的欧洲豪门球队。

此时，站在我们和欧联杯决赛席位之间的是纽卡斯尔联队。我们都知道，泰恩塞德的守护神阿兰·希勒将会竭尽全力帮助他的球队击败我们。虽然他已 33 岁，但依然是一名高效且强有力的悍将。最终，我们客场与他们战成了 0 ∶ 0 平——我个人有些失望，因为我踢中了横梁，还错失了两次好机会，但至少这意味着我们仍有机会晋级。主场比赛逐渐逼近，尽管腹股沟有轻微的拉伤，但我却感到出奇的冷静和坚定。我知道我必须做些什么。我给自己施加了很大的压力，但也清楚其他人是多么指望我能好好表现，为他们夺取球队极度渴望的胜利。

我的祈祷得到了答复，我攻入了两个举足轻重的进球，上下半场各一球。小时候，我就常常梦想能进这种球。我们在兴奋发狂的球迷面前成功杀入了决赛。我只能说，当晚马赛街头聚集了成千上万的人，汽车鸣笛，彩旗飘扬，大家载歌载舞，一直庆祝到凌晨，许多当地人还跳起了 coupé-décalé 舞！

纽卡斯尔之战三天后，我们就要在联赛中客战摩纳哥了。由于欧联杯决赛将于 10 天后举行，此役主教练决定让我休息，可直到终场前 15 分钟，我们仍以 0 ∶ 1 落后，于是他还是安排了我替补上场，希望我能扭转局面（结果证明那是徒劳的）。当我们在防守一次角球时，我跳了起来，然而有个后卫无意间用膝盖猛烈地撞击到我的臀部。碰撞发生后，我立马感到了剧烈的疼痛，当我倒地时，我就知道我遇上麻烦了。

我非常疼，以至于眼冒金星，无法移动。我的腿暂时性瘫痪了。

我被火速送往了摩纳哥的医院，但扫描结果和X光片上面显示并无大碍。然而接下来五天，我还是无法行走。我被注射了普通的消炎药，希望疼痛会慢慢消退，可是随着决赛快速临近，我变成在与时间赛跑。

这场决赛对俱乐部和整座城市来说都至关重要，为了纪念这个标志性事件，球队出发前往哥德堡迎战西班牙冠军瓦伦西亚的当天早上，我们中的几个人去瞻仰了马赛天主大教堂——贾尔德圣母院。它是这座城市的地标之一，高高耸立在山丘上，你可以从各个方向望见它。它被视为马赛及其居民的守卫者，所以我献上了我的一件马赛球衣，希望这会在即将到来的比赛中给我们带来些许神圣的好运。此类事情并非第一次发生。1993年，在前往慕尼黑与AC米兰踢欧冠决赛前，马赛队就做过同样的事。无论如何，我的球衣被欣然接受了，它被妥善装裱，悬挂在马赛队的锦旗旁，位于教堂入口处右侧——但为了防止被人偷走，它被挂得非常高！

尽管每次奔跑我都很疼，而且只拿出了五成的状态，但开局阶段我却踢得相当不错。然而不久后，我就被阿根廷球员罗伯托·阿亚拉用肘部击倒在地。起初我们处于优势，但瓦伦西亚也在奋力抵抗。中场哨响前，法比安·巴特斯在禁区内放倒了他们的中锋米斯塔，比赛局面由此达到了均势。主裁皮埃路易吉·科利纳判定法比安抬脚过高，并将其红牌罚下。可在我看来，他的铲球并非那么凶狠，而且鉴于这场比赛如此重要，以及时间尚未过半，我认为科利纳不该将法比安罚下，这实际上杀死了比赛。不过，当时科利纳是全世界知名度最高的裁判，而且他很固执，当我向他抱怨时，他说他只能选择遵从规则。不管怎样，瓦伦西亚罚进了点球，之后比赛就结束了。下半时开场不到15分钟，他们再次取得进球，尽管我们也有一些破门良机，并继续努力和奔跑着，但直到累得半死，我们也未能挽回败局。

公平地讲，瓦伦西亚是一支不错的球队，他们拥有一位非常优秀的主帅——拉斐尔·贝尼特斯，后者正处于加盟利物浦前的最后一个赛季。尽管总体而言，他们确实比我们出色，但我们无疑觉得，如果那天我能以最好的状态出战，而且某些情况能有利于我们的话，我们本来是有能力击败他们的。我们渴望赢得奖杯的梦想就此破灭了，这也让队员和球迷们感到极度失望。

那个赛季，我们还有一场比赛要踢，即法甲收官战。虽然我们位列积分榜第七，远低于我们所期望的排名，但最后一天我们要迎战的对手却已到了穷途末路——他们只有赢球才能保级。我们的对手是谁呢？甘冈。这完全是个巧合。我不仅在赛季开局首次为马赛出战时碰上了我的老东家，而且最后一场比赛还是要跟他们交手，而他们的命运也将由我的新东家来决定。对我来说，这可不是个轻松的局面，但我至少要保持职业性，就像我不关心对手是谁一样去比赛。虽然我没进球，但我们仍以 2 ∶ 1 击败了他们，直接把他们送入了下赛季的法乙联赛。终场哨响后，我拥抱了我的前队友，有几个人还流着泪。我想起就在两年前，在我同他们并肩作战的首个赛季末，我们是如何不得不拼命避免降级，而且当时结果也是取决于赛季收官战。那一次，我们赢了。这一次，结果却相反。我非常同情他们——毕竟，该被同情的人本来很可能是我。

赛季结束后，我被法国职业足球联盟（UNFP）评选为法国年度最佳球员，该机构相当于英格兰职业球员协会（PFA）。这是一份巨大的荣誉，当我听到这个消息时，我感到非常吃惊。然而，这种感觉就好像前一天我还坐在勒芒的替补席上一样；尽管那个赛季我确实打进了 32 球，并且在联赛射手榜上排名第三（欧塞尔队的德吉布里尔·西塞位列第一），但得此嘉奖还是让我有点茫然无措。不过我认为，我之所以获得该奖，部分是因为我是法国足坛的新面孔，部分则是因为我在欧战赛场上表现得尤其突出，不仅斩获了 6 个欧冠入球（尽管马赛仅止步于小组赛），还在欧联杯中打进了 5 球，其中除了决赛外，每一轮我都有进球入账。

鉴于 26 岁的我很难算是年轻人了，因此这个奖让我备感甜蜜。但我从未忘记我是球队的一员，我的成功也得到了队友们的鼎力相助。没有哪个球员比他的球队更伟大或更重要。然而，接下来发生的事告诉我，无论一名球员多么成功，对他的球队多么忠诚和热爱，也没有哪一家俱乐部会因此而拒绝一份不可抗拒的报价。

我第一次听说有俱乐部对我感兴趣是在 2004 年 3 月或 4 月。那是在某场新闻发布会后——我不记得是什么场合，一位法国记者走过来跟我交谈。

“哦，我通过小道消息听说了一件事。显然，有支英国球队为你开出了一份报价。”他说。

“真的吗？”

“是的，他们准备付很多钱！而且马赛明显正打算放你走。”

“啊，别担心，我不会走的。我哪里也不会去。”我开玩笑地回应道，“我完全可以向你保证。”

我压根没重视这个家伙讲的话。我只是走开了，再也没去多想。待事情逐渐明朗后，我的确回想过那次简短的对话，惊讶地想：也许他们早就在背后讨论我了。当时穆里尼奥尚未入主切尔西，但考虑到他对我很感兴趣，也许他已经告诉切尔西他想签下我，虽然这并非他加盟的条件，但他可能希望我能在他加盟后立马成为其计划的一部分。谁知道呢？

赛季刚结束，我便和马赛续了约。就我而言，当我这样做时，我是决心效忠一家俱乐部的。换句话说，我不会跟他们签了约，然后又去别的地方。7 月初，我在喀麦隆参加一场重要的世界杯预选赛，期间接受了某记者的采访，讨论了下赛季我在马赛的全部计划——我希望达成什么目标，我多么想要打破伟大的让－皮埃尔·帕潘单赛季联赛进30球的纪录，以及我多想成为他们有史以来最伟大的球员，帮助他们赢得联赛冠军，等等。

喀麦隆最终以2：0获胜，赛后帕佩·迪乌夫来到我的酒店房间看我。此时，帕佩已是马赛的总经理，因此他不再是我的经纪人了。他的拜访让我很惊讶，因为通常他不会来看我踢国家队比赛。

“我需要跟你谈谈。”他带着目的宣布。事实上，我不知道他为何需要如此着急见我。“这就是给你报价的球队，俱乐部准备接受了。你将因此收获相当不错的薪水。”

“不，我不想走。我才刚续约，而且在我看来，当你签了约，你就得执行。你不能玩弄别人。”

“好吧，但你还是得离开，因为俱乐部希望你走。”

“去哪家俱乐部？”

“切尔西。”

“我不想走。我向你保证，我不会离开的。”

“好吧，但主席准备今天就做出决定。”

“我不在乎。这跟钱没关系。我不想离开。你可以告诉主席，即使切尔西付我两倍薪水，我也不会去。我就是不想离开！”说罢，我就走了。就我而言，讨论已经结束了。

我非常激动，也很愤怒。我感觉自己走投无路，陷入困境，并且遭到了背叛。这则消息是个沉重的打击。我当时不敢相信自己听到了什么，也无法接受这件事。

第二天，我飞回了巴黎。我刚落地，就去最近的报亭买了份体育日报《队报》。它的头版头条写着“迪迪埃·德罗巴，他即将离开”，或者类似意思的文字。“好吧，等一下。我显然错过了什么！”我告诉自己。

当我再次与帕佩交谈时，他敦促我接受转会，因为这是个不该拒绝的好机会。它将使我和我的家庭在经济上永远得到保障。我再度解释说我不受金钱驱使。对我而言，马赛俱乐部就像是个家庭，成为这个家庭的一分子远比赚大钱更重要。在我心里，我想做个只效力于一家俱乐部的球员，永远留在马赛，就像马尔蒂尼始终忠于AC米兰那样。也许是因为我在童年时代常常背井离乡，同父母分离，所以我最渴望的是一种安稳感和归属感，而在马赛这个大家庭里，我真的觉得自己找到了它。可是现在，它却被夺走了。于是，我给主帅阿尼戈打了电话。

"到底怎么回事，何塞？"

"恐怕我什么也不能说。"

尽管我相当确定，在即将来临的赛季失去他的关键前锋会令他非常失望，但显然他收到了指示，让他什么也不要说。

我甚至无法恰当地同我妻子谈论这件事，因为我发现我不可能客观地看待此番处境的利弊。过去，每当我们在讨论我的转会时，我都已经做好了决定。每次我离开一家俱乐部——勒瓦卢瓦、勒芒和甘冈，尽管离开时很难过，但我都感觉自己已经准备好了进入下一阶段。现在，正当我们终于安定下来时——我们有一套漂亮的海景房，孩子们很快乐，气候也不错——我却又要让全家人移居别地，带他们走向未知。我们将要前往另一个国家，我们既不会讲那里的语言，也不知道能否适应那儿的生活。我的妻子总是给予我不可思议的支持，但我知道她并不渴望离开。毕竟，她甚至从未去过英国，所以这对她来说是个巨大的跨越。

一回到马赛，我就径直去见了俱乐部主席克里斯托弗·布歇，再次强调我不想去其他地方。

"两三个赛季后，可以，那没问题，但现在我并未准备好离开。"

"嗯，好的，但你知道，我们不确定一两年后那份报价还依然存在。"他指出。我恍然大悟。

“哦，所以你觉得我不能复制上赛季的表现。是这样吗？你觉得我是运气好才拥有那样的赛季，于是现在就想把我卖了赚钱？好吧，如果你是这样想的，那么我猜你已经做好了决定，我会离开的。”

单凭那一句话，他就已经泄露了他的真实想法。对我来说，这就足够了。他已透露出，事实上他并不信任我。有件事在心理上对我而言至关重要，那就是，我需要知道那些我为之效力的人完全相信我，所以那一瞬间，我明白我别无选择，只能离开。哪家俱乐部前来询问并不要紧。无论是切尔西或AC米兰，还是尤文图斯或皇马，其实都一样。布歇的处事方式让我感觉自己遭到了背叛，就像被人从背后捅了一刀一样，所以我不得不离开。

无论如何，到那时候，此次交易已接近完成，因此需要处理的事务也不多。转会费约为3700万欧元，那时相当于2400万英镑。当时，穆里尼奥因在某个不知名的法国前锋身上花费如此巨资而遭受了批评，但他只是回应：“当他离开俱乐部时，你们再来评判我。”作为交易的一部分，我的一些老东家也拿到了钱，包括我幼年时曾效力的瓦纳和图尔昆，以及勒瓦卢瓦和勒芒。勒瓦卢瓦获得了67.5万欧元（约45万英镑），这对他们来说是一笔巨款，除了用作他途之外，这笔钱还帮助他们建设了一座他们迫切需要的新球场。

顺便说一句，我非常荣幸他们以我的名字来给它命名。2010年10月，我激动地回到那里，参加了落成仪式，见了见如今在那儿踢球的孩子，跟他们一起踢了会儿球。我还见到了以前的一位教练——斯雷布伦科•莱普西。他对我的发展助益良多，并在我生活异常艰苦之时给予了我太多支持。这些业余俱乐部能生存下来是很重要的，因为你能在这里学到一些有关足球和生活的重要经验。你将学会分享，成为球队一员，依赖并尊重他人。有时候，这些价值观可能会在职业体育中丧失。

不久之后，他们在维罗德姆球场召开了一场新闻发布会，我将在那里同大家告别。整个过程，我都强忍着泪水。我几乎无法忍受参加自己的新闻发布会，我仍在试图弄明白之前的24小时内到底发生了什么。我走了走过场，咕哝了几句惯常的陈词滥调，诸如这对我来说是个极好的机会等，尽管我要去一支更大的球队，有更好的前景，能赚更多的钱，但我的身体语言却与当时的情境格格不入。我本应微笑，然而，我却坐在那里，向前弯着身子，低着头，不想参与进来，在整场发布会期间都显得很不开心。

事后，我走进更衣室，流下了痛苦的泪水。我感觉自己被推开了。“你必须离开。”俱乐部的意思就是这样。在金钱和我之间，他们选择了金钱。这让人想想就觉得非常痛心和难过。我最后一次走上了球场。那里没有球迷，也没人高呼我的名字，只有令人无法忍受的静默。我转过身，走出我所崇拜的俱乐部，眼泪依然在流。我不能就这样回家，所以我上了车，然后一直开着。我沿着美丽的海岸线行驶到海滩，然后呆坐在沙滩上，感觉自己坐了很久很久。我试图理解发生在我身上的事。一切来得太快了。虽然合同中的所有细节尚未完全敲定，而且我也没有正式签字，但他们却提前安排了新闻发布会。由于这被认为是木已成舟的事，他们显然需要宣布我的离开。我终于意识到，足球就是生意，同它做斗争是徒劳的。我只能去接受不可避免的事情。

我回到了车里。等我到家时，天色已晚。我的经纪人蒂埃诺·塞迪已经到了我家，他将留下来过夜，因为次日清晨我们很早就要飞往英格兰，以便我能签约。我不忍收拾行李——我妻子不得不为我收拾。午夜时分，我无法入眠，于是忽然下楼找蒂埃诺。“我不去了，这一点儿都不好。去跟我妻子说，我不去了！”我心里很清楚，此时退出为时已晚，但我厌恶无法掌控自己命运的感觉。那便是我爆发的原因，加上小部分的我坚持认为我已是自由球员。我不再属于马赛，但也不属于切尔西。或许我可以和其他俱乐部签约。事实上，当时切尔西对我来说并不十分重要。当然，我知道它是一家大俱乐部，穆里尼奥也刚被任命为主帅，这令人非常兴奋，而且该俱乐部显然拥有雄心壮志。然而，对任何一个在法国居住或踢球的人而言，他们所关注的英格兰球队只有阿森纳，因为后者阵中有很多法国籍或讲法语的球员，而且主教练是温格。有时候，它被称为第二十一支法甲球队，而且他们刚刚凭借不败战绩，以不可思议的方式赢得了2003—2004赛季的英超冠军。尽管切尔西斩获了亚军，但对大多数在法国踢球的球员来说，他们仍然不算什么。

我在最后时刻的愤怒是短暂的。我按时登上了非常早的航班，乘坐私人飞机抵达法恩伯勒机场，这一切都是由切尔西老板阿布拉莫维奇精心安排的。他和穆里尼奥等在那里欢迎我，后者还跟我讲起了法语，这立马就让我放松下来。要知道，法语只是他会说的众多语言之一。

“你还好吗，我的朋友？你是个好球员。但如果你想成为一名伟大的球员，你就得为我效力。马赛是一家不错的俱乐部，可是如果你想要变得更优秀，你就必须为像切尔西这样的伟大俱乐部踢球，而且必须效力于我！”

他明确表示，他认为我很有潜力，希望我能加入俱乐部。我觉得我能相信他，所以我立即就觉得：“好吧，我想我找到了懂我的人。”我想要听到的正是他对我的信任。我已准备好签约了。

第七章

成为蓝军一员

(2004—2005)

最后，此次会面很简短，除了同阿布拉莫维奇先生和何塞·穆里尼奥握手以及商定合同的几处细节之外，我们都没有长时间逗留。这种商谈签约的方式很奇怪，但我当时太过沉浸在自己的情绪当中了，因此也没有过多分析我的处境。帕佩也飞了过来，但他是作为马赛的代表。看到他坐在桌子的另一边，那种感觉有些奇怪。

然而，在法恩伯勒的第一天，尽管我没有与何塞相处很久，但透过他在我到达后对我讲的那几句话，我已经了解了他的为人。所以离开时，我拥抱并感谢了他，后来他说，那让他意识到我们的关系是与众不同的。那并不只是主帅和球员之间的普通关系。如何塞所说，那是因为我明白，通过加盟切尔西，他将永久地改变我的人生。我也感觉到，我们是同时在切尔西起步的，并一起在这里开启了一段不同寻常的历程，这使我们彼此间建立了某种至今依然存在的联系。

几周后，我们在伦敦正式签约。这一次，我留了下来。我选择了15号球衣（我儿子艾萨克的生日）。达米恩·达夫仍是11号。俱乐部安排了短暂的媒体拍照时间，我们握了握手，然后就结束了。蒂埃诺和帕佩向我道别并祝我好运，随后便返回了马赛。我又一次感觉自己像个小孩，犹如多年前跟父母告别时一样。我拿着包来到我在切尔西村酒店的房间，该酒店就位于球场边上。我住的房间很棒，从那里能看到球场，但第一个晚上我还是备感孤独。我的家人还在法国，因为在来英国之前，他们还有很多事情需要安排。

我签约时已是7月底，随后立即被要求跟随球队去美国参加季前赛，次日就将出发。实际上，我是在去训练基地的大巴上向全队做自我介绍的，当时我们的基地位于哈灵顿，临近希思罗机场。对俱乐部来说，那年夏天是个忙碌的转会期。阿尔杰·罗本从埃因霍温转会而来，彼得·切赫从雷恩转会而来，而里卡多·卡瓦略则比我晚一周加盟，他来自何塞的老东家波尔图。

我最初的问题是不会讲英语。我对这门语言的掌握程度仅限于所有法国儿童在学校里学的那些毫无意义的句子，其中最有名的就是那段极其无用的对话："布莱恩在哪儿？""他在厨房。"或许令人感到惊讶，但在刚来俱乐部的几周里，这句话很少能派上用场。

我登上了大巴，就像第一天去新学校那样（对此我倒是有些经验），我一边走着，一边同几个人握了握手。事实上，队内有几张我熟悉的面孔——法国人克劳德·马克莱莱和威廉·加拉斯、喀麦隆人格雷米，以及我在雷恩时曾交过手的彼得·切赫。虽然私底下我并不认识他们，但是因为他们都讲法语，所以我感觉和他们相处很自在，于是便走过去和他们坐一起，在他们的陪伴下度过了前往美国的大半个旅程。

到达后的第二天，我们就进行了一堂训练课，这是我首次与球队一起训练。像往常一样，我环顾四周，什么也没说，试着搞清楚当时的状况，球队的动力是什么，周围的人都是谁。我注意到有个高大强壮的人，他看上去非常年轻，从他走路的样子还有他的表现来看，我猜想他应该来自预备队。我心想："真有趣，他们显然是带他过来向一线队学点经验的。"训练快结束时，我问另一名球员那个年轻人是谁。他笑着回答道："他是队长约翰·特里！"看来我对这支球队真是知之甚少啊——我甚至没认出他们年轻的新队长！

第一堂训练课在很多方面都令我大开眼界。我记得我拿着运动鞋正准备登上大巴，因为我猜想我很快就会穿上它。

"你拿着这双鞋要去哪里？"主教练问道。

“我们不是要跑步吗？”我有些诧异。

“带上你的足球鞋，”他回答道，“因为你是要踢足球的。我所做的一切都是为了适应比赛，都与比赛相关——而比赛并不需要穿运动鞋！”

这对我来说很新鲜。在法国，季前训练包含 5 ～ 10 公里跑是惯例，通常都会让我们穿越树林，据说是为了提高我们的耐力。只有在那之后，我们才开始进行少量触球训练。我一直很讨厌此类跑步，而且常常难以应付长跑训练。然而，何塞的训练方式完全不同——他在葡萄牙执教时也一样——他的方法对全队而言都很陌生。我们会针对比赛本身做大量的训练——传球、铲球、奔跑、突破、加速、变向。在法国，更多的是：“没错，你需要保持身体状况良好，然后才能踢球。”而在这里，我们强调的则是足球本身。跑个几公里并没有什么必要。事实上，有些人可能觉得，耐力跑虽然累人，但对你更有好处。可实际上，它只会让人更加厌烦，而且我相信也不太有效。按照何塞的方法，比起慢跑一小时或更长时间，你需要付出更多的努力。你无处可躲——你必须不停地追赶球，加速突破，爆发性地奔跑，不断改变方向。无论是有氧还是无氧，这都要难得多，但也有趣得多。

前三四次训练很艰难，我们中许多人都有很多东西要适应，但这些训练很刺激，也很新颖，我真的非常喜欢。主帅本身也不同于我所认识的任何主教练。没有训练时，他会跟我们有说有笑。可一旦开始训练，他就变得十分严肃。不要搞错了，他是来赢得奖杯的，所以训练时我们根本没有胡闹的余地。

在我签约时，何塞·穆里尼奥曾答应过我，这次旅程结束后，我将得到一次短暂的休假，我们刚从美国回来，我就和家人度过了一周的假期。理论上，度假应该是悠闲的，可事实上，那是有史以来最糟糕的一次度假，因为我非常紧张，心里想的全是即将到来的赛季。我的大脑一点儿都没有得到放松。

结束家庭假期归队后，我惊讶地发现哈灵顿的训练设施并不像我期待中一家雄心勃勃的英超俱乐部所该有的那样。一切都有待改变，因为此时是罗曼・阿布拉莫维奇入主切尔西的第二个赛季，他已将投资新设施列为头等大事，第二年我们便搬到了科巴姆训练基地。与此同时，切尔西自20世纪70年代以来就一直在使用的现有设施因太过陈旧而急需修缮；有时训练完后，我们发现根本没有热水。就连甘冈都好过那里。

同样，在帮我安顿下来和找地方住这件事上，切尔西做得也并不像如今这么好。球员联络经理加里・斯塔克已经尽力帮助我了，但老实说，他有太多事情要处理，无暇帮我找到合适的房子和带我到伦敦西南部转转。所以，我要么依靠其他球员给我建议，要么就自食其力。由于我对踢球很投入，而且英语水平又很糟糕，所以这并不容易。在艰苦的晨训结束后，我常常太过疲倦，根本无法想象要去看一大堆房子，尤其因为我甚至不知道自己想住哪里。我该住在位于切尔西海港的训练基地附近，还是住在未来的训练基地附近呢？毕竟我知道我们很快就将搬过去了。我记得俱乐部给我介绍了一个房产中介，但很快我便发现，他以为2400万英镑的转会费直接进了我的口袋。他带我看的所有房子都远远超出我能承受的价位，价格范围在800万到1000万英镑之间。我试着向他解释，上赛季我刚在马赛花50万英镑买了套房子，但他却只是困惑地看着我。也许他觉得我搞混了汇率，或是在翻译时弄错了数字，他以为我想说的是500万英镑。

起初，我住在切尔西村酒店里，因为它就在球场隔壁。从窗外望去，我能看见底下的球迷，而在比赛日，早上8点我就会被吵醒，因为那时他们已经来到了球场，我能听到他们在唱歌。头几个星期，我的妻子和孩子们常来看我，但即使我们住在酒店套房里，这对他们来说也并不容易。这里不是家，而且当你有三个小孩的时候——艾萨克和伊曼分别是三岁和两岁，凯文已经十几岁了——如此安排从长远来看也是行不通的。最终，经过不断寻找，我们的确找到了一个不错的房子，它离科巴姆训练基地有 10 分钟车程，距离凯文能上的一所好学校则需 15 分钟，所以这个地点很完美。我们非常快乐地住在那儿，直到几年前才搬进现在的房子。然而，头几周对我们来说无疑是很困难的。

对我和球队而言，首赛季开局可谓喜忧参半。我很高兴我在自己的第三场比赛中收获了切尔西生涯的处子球，当时我们的对手是水晶宫，但我也重新认识了英超联赛的身体对抗性，并领教了我觉得很“肮脏的”一次铲球。在欧洲其他地方，当出现此类犯规，而你倒地不起时，裁判会向肇事者出示一张黄牌。可在英国，当对方犯规时，你还得自己站起来，并且跟那个家伙握手！现在想想，我觉得很可笑，但当时那却是个巨大的文化冲击，这么说吧，我花了许久才适应过来。

之后，我过了一个月才再次进球，这次是客场对阵米德尔斯堡。切尔西正在努力追赶卫冕冠军阿森纳，后者开局表现很好，处于积分榜榜首。当时，我在身体方面受到各种问题的制约，首赛季，在做完腹股沟手术后，我错过了好几周的比赛。这并没有帮助我找到融入球队的感觉。而且，我依旧怀念着我挚爱的马赛，这点同样于我无益。我认为，要想发挥出最佳水准，你必须在精神上 100% 投入，但在那个赛季初，老实说，我认为我确实没有完全投入。可鉴于我的转会情况，我又如何能做到呢？

进入秋季后，切尔西的运势开始改善，到 11 月初，我们终于登上了英超榜首，在赛季剩余的时间里也没有让出这个位置，而夺冠热门阿森纳则经历了一段状态极差的时期。

毫无疑问，对球队和我来说，本赛季的低谷之一便是那场 2 月底做客诺坎普对阵巴塞罗那的欧冠四分之一决赛。我们先以 1 ∶ 0 领先，看上去很不错。下半场开始不久，我对他们的门将做出了至今我依然认为并无恶意的犯规，可瑞典籍主裁判却做出了我觉得是错误的判罚，给了我一张红牌。一如既往，在这种情况下，他们获得了巨大的优势，随后以 2 ∶ 1 赢下了比赛，而大多数人都认为他们只是侥幸取胜而已。

事后，甚至在非切尔西球迷当中，大家都认为我不该被罚下，但损失已经造成。我们的球迷对这名裁判十分愤怒，后者甚至收到了死亡威胁，使得他无法再担任次回合比赛的当值主裁判（最终，我们以总比分 5 ∶ 4 晋级）。

2 月底，在巴塞罗那事件过去仅四天后，我们便与利物浦展开了联赛杯决赛的较量，这次我决心要弥补我被罚下的过失。事实上，我很感激主教练派我出战，因为这表明不管在西班牙发生了什么，他依然选择信任我。这场决赛是一个回报他的信任以及向切尔西球迷展示我在重大场合能做什么的好机会。这也是我第一次有机会赢得一座冠军奖杯。实际上，在我此前的整个足球生涯中，无论是业余级别还是职业级别，我都从未跟随我的球队赢得过任何荣誉。本场比赛对我来说非常重要，我感到自己处于重压之下。

整个队伍同样面对很大的压力。正如主教练在赛季初向我们指出的，队内真正获得过重要奖杯的球员屈指可数，尤其是联赛冠军。所以，为了向其他球队表明，在他的执教下，我们是一股不容忽视的力量，我们必须从赢得这座奖杯开始。

毫无疑问，利物浦也备感压力。他们也刚来了一位新主帅，即拉斐尔·贝尼特斯。因此，一方由刚刚赢得欧联杯冠军的主教练执教，而另一方则由刚刚斩获欧冠冠军的主教练执教。如此大的巧合无疑使当天两个人和各自队伍之间的对抗变得更加激烈，而双方的竞争也一直延续到了今天。

决赛在加迪夫千年球场举行，我们开局踢得十分糟糕，约翰·阿恩·里瑟在开场仅 45 秒时便为利物浦破门，创下了该项赛事决赛史上的纪录。我们对这种纪录并不感兴趣。我们甚至都没时间稳定下来组织好自己，但是，为了挽回败局，我们必须奋起直追。我们不断追赶和战斗。虽然我们拥有控球优势，可依然没能打进那记至关重要的扳平球。

当比赛即将进入最后10分钟时，我们获得了一个任意球，由保罗•费雷拉负责主罚。紧接着，史蒂文•杰拉德用后脑勺将球顶进了自家大门。这对他们来说堪称噩梦，但却让我们如释重负！此球可能相当于两个进球，突然，它给了我们再生的希望，使我们得到了解放，让我们开始更多地主导比赛。加时赛中，尽管双方都未能在上半场打破僵局，但我们仍占据着优势。随后，下半场刚开始，我便从近距离攻入一球。这是我在重大决赛为切尔西攻入的9球中的第1球，那是个无比快乐的时刻，我终于有机会弥补巴塞罗那事件的过失，以及向所有人证明他们能在重要的场合指望我。5分钟后，马特亚•凯日曼再下一城，为我们锁定了胜利。尽管利物浦在1分钟后扳回一球，但是为时已晚，他们已经无法追上我们了。最终比分为3 ∶ 2。

由于种种原因，此番胜利对我们所有人来说都很特别。我们刚刚连输了两场重要比赛（一场是客战巴塞罗那，另一场则是之前足总杯第五轮对阵纽卡斯尔联队），所以，尽管我们位居联赛榜首，但突然间我们有了一种不稳定的感觉。赢得这座奖杯让事情回到了正轨，也让我们再次重申了自己的主张，并借此向世界宣布，我们现在是一股不容小觑的力量。它还象征着我们和阿森纳之间力量平衡的真正转换，在那之前，作为同城对手，他们比我们更为成功。但从11月份我们取代他们成为联赛领头羊的那一刻起，力量的天平便开始向我们倾斜，并且一直持续到现在，而赢得那座奖杯无疑是传达这个信息的一种响亮又清晰的象征性方式。

从那一刻起，我们变得十分强大。当然，利物浦在欧冠半决赛中战胜了我们（接着又在那场于土耳其举行的历史性决赛中夺冠），成功为联赛杯的失利复了仇，对此我们感到很失望。不过，那场比赛前几天，我们刚刚赢得了一场令人难忘的胜利——切尔西历史上的首座英超冠军。我不知道此次胜利是否影响了我们，导致我们无法在安菲尔德进球——首回合在斯坦福桥，双方战成了 0 ：0 平。

无论如何，在我们的脑海中，客胜博尔顿后问鼎英超冠军依然是我们最难忘的时刻之一。对一支此前从未染指过它的球队来说，那是某种心理上的巨大成就，也进一步表明我们已经取得了成功。对我而言，它是我职业生涯里的一个关键时刻。我在法国甚至非洲都获得过个人奖项——赛季最佳进球、年度最佳球员等，但我从没拿过冠军奖杯。现在，我已斩获了两座，其中一座就是在被认为是全世界最难踢的联赛中赢得的冠军奖杯。

我记得，赛季初何塞曾清楚地告诉我们：如果我们完全按照他说的去做，如他希望的那样去比赛，并且完全信任他，我们便会赢得联赛冠军。他对此非常肯定。人们因此种言论而指责他狂妄自大。但事实并非如此。那是自信。如果我们赢下对阵弱队的所有比赛，击败或战平那些强队，那么冠军就将属于我们。就是如此简单。这似乎很明显，但我不觉得所有主帅都这么想，或者至少不会把目标分解开来，然后解释清楚如何着手去实现它。那个赛季，我们就是这样做的。我们不仅击败了所有弱队，还在主客场双杀曼联，并且两度与阿森纳战成平局。整个赛季，我们总共只输掉一场比赛——客场对阵曼城，并以创纪录的 95 分夺冠。就连那些批评我们的人也不得不承认这是一项壮举。

如今，当我回顾我在英超的首个赛季时，我可以说它拥有一些高潮，但也包含许多令人沮丧的低谷。转会至英格兰比我预想的更为困难。我有许多地方需要适应，包括语言和球队的打法，我的家人也度过了一段艰难的适应期。我并没有凭借我的贡献俘获球迷们的心。我在首个赛季的联赛进球数只有 10 个（各项赛事共进 16 球），远远少于金靴奖得主蒂埃里·亨利的25个（各项赛事共进31球）。我的各种伤病阻碍了我融入球队，而且在赛季刚开始时，我并没有时间让自己去适应英格兰的足球文化。

比如，我对英超联赛的残酷无情和一周接一周的比赛节奏深感震惊。来到俱乐部的第一周，我便在毫无准备的情况下出战，一周之内连续踢了三场比赛。这种情况在法国很少发生。可在英格兰，每个赛季它都会出现几次。显然，如果主教练拥有一支足够庞大的队伍，他就能让球员轮换上场。但伤病是如此常见，即使球队阵容雄厚，球员们有时也不得不在非常疲惫或没有完全恢复的情况下出场。因此，“带伤上阵”的概念在英格兰十分普遍。

在我的首个赛季里，另一个令我感到惊讶的方面就是英国足球的粗野，尽管从某种程度上说，之前那个赛季在马赛同纽卡斯尔联队和利物浦交手时我就已经领教过这点。我清楚地记得，有一次掷界外球，我试图跑向球，突然有个后卫不知从哪里冲过来撞倒了我。我只是一脸震惊地看着他，然后望向裁判，期待他吹哨。没有哨声——只有继续比赛！在法国，那明显是犯规，但在英国却并非如此。

我之所以没有更频繁地受伤，是因为我在与其他球员接触时采取了某种方法。尽管伤病是体育运动的一部分，而且没有哪个球员想要受伤，但我从不退缩，因为我觉得那样反而可能有受伤的风险。当你看见有人过来铲球时，你可以利用某些方法避免受伤。另外，不要在没有把握的情况下去铲球。当然，即便如此，有时我们还是会判断失误。

然而，我的首个赛季也有一些美好时光。我的队友们非常欢迎我，尤其是威廉·加拉斯、克劳德·马克莱莱和格雷米，他们都成了我的好朋友。我们在一起很开心，而且在去全国各地踢客场比赛时，我们还会在酒店度过难忘的扑克之夜。我的英语水平慢慢有了进步，因此我也能更好地同别人交流了。

但是首先，捧起那两座奖杯才是该赛季最精彩的部分。它们无疑有助于弥补我仍在经历的困难——主要是适应英国足球方面。那些奖杯鼓励着我继续前行，因为有时候，我并不确定我是否会在英格兰和这家俱乐部取得成功。实际上，联赛杯冠军对切尔西来说是如此重要，以至于在欧冠次回合与巴塞罗那展开较量前，我们就将这座奖杯展示给了球迷。当时我正遭遇停赛，但我依然记得我和队友们来到场上，在球迷面前高举奖杯游行。他们是那么开心。正是那样的时刻给了我继续前进的力量和勇气。

第八章

我该走还是该留？

(2005—2006)

无论是在私人生活还是职业生涯方面，我都希望我在切尔西的第二个赛季会比首个赛季更为舒适。新赛季揭幕战，我在社区盾杯中包揽了两个进球，帮助球队击败了阿森纳，这是我所渴望的最完美的开局方式。

那年夏天，穆里尼奥从AC米兰召回了被租借至那里的阿根廷前锋埃尔南·克雷斯波。2000年，当拉齐奥以5600万欧元（约3550万英镑）从帕尔马引进埃尔南时，他曾一度成为世界上最昂贵的足球运动员。而且，他还是个闻名遐迩的射手。起初，我对这样的安排挺满意，但很快我就明白，主教练是想把我们放在一起互相竞争。他并不同时使用我们，而是或多或少地轮流派我俩出场。我会踢一场比赛，然后进球，而埃尔南则会踢下一场；或者让我俩其中一人首发，如果谁没进球，便在下半场被换下，等到下一场比赛，情况将颠倒过来。我觉得他是想通过让我们彼此竞争，使我们发挥出最佳水准，并尝试激励我们付出更多努力来胜过对方。他从未跟我们解释过这些，但大约三场比赛过后，我们就明白了是怎么回事，也都知道自己该做什么了。

碰巧，我俩关系非常好，所以实际上我们后来对此都是一笑置之。我们之间从来没有竞争的感觉；恰恰相反。例如，假如我在某场比赛中进了球，埃尔南就会走到我跟前说：“非常棒！踢得很不错。”下一场比赛，当他进球后，便轮到我对他说：“伙计，你那个球是怎么进的？！”

不过到最后，我们却都变得很沮丧。对我来说，能够经常踢上比赛始终是更好的。这不仅能给我带来规律性，还能让我保持对比赛的紧张感。可问题是，主教练总是采用 4—3—3 阵型，并凭借它赢下了许多重要比赛。当他想要踢得保守一点儿时，他偏爱采用这个阵型。不过他同样也要求队员们能够踢 4—4—2 阵型，而这个阵型是最适合我的。所以有一天，我去见了他。

“何塞，”我说，“你知道，这样踢球对我来说非常困难。我是一名前锋，可我总是夹在两名后卫之间，这让我无法进足够多的球。这太难了。”

最糟糕的是，由于参加非洲国家杯，我已经离队 1 个多月了。我们在点球大战中不敌埃及队，输掉了决赛，对此我们十分失望。虽然我很喜欢此项赛事，而且代表国家出战也是一份莫大的荣誉，但它一直是个很大的挑战，因为这意味着每两年我就无法拥有一个完整的赛季。我会踢到 12 月底，然后错过整个 1 月以及 2 月初的所有比赛。我记得在我离开前，何塞还跟我开玩笑说“假期愉快”！我觉得他的意思是，他会想我的，而且希望我不要去。无论如何，等到 2 月份我回归俱乐部时，我已经非常疲惫了——这丝毫不令人吃惊。与此同时，由于我的缺席，埃尔南・克雷斯波已经进了不少球，所以基本上我必须再次为自己的位置而战。而且，独自一人对抗两名后卫对我来说并非好事。

能够倾听是穆里尼奥的众多品质之一，他也正是那样做的。他听取了我就自己如何被使用而发表的意见，我觉得他听进去了。无论如何，他显然仔细考虑了这件事，因为他决定改变现有体系，安排克雷斯波和我在 4—4—2 阵型中搭档锋线。在赛季下半程，当他开始实施此举，并常常派我先发出场，我的进球就开始接踵而至了。最后，随着赛季进行，我找回了越来越多在马赛踢球的感觉。我们的新阵型给了我更多自由，让我不再表现得时好时坏，反而感到更加舒适自在。

遗憾的是，尽管我开始在球场上更加自在，但我仍觉得不被自家球迷接受。到了3月初，我们在欧冠16强战中被巴萨淘汰，由于球队去年曾打入半决赛，这令球迷和俱乐部里的每个人都感到十分失望。在两回合比赛中，我们回归4—3—3阵型，其间不是我替换埃尔南·克雷斯波上场，就是他替换我，但这并没有奏效，因为我俩都未能进球。去年10月，我们已经出人意料地早早被查尔顿竞技淘汰出联赛杯，所以现在只能寄希望于赢得足总杯和卫冕英超冠军了。

3月份，两场背靠背的比赛几乎毁了我的整个赛季，并且使我严重怀疑一切。首先是做客克拉文农场对阵富勒姆。他们正在奋力保级，迫切想要获取一个好结果，这让比赛从一开始就显得格外重要。开场不到5分钟，当他们没有得到点球判罚时，主队球迷很快就变得愤怒起来（比赛回放显示那是正确的决定）。然而第17分钟，他们还是破门了，而且似乎占据着优势，穆里尼奥被迫调整阵容，撤下了乔·科尔，安排我上场与埃尔南·克雷斯波搭档锋线。等到下半场，球队改踢4—4—2阵型，我们又重新找到了比赛感觉。

就在那时，我接到了某个队友送出的一记长传。我停下球，向前奔跑，绕过对方门将克罗斯利，然后攻入了我认为能扳平比分的进球。然而，场上随即出现了混乱，富勒姆球员围着主裁判迈克·迪恩要求判罚我手球。鉴于当时迈克·迪恩相对于我的位置，他根本不可能知道到底发生了什么。起初，他似乎判了进球有效。可随后，由于所有富勒姆球迷和队员都发了疯，他便走向助理裁判，同后者讨论了一番，然后判罚进球无效。他受影响了吗？他声称没有。无论那个决定是对还是错，它都已成定局，我也因此遭到了媒体狠批。比赛中的争议并未就此结束，因为第90分钟，由于对富勒姆的一名前锋凶狠放铲，威廉·加拉斯被直接罚了下去。

如果我觉得这是个糟糕的时刻的话，那么它和接下来发生的事相比则完全不算什么。不久，我们客场对阵曼城，我永远不会忘记这场比赛和赛后的事情。比赛开局我们踢得很好。尽管未能进球，但我们显然是表现更好的一方。我与埃杜尔·古德约翰森搭档前锋。终于，在第30分钟，他送给我一记直传，帮助我打进了我的赛季第13球。到目前为止一切顺利。仅仅3分钟后，我又在门前6米处觅得机会，打进了我本场比赛的第二球。然而，就像与富勒姆一役那样，争论立马就爆发了。曼城后卫们说我在控球时手臂碰到了球。他们怒不可遏，以至于其队长西尔万·迪斯丁在中场哨响后仍继续口头攻击主裁判罗伯·斯泰尔斯，并为此吃到一张黄牌。此前他已经因抗议我的进球方式而被黄牌警告，所以累计领到两张黄牌的他被罚了下去。

争议并未就此结束。比赛最后阶段，他们的后卫理查德·邓恩和我纠缠在一起。我正要带球过掉他，他试图转身，结果脚没站稳。当他踉踉跄跄时，他的手臂从身后向上抬起，打到了我的脸，其中一根手指正好戳中我的眼睛。我痛得无法坚持比赛，只能痛苦地躺在地上。我的眼睛开始肿起，实在没法起身继续比赛。现场观众并不知道真实情况是什么，他们全都开始嘘我，不仅仅是曼城球迷，还包括我们的球迷。我感到十分震惊。我不敢相信会出现这种情况，我竟会被自家球迷嘘。倘若他们因为我表现不好而嘘我，我还能够理解，可是我正在为我的俱乐部付出一切，并且竭尽全力试图赢得球迷的支持。终场哨响前，我被宣布为全场最佳。这引发了更多嘘声。多么讽刺啊——作为最佳球员，却不受双方球迷待见。那真是令人痛心。

媒体自然也失去了理智。那是手球吗？你真的被戳到眼睛了吗？一大群记者都急着想听到我的回答。赛后不久，BBC《今日比赛》节目的某个记者就缠着我，想知道究竟发生了什么。他的语速非常快。我甚至很难听懂他的问题，因为尽管我的英语有所进步，但仍不是很好，所以理解起来很辛苦。一时激动之下，我犯了太过诚实的错误——而且过于天真。所以，当他问我那是不是手球时，我说：“是的，那是手球。”

但是关于富勒姆那场比赛，我还说了：“这是比赛的一部分。我试图进球，如果裁判看到了手球，比赛就会重新开始。但他并没有看到，因此对我来说，它是比赛的一部分。”

然后他问我，我是否假摔了。我相信事情就是从这里开始出错的，而且在翻译上也造成了误解——这种情况不是第一次出现，也不是最后一次。我告诉他：“有时我假摔，有时我不假摔。在足球场上，你无法始终屹立不倒。我不是假摔，我只是在踢自己的比赛。如果他们对此不高兴，然后不想让我踢，那我就不踢了。”不用说，媒体只引用了对他们很有利的第一句话，然后它便不断被重复使用，直到那句“有时我假摔”成了定义我为人的一句话。

对我来说，这段插曲让我痛苦地认识到了英国媒体——当然是指当时——是很难对付的。我已经习惯只接受专业体育报纸《队报》或《法国足球》的采访。同电视和广播记者一样，他们永远只会报道实际的足球比赛。仅此而已，没有额外内容，没有具有争议性的或尖锐的问题。然而，英国媒体却截然不同。我在那天学到了惨痛的教训。我的回答成了所有媒体的新闻头条——电视、广播、报纸、互联网。

当我回答那些问题时，我也没有考虑到，我的英语水平在我的话被人解读的方式上扮演了多大的角色，以及头几年里媒体是如何看待我的。我的英语依然具有法式风格，也非常生硬。我掌握的词汇量不如现在，表达时也不够巧妙。如果我用法语回答问题，情况则会完全不同。那样我便能更清楚地解释自己的想法。事实上，我只是在试图简化我的回答，以至于不使自己陷入烦琐的长句当中，但又常常因为英语能力的欠缺而感到受阻。这无疑影响了那天我表达自己的方式。

我十分感谢阿尔塞纳·温格维护了我，他说，虽然我时常处于聚光灯下，但他很喜欢我的态度。他还说：“他是个诚实的球员。或许他也遭到了别人推搡，可没有人看见。”

我完全同意他，至今依然如此。所有前锋都是这样踢球的，尤其是那些像我一样在欧洲大陆长大的球员，所以这很正常，而且我跟其他许多前锋做的都一样，但却无疑受到了更多关注。另外，正如阿尔塞纳所说，我觉得人们会想：“啊，他很高，也很壮。”所以有时候，为了使裁判相信我被人侵犯了，我感觉我需要表现得更明显一点儿。我承认我花了不少时间去适应英格兰的踢球方式和英国足球文化，所以在头几个赛季里，外界的确常常质疑我假摔。但是到最后，我适应了下来，并且成了更好的球员。

不管怎样，踢完曼城后，我感到十分厌倦，于是便跟我的经纪人蒂埃诺和帕佩·迪乌夫谈了谈。

“我不快乐，我很失望。”我告诉他们，“这支球队很好，我们正在赢得奖杯和联赛冠军，但我不知道我是否想留在这里。”

他俩都认真听着，我认为他们是觉得对我目前的境遇负有一些责任，所以并没有完全无视我的抱怨。

我也和妻子谈了谈。我听了听她的看法。她从不把她的想法强加给我或坚持主张什么事，但我总会先听听她的意见，然后再基于对整个家庭有益的立场来做出决定。

“这对你来说很困难，”她说，“对我们来说也很困难。但我觉得孩子们在这里很开心，所以……”

她是在暗示，无论我做什么决定，她都会支持我，但她也希望我们能一起留在英格兰。我想了想她说的话，然后决定留下来。回顾往事，留下对我们所有人而言无疑都是最好的决定。切尔西是一支有计划、有雄心的球队。如今，我们在新建的科巴姆基地训练，尽管起初我们使用的仍是预制棚屋，但当它最终建成后，它的内部设施非常棒。而且，俱乐部老板显然准备全力支持我们，满足我们的所有需要，以帮助我们在球场上获得成功。此外，我并没有常坐冷板凳。我是球队主力，经常破门得分，而且明显是主教练未来计划中的一部分。我只需要赢得球迷们的心。

所以，我想出了一个计划。首先，赛季一结束，我就要好好休息一阵。然后，我将前往德国参加世界杯，为我的国家拼尽全力，之后我要确保自己有一个非常好的季前备战。季前备战决定了一切。大多数时候，如果我的季前备战进行得不错，那么我的整个赛季就会很棒。良好的季前备战意味着好好训练，不要受伤，能让自己不间断地训练，不会感到疲倦，不受自己的身体支配，能够掌控自己的训练节奏。那年夏天，自我加盟切尔西以来，我第一次想要拥有我所希望的那种季前备战，也就是不受限于我身体状况的季前备战。

总之，计划就是这样。与此同时，曼城事件仅仅过去两天后，我们便迎来了西汉姆联队的挑战。我们最终 4 ∶ 1 大胜，这尤其令我满意，因为我在球场上做到我所说的了。起初我们以 0 ∶ 1 落后，而且在第 17 分钟时只剩下 10 人。局势不容乐观。但不久后，我便攻入了至关重要的扳平球，接着又助攻埃尔南•克雷斯波打进了第二球。赛后，何塞•穆里尼奥表现出了他有多么支持我，为了压制外界对我的批评，他发表了如下声明：“迪迪埃应该回家，打开电视，听听那些评论员的话，然后次日买下每一份报纸，去读读看之前想要杀了他的同一批人现在是否有些常识，知道什么样的评论才是他应得的。”这无疑让我感觉好多了！

进入 4 月后，我们仍有望夺取双冠王。月底，我们要在足总杯半决赛上迎战宿敌利物浦，由于当时新温布利球场仍未竣工，比赛被安排在老特拉福德球场进行。新年以来，我们一直状态不佳，这种情况持续到了 3 月中旬，但此时我们再次在联赛中赶了上来，正走在卫冕英超冠军的路上。我们也很想把足总杯带回家。遗憾的是，结果并不如我们所愿。利物浦攻入两球，上下半场各一球，随后我在第 70 分钟利用头球扳回一城。我们有过机会，但那天利物浦踢得更好。

我们显然非常失望，但我们没有时间沮丧了。在接下来的周六，我们将要坐镇主场，迎来对阵曼联的那场极其重要的比赛，为了成功卫冕英超冠军，我们需要拿到一场平局。我们动力十足，不到 5 分钟便收获回报，威廉·加拉斯接到弗兰克·兰帕德开出的角球头槌破门。曼联奋力反击，鲁尼有几次机会扳平比分。上半场双方势均力敌，到了下半场，局势变得相当紧张，直到比赛刚过第 60 分钟，乔·科尔凭借个人能力打进精彩一球。这让我们稍稍放松下来，但我们并没有理所当然地认为胜局已定，因为直到最后一刻，曼联仍在全力进攻。当里卡多·卡瓦略攻入第三球后，我们才感觉胜利基本到手，然而最终比分并没有真正反映出曼联其实踢得有多好。

我又经历了一个困难的赛季，而且依然觉得未被所有球迷接受。媒体似乎已经确定了我的形象，那使我更难用我的球技赢得人心。同上赛季一样，尽管我有过一些美好的时刻，但也有一些不好的时刻，毫无疑问，同曼城的那场比赛便是我的最低谷。然而，我还是决定留下来，尽全力找到解决办法。成功卫冕英超冠军让我坚信，我的未来确实是和切尔西在一起的。能和队友们共同庆祝那座奖杯，我感觉非常棒，而能在我们的球迷和英超宿敌面前庆祝，则更加令人高兴。

虽然最终我们轻松问鼎了联赛冠军（那场比赛过后，我们实际上领先第二名曼联 12 分），但之前我们无疑觉得卫冕冠军是更加困难的。我们以 16 战 15 胜的成绩取得了令人难以置信的开局。到 2006 年初，由于领先优势达到 18 分，所有人都认为冠军必将属于我们。随后，我们开始停滞不前，战绩非常糟糕，而我们最主要的竞争对手阿森纳、利物浦和曼联却在不断进步，并开始追赶上来。曼联甚至连续 10 场保持不败，所以当我们在 4 月份接连战胜西汉姆联队、博尔顿和埃弗顿，然后在斯坦福桥锁定联赛冠军时，我们真是感到如释重负。

赛季结束时，我们仍旧领先第二名 8 分，并且追平了上赛季 29 胜的纪录——那是个令人感到舒服的优势，但是在赛季最后几周大家常常会感到不安。对我来说，这证明当存在压力和期望时，获胜会让人感觉更美好也更愉快。我们踢得非常稳定，这再次表明，我们永远都会是奖杯和联赛冠军的有力竞争者。何塞·穆里尼奥必定就是这么认为的，因为在庆祝夺冠的时候，他把他的英超冠军奖牌扔进了人群，这让那个抢到奖牌的人十分高兴。他大概是打算赢得更多吧……

第九章

黄金赛季

(2006—2007)

新赛季开始前的那个夏天很奇怪。那年世界杯在德国举行，由于这是科特迪瓦历史上首次杀进该项赛事，它成了我最迫不及待想要参与进来的事情，之后我也会对它进行更详细的叙述。然而不幸的是，结果证明，世界杯之旅比我预期的更为艰难，它使我对一切都感到不安和情绪化，而那时候我可能并没有意识到这一点。

在切尔西，我有何塞·穆里尼奥的支持，而且有更加了解我的队友们，这意味着无论在场上还是场下，他们对我也有了更多的了解。这让我在同他们相处时感觉更自在。我总共打进了16球，联赛进了12个，仅次于进20球的弗兰克·兰帕德（联赛进了16个）。那还不错。我很高兴弗兰克表现得如此出色，但也觉得自己似乎表现平平，因此感到十分沮丧。我是那种永远都不满意自己表现的人，我知道我能做得更好——尤其是如果我能更稳定地出场比赛的话。

媒体和一部分切尔西球迷依然对我不满，而且说实话，我还是觉得没有安定下来。但夏天的时候，有个人却终止了这一切，并彻底说服我留了下来。的确，和其他队友一样，何塞·穆里尼奥始终都很支持我，但那个凭一己之力说服我留下来的人却是弗兰克·兰帕德。至今我仍可以肯定，他并未意识到那个夏天他所做的事对我产生了多大的影响。世界杯刚结束的某一天，我和家人正在马拉喀什休短假，其间我收到了他的一条信息。我觉得很奇怪，因为我记得在我效力于切尔西的整整两个赛季内，他从来没有给我发过短信。我看了看信息，时至今日，我仍记得它的内容：“嗨！DD，我希望你能留下来，因为我们必须一起赢得联赛冠军，一起赢得欧冠奖杯！”我呆呆地凝视着手机。

弗兰克不是那种很善言谈的人。他相当冷静。他是个领导者，但他更多的是通过进球和场上行为来领导我们，而不是依靠言语。他和约翰·特里都是球队的老大。他们俩加上彼得·切赫都是与我有着特殊关系的球员。不过，弗兰克是个非常聪明的人，尽管他从未和我讨论过我的处境或我可能存在的想法，但他心里显然很清楚。他就是知道。对我而言，收到那条短信绝对是决定性的。它让人感觉充满力量，也证明了我是被人需要的——不是说球队或俱乐部之前不需要我，而是我需要有人告诉我这点。对我来说，他费心联系我的做法意义重大。事实上，它是如此重大，以至于我保留了那部手机很长时间，只为留住那条信息——我从未告诉别人这件事！它是如此特别。弗兰克·兰帕德亦是如此特别。

作为一名前锋，我在那一天得到了解放。后来，我荣膺那个赛季的英超最佳射手，赢得了金靴奖，并且觉得自己势不可挡。那一天使我得到了解放，为我添上了一双翅膀，让我得以展现出我的能力。对我来说，被人需要、受人爱戴和被人珍视始终是至关重要的激励因素，而那条信息便是使我的切尔西生涯起飞所需的催化剂。

这表明球员的心理状态对他的成功或失败可能有多么重要。有些人觉得：“不论发生什么，你只要好好踢球，保持专注就行。”但我要说，对我而言，那当然是不可能的。足球是一项有感情的运动。我们不是机器人，而是人类。我们无法把自己的内心感受或生活状态与我们在球场上的所作所为分离开来。好吧，我肯定是不能的。若想表现出色，我需要别人的肯定，需要知道他们希望我在那里。一旦我得到了那份肯定，我就有能力做任何事——作为回报，我会给予他们一切！

在那个夏季转会期，切尔西一直很忙碌。埃尔南·克雷斯波再次被租借出去，我们则签下了AC米兰的安德烈·舍甫琴科、拜仁慕尼黑的迈克尔·巴拉克、费耶诺德的萨洛蒙·卡卢和来自挪威俱乐部利恩的约翰·奥比·米克尔。此外，阿什利·科尔从阿森纳加盟而来，我的好朋友威廉·加拉斯则去了其他地方。尽管阿什利后来为俱乐部做出了巨大贡献，但不论是从球队层面，还是就我个人而言，失去威廉都是令人惋惜的，因为我们是非常要好的朋友。

安德烈·舍甫琴科有着令人难以置信的背景——作为队长，他率领乌克兰队史上首次在世界杯亮相，并且杀进了四分之一决赛；他还是两届意甲最佳射手、欧冠冠军获得者以及2004年欧洲足球先生。新赛季开始前，包括新援在内的全体队员与何塞·穆里尼奥一起开了个会，其间他宣布："迪迪埃，你知道我喜欢用4—3—3阵型，但赛季开始时我们将采用4—4—2阵型，并由你俩搭档锋线。如果它有效果，我们就继续用这个阵型。反之，我将回到单箭头打法。"那正合我意。所以，当我们开始比赛后，我便倾尽全力确保双前锋阵型能够奏效。结果，赛季开始后的情况跟上赛季结束时一样，我一直都在进球。

我立马觉得我和球迷的关系有了改善。我的英语水平也有了进步。我现在已经能用英语开玩笑了——这常常能检验你的某门外语有多好。如果你可以用它来开玩笑，那就证明你掌握得很不错了。而且，我获得了11号球衣，从心理上来说，这是我能好好表现所需的最后一块拼图。

我从安德烈·舍甫琴科身上学到了很多。他也是个非常好的人，十分谦逊。实际上，和他并肩作战感觉挺奇怪的，因为一直以来我都是他的忠实粉丝，当我和我儿子一起玩游戏机时，我总会选择舍甫琴科——可如今，我竟然跟他在同一支球队踢球！老实说，我的职业生涯一直很幸运。不论何时，当我与某个前锋存在竞争关系时——从勒芒的丹尼尔·库辛到切尔西的埃尔南·克雷斯波、安德烈·舍甫琴科以及其他人——我从未碰到过消极的竞争局面，永远都是积极的。也许这得益于那些球队拥有良好的团队精神，但是无论如何，我非常高兴安德烈能加盟切尔西。

他带着伤来到球队，这对他而言是个遗憾，因为虽然他的能力是众所周知的，但他却没能完全展现出他以前的水准。他为我们攻入了一些重要进球，但并不如预期那般多。我觉得不久后，球迷们便发现他们难以接受这点。不过，当我们一起踢球时，我们总是配合得很默契，而且不论在场上还是场下，我们都找到了某种相互沟通的方式。

在球队中，我开始找到我在场上和场下的位置。人们总是好奇我们是如何相处的，如果要我说实话，人类的本性就是这样，讲法语的人往往会一起厮混，讲英语的人和讲葡萄牙语的人亦是如此，但大家并不会因此而分裂。这仅仅是拥有相同语言和文化背景的人自然会聚在一起而已。因此，例如吃午饭或晚饭时，大家常常分成三到四张桌子坐，每张桌子的人都讲着各自的语言。当然，何塞能用其中任何一种语言同我们所有人交谈。

有时，罗曼·阿布拉莫维奇会出现在训练课上或进入更衣室里，待上几分钟。他是个非常腼腆而又含蓄的人，每次他现身，他总是非常谨慎，大部分时候都在观察，然后同我们握手，最后再跟我们聊几句。你可以从他脸上看出来，他对球队和战绩都很满意，但他绝不会颐指气使，或者表现得就像他拥有这个地方一样——即便他的确拥有！早些时候，我极少有机会去认识他，但过去几年里，我开始更多地了解他，并同他相处过一些时间。

我的赛季开局堪称史上最佳——前 5 场进 5 球，前 7 场进 6 球。总的来说，那个赛季进行得很顺利，而且局势很快就变得明朗，曼联将会是我们最主要的竞争对手。我认为我们缺少了一些韧性，即在状态不是最好的情况下也要奋力争胜的决心，这最终导致我们丢掉了该赛季的联赛冠军。我们拿到 24 胜，而曼联则斩获 28 胜，但最终拉开差距的却是，我们有 11 场平局，而他们只有 5 场。我们在本能够赢下来的比赛中丢了太多分。

杯赛的情况则完全不同，也许是因为我们不必像争夺英超冠军那样，需要一周接一周地赢球。无论如何，我们的首场决赛是2月份在联赛杯上对阵阿森纳。这也将是在加迪夫千年球场举行的最后一场联赛杯决赛。

赛前大家议论的焦点是，阿尔塞纳·温格是否会像之前几轮那样安排相对年轻的阵容出战。他将这些缺乏经验但潜力无限的球员和《X音素》中后来收获巨大成功的无名歌手做了比较。他还补充道："切尔西踢球是基于经验和力量，而我们将基于机动性和跑动。"

温格忠于自己的哲学。那天，他的队伍平均年龄才21岁。其中一些还只是孩子。当时西奥·沃尔科特和阿尔曼德·特劳雷都是17岁。阿布·迪亚比20岁，弗朗西斯科·法布雷加斯则是19岁。诸如蒂埃里·亨利和威廉·加拉斯等经验丰富的球员甚至都不在阵中。在经验上，他们只能依赖科洛·图雷和菲利佩·森德罗斯。

与之相反，我们和以往一样，派出的都是大人物，基本上是以一线队出战，充满了经验丰富、体格强壮的球员。我记得比赛前一天，我们对彼此说："如果这场比赛我们输给了那群孩子……"赛季来到这个阶段，那对我们的自信心将是毁灭性的打击。所以，我们下定决心，绝不能输球。

起初，他们令我们大吃一惊。实际上，他们踢得比我们更好。我们都还没看到球，他们就已经有了几次好机会。随后，第12分钟，西奥一脚侧射，皮球绕过彼得·切赫窜入网窝。那是他为其俱乐部打进的首个进球，阿森纳球迷完全疯了。与此同时，我们都感到难以置信。情况看上去非常不妙！前20分钟内，我几乎没怎么碰到球。

然后，就在那时，迈克尔·巴拉克沿禁区右侧传出球，在过掉防守球员后，我将球送入曼努埃尔·阿穆尼亚把守的大门，扳平了比分。每个人都知道，这就是扭转两队局势的那种进球。

下半时，我们开始压制他们，迫使他们拿不到球，并从身体和战略上控制住比赛。下半场踢到中途，突然，约翰·特里意外地被企图解围的阿布·迪亚比踢到头部。由于他摔倒在地上，暂时性地晕了过去，我们立刻明白他这次受伤非常严重。他被人迅速用担架抬下，直接去了医院。虽然我们不知道他的伤势有多严重，但我们却变得更有动力，因为我们很想为我们的队长赢下这场比赛。

时间不断流逝，我们的努力最终收获了回报。第 84 分钟，阿森纳失去球权，迈克尔·埃辛将球分给左侧的阿尔杰·罗本，后者随即起脚传中，找到禁区内的我。我记得我预料到他会传球给我，然后我成功地摆脱了森德罗斯，顶入了一记精彩且非常令人满意的头球——也是制胜球。我们最终以 2 ∶ 1 取胜，不仅两个进球由我包揽，而且第二球还成了对阵阿森纳时我最喜欢的进球之一，每当回想起它，我总是感到十分快乐！

当我跑去和队友们庆祝时，我唯一想做的就是用手指在空中画出 26，那是我们队长的球衣号码。令人惊讶的是，虽然约翰的伤势最初看似很严重，可他却非常迅速地出了院，快到竟能及时返回球场跟我们一起庆祝。他真是个硬汉，他就是 JT！

对阵曼联的足总杯决赛则是另一场我们不能输掉的比赛。5 月初与阿森纳战平后，我们在联赛还剩两轮的情况下落后曼联 7 分，因此在联赛结束两周前我们就已经把冠军拱手让给了曼联。接下来，我们坐镇主场迎战他们，但由于两支队伍都对几天后的足总杯决赛更感兴趣，所以当天下午，双方并没有派出一线队出战，那并不是像往常一样的重大对决，而是一场非常低调的比赛。

这是新温布利球场首次举办足总杯决赛。小时候，我曾梦想过在温布利踢球，所以当我第一次看到这座华丽的新球场，并且有机会在那里踢球时，那种感觉非常特别。到目前为止，我已跟随球队赢得了几座奖杯，但没有一座是在足球之家拿到的。不过说实话，没能在那座著名的双子塔还是这座球场的标志时来这里踢球，我感到有点失望。

就在比赛开始前，我们刚走上场，我忽然觉得有必要告诉队友们一些事，尽管他们可能会感到惊讶。此时，马上就要开球了。

“伙计们，”我说道，“我只是想说，呃，也许你们不会，但我很紧张，也很害怕。我不知道，这感觉很奇怪，可我就是害怕。不过我向你们保证，我会为这场比赛拼尽全力。我会全力以赴。”

这是真的。第一次在温布利这种巨大的体育场内踢球，我的确感觉到了不同，它能容纳 9 万人，比加迪夫千年球场多了近 2 万，它的名字为全世界的人所熟知。然而，我认为我恰恰表达出了其他人的感受，因为我了解我的队友们，我能看出他们表现得跟往常不一样，即使是在往日的重大比赛前也不像今天这般紧张。他们的言行和表现确实和平常都不一样。所以，我只是觉得我需要说些什么。

后来约翰·特里向我证实，当时我说出了每个人的感受，而且那对大家真的很有帮助。当我回顾起这件小事时，我感到很惊讶，因为那说明我在切尔西是十分自在的，以至于能够承认我感到脆弱。一年前，那还是不可能的。但现在，我终于明白队友们是信任我的，就像我相信他们一样。那是个很大的变化。我终于能说出自己的真实感受。身处切尔西，我的感觉就是这么好。

事实证明，曼联球员大概和我们有着同样的感受。那并不是一场最精彩的比赛，也许每个人都有点紧张，都渴望在新温布利球场取胜。而且，那是 20 多年来足总杯决赛首次在英超联赛的冠亚军之间展开。对每一方来说，这场比赛都十分重要。我们的对手正在追求双冠王，而由于我们已经斩获了联赛杯冠军，我们也迫切想要拿到该赛季的第二座奖杯。

常规比赛时间结束时，比分仍为 0 ∶ 0，双方都未占据优势，看起来也都没可能进球。加时赛开始后，我出现了抽筋的情况。这可不好。我跑到场边，向主教练喊道："你需要换人，因为我没法再跑了。我不行了。"但他没有同意。

"不，不。你不需要跑。待在那儿，待在那儿就行。你会进球的。集中注意力。只需一球，你会进球的！"

随后，我的祈祷有了回应。是的，我的大脑一直在说："啊，上帝，上帝，请让我进一球吧，就一球！"我再三乞求他能给我这个机会。第116分钟，在距离加时赛结束而不得不进入点球大战还剩4分钟时，约翰·奥比·米克尔把球传给了我。我将它交给兰帕德，他又回传给我，随即我起脚打门，球绕过范德萨进了网。进球啦！比赛结束。我们赢得了足总杯冠军。经过三年的努力，我终于攻入了对阵曼联的首个进球，而且这也是我第一次在新温布利球场破门。这对我来说非常重要，的确十分重要。有关那场比赛的一切都符合我的期望——好吧，除了抽筋之外！

比赛结束时发生的事在很多方面象征了我与何塞·穆里尼奥的关系。终场哨声吹响后，颁奖仪式开始前，我们全都在场地上庆祝，但我发现他已经下场了。我跑进通道找他，发现他在更衣室里和他的妻子打电话。我告诉他，如果他不出来和我们一起，大家就不会上台领奖。我对他说："我们是独一无二的。要么你自己来，要么我就把你架过去！"在我看来，那是毫无疑问的：他是切尔西取得成功的核心因素，所以当我们接受奖杯时，他必须跟我们在一起，否则一切将没有任何意义。从个人层面来说，他的在场也很重要：他是在我的切尔西生涯和我的人生中非常关键的人物，我想与他共享庆祝时刻，否则我会感到很空虚。

连同联赛杯一起，那场决赛让我成了切尔西的大赛制胜者。它巩固了我与俱乐部和球迷之间的关系。那一年，我总共打进了33球，那是我上赛季总进球数的两倍多。其中我在联赛中进了 20 球。我也因此顺理成章地获得了那年的金靴奖，刚好为一个精彩的赛季画上了圆满的句号。现在，我将终身都是一名有奉献精神的切尔西球员了。

第十章

莫斯科的疯狂

（2007—2008）

何塞·穆里尼奥把我带到了切尔西，尽管有些时候，我们之间难免磕磕绊绊，但他始终非常支持我。他曾将把我带到切尔西作为优先考虑的事。当他还在波尔图时，他就告诉我，他一直关注着我在马赛的动向，并对我在球场上的态度、我的努力和表现有深刻印象。在我为切尔西效力的三个赛季里，由于我总是为他拼尽全力，他也经常在场下维护和支持我。过去那些年，有人曾引述他的话，有了我，他“能参加任何战斗”。我觉得自己欠了他一个巨大的人情债，连同弗兰克·兰帕德一起，他也是头两个赛季我没有离开俱乐部的主要原因之一。在我内心深处，我不确定自己是否想离开一家由如此信任我的人执教的俱乐部。我们十分亲密，也相互理解，因为我们同时开启了切尔西之旅，所以我们之间从一开始就有着某种特殊的关系。

从我加盟切尔西的那天起，不论我去哪里，人们总想要了解何塞——为何他会成为如此成功的主帅？他的秘诀是什么？他的众多优点之一便是，他给他执教的所有球队都带来了一种胜利的心态。例如切尔西，当时他们已经拥有诸如约翰·特里和弗兰克·兰帕德这样的优秀球员。然后，他又引进了我和彼得·切赫，我们那会儿早已是法国联赛里的杰出球员。他还从荷兰引进了马特亚·凯日曼和阿尔杰·罗本，又从葡萄牙引进了里卡多·卡瓦略、保罗·费雷拉和蒂亚戈。他使所有队员都变得一心只想获胜。我们完全相信自己有能力获得好成绩。而当他离开时，那种胜利心态也保留了下来。这有点像骑自行车，一旦你知道如何去做，你就永远不会忘记，它会伴随你一辈子。无论他执教哪家俱乐部，他对他的球员都是这样做的。

何塞对我做的，就是让我相信自己，相信我的能力，这让我想要尽最大努力为他付出一切。有些人说我像是他的儿子，但我知道如果我表现不佳的话，他同样不会派我上场。他从不出于感情原因或偏爱去挑选球员，这样很好。如果他喜欢你，你就会知道，但那仅限于足球之外。在球场上，如果你能出场比赛，那是因为他信任你，所以你便知道你配得上那个位置，对此我真的很感激他。

他非常支持他的球员，如果他们表现出色，他也会告诉他们。例如，即便其他人打进了制胜球或上演了帽子戏法，他仍会走到某个后卫身边，并且告诉他，在他看来，他才是全场最佳。这对球员来说很重要，因为它让他们感觉受到了被赏识和尊重。虽然后卫和中场球员并不常常收获荣誉，但是对最终结果而言，他们跟那些进球的人一样重要。他的这种做法使得许多球员对他忠心耿耿。

即便我没有进球，他也常常表扬我。如果他觉得我仍然表现出色，他就会告诉我并鼓励我。何塞一直都很支持我，尤其是在我加盟切尔西的早期，那时我遭受了许多批评。甚至当他因买入我这个无名球员而受到指责时，他的内心仍然是清楚的——他说：“等他离开俱乐部时，你们再来评价他。”那份对成功的信念说明了关于何塞的一切。我们有着非常好的工作关系，而且我确信我们的故事尚未结束，将来我们还会再次共事，但更重要的是，我们拥有足坛少见的真正友谊，这对我来说意义重大。

不幸的是，2007—2008 赛季初，何塞在俱乐部的处境变得艰难了起来。老板和主教练都是个性很强的人，他们都非常清楚自己想要实现的目标。只不过两人在如何实现目标方面有着不同的看法。老板既希望我们问鼎欧冠，又希望我们赢得英超冠军。然而上个赛季，我们却一个都没赢下来，所以我觉得那是个大问题。另一方面，我认为主帅一直在试图维护球队和部分球员的形象。我们知道他面临压力，而且赛季刚开始的时候，在如何使我们重获动力这点上，老板和主教练之间存在着一些摩擦。正如我所说，他们都是人，也都有不同的想法，这些事情难免会发生。

此外，我相信很多事情都以三年为周期，我们就刚刚来到了一个周期的结尾。第一年，我们赢得了两大国内奖杯；第二年，我们巩固了自己，再次收获英超冠军。第三年可能比较令人失望，因为尽管我们斩获了联赛杯和足总杯冠军，但却止步于欧冠半决赛，并在英超联赛中不敌曼联，仅位居次席。第三年是最困难的——你必须超过之前的成就，否则你就将倒退。

本赛季，也就是何塞执教的第四个赛季开始时，我觉得我们开始达到了某种饱和状态，以至于有时候我们比以前更难理解何塞所传达的信息。我们想要倾听，也努力尝试过，但不知为何，我们就是失去了那一点儿使我们与众不同的东西。我们只需稍微表现不佳就能引发糟糕的结果。至于我，由于膝盖受伤，我没能出战所有比赛。甚至当我出场时，我也没有完全康复，所以我无法发挥出最佳水准。我因不能帮到何塞而感到难过。我觉得我让他失望了，而且对他的遭遇负有部分责任——即便从逻辑上讲，我知道事实并非如此。

虽然何塞得到了展示他仍能创造神奇的机会，但9月份，我们有两场比赛踢得并不好：客场0∶2负于阿斯顿维拉，主场0∶0战平布莱克本，位列积分榜第五。随后，我们在欧冠联赛中坐镇主场迎战挪威的罗森博格队，最终与对手战成1∶1平。那场比赛必定就是致命的一击。

第二天晚上，我们来到“蓝色革命”俱乐部旁的电影院观看一部纪录片，它讲述了自老板购买俱乐部后的头5年内所发生的事。之后，当何塞和我即将返回各自的车里时，我问他怎么了。他只是说：“对我来说，一切都结束了。”然后就面无表情地驱车离开了。我惊讶地杵在那里，完全说不出话来。即便过去几周情况不好，我也没料到会发生这样的事，我无法相信他真的要走了。

第二天，我们收到了通知，何塞将与俱乐部分道扬镳。他来科巴姆的更衣室见了我们，并向我们道别。当时我们都还没有完全接受这个消息，然后他给我们做了一次不可思议的讲话。他感谢多年来我们所有人对他的帮助，他说他永远也不会忘记我们，我们都是极其优秀且非常特殊的球员。他祝我们所有人和我们的家人好运。那段讲话不长，只有几分钟而已，但我们都很难听得进去，即便现在，想起它时我仍会浑身颤抖。我们都非常激动，何塞也是如此。他是个容易动情的人，这并不令人惊讶，因为大家都知道他在赛场上是什么样子。很明显，他对自己即将离开感到十分难过。

当同我告别的那一刻到来时，他很用力地拥抱了我，我哭了起来。我无法控制自己。我曾经历过好几位主帅离开，他们当中的许多人对我、我的成长以及我的职业生涯都非常重要，但何塞的离开无疑是最令我难受的。它对我影响如此之大，以至于让我落泪，这在以前还从未发生过。然而，这个男人改变了我的人生。我和他之间存在着独特的羁绊，一种非常特别的关系。此外，我天生就对信任我的人怀有极大的忠诚。某个重要的人被迫离开，而且不再出现在我的人生中，这种情况并非第一次发生。

那天过后，我决定改变自己，不让感情因素过多地牵涉进此种情形当中。我学会了以不同的方式应对它们，或者尽量不使自己置身于这类容易陷入相似情绪的状况中。何塞的离开也使我确信，足球是一门生意，当必须做出艰难的决定时，我们并没有感情用事的余地。

我直接去见了老板。我问他为什么是现在，为什么他没在上赛季结束时做出改变。我非常冷静，但我就是想和他谈谈，听听他的想法。他回答说，他想给何塞一个机会，看看新赛季开始后情况会不会有所改变。我非常尊敬他，所以我能理解他说的话。“只要我在这儿踢球，”我向他保证，“我就会永远保持我的职业性，并竭尽全力，因为我属于这支球队。”我们握了握手，就我而言，此事已经告一段落了。

何塞刚离开的那段时间，更衣室里的日子并不好过。我们当中有人认为，队里有几名球员在球场上并未使出全力来帮助他实现目标，有史以来第一次，这在队内引发了一些不好的情绪，大家也说了些不太恰当的话。我不确定我们这样想是不是对的，但无论如何，此前我们还从未出现过任何分歧，这个新情况显然对球队不利，我们必须把话说开，直到问题得到解决。最后，因为我们是职业球员，所以大家都明白，我们别无选择，只能继续往前走，为立即被任命为新主帅的艾弗拉姆·格兰特努力工作。

实际上，他的上任并不令人惊讶，因为在上赛季季前备战阶段，他就已经以新任足球总监的身份加盟了俱乐部，并且每天都会参与训练课。艾弗拉姆非常聪明——他留下了何塞的助理教练史蒂夫·克拉克。何塞曾形容后者是全世界最优秀的助理教练，这是实话，他确实很优秀。10月份，曾在巴萨担任弗兰克·里杰卡尔德助手的亨克·滕卡特也来了。因此，虽然艾弗拉姆没有顶级足球经验，尤其是欧冠联赛，但他将一些经验非常丰富的高水平助教聚集到了自己身边。那是个优秀的组合，而且对我们很管用。

艾弗拉姆的聪明之处还在于，当他想致力于某一特定方面的训练时，他会对其中一名助理教练说：“好吧，今天，我们将训练向前压上。”（打个比方），然后史蒂夫·克拉克便会以此为基础，提出一项训练计划。因此，我们非常享受那些训练课。它们与我们之前所做的不同，那种新鲜感使它们既有趣又令人兴奋。艾弗拉姆总是很冷静，也很放松，他在球场上赋予了我们许多职责，也给了我们很多自由，他知道他身后还有史蒂夫·克拉克和亨克·滕卡特来帮助我们步入正轨和保持专注。他的队伍里全是经验丰富的球员，例如迈克尔·巴拉克、约翰·特里、弗兰克·兰帕德、克劳德·马克莱莱、迈克尔·埃辛和我，而我们都能够并且愿意承担那份责任。他并不是在同那些需要告诉他们该做什么的年轻人打交道。所以当他接管球队后，我们都很支持他，都想尽量让他轻松一些。

艾弗拉姆接手时，我刚刚伤愈复出，归队后的首场比赛，我们对阵富勒姆，我因吃到两张黄牌而被罚下场。那是我在英超拿到的第一张红牌——令人震惊。我已经在切尔西待了三个赛季，赢得了除欧冠之外的一切，而何塞的离开无疑影响了我。我一直在踢球，依然对切尔西尽职尽责，因为我是一名职业球员，但无论我如何努力，我也难免会想，许多事情已经变了。我的心并未以它该有的方式投入其中。

同富勒姆的比赛过后，我们在欧冠小组赛中客场战胜瓦伦西亚，其间我进了球。我踢得不错，但还是感觉有些离群。我当时头脑并不清楚。10月中旬，我前往因斯布鲁克参加奥地利和科特迪瓦的一场友谊赛。我在那里接受了《法国足球》的采访，告诉他们我不知道自己下赛季是否还会留在俱乐部。回头想想，我觉得我不该接受那次采访，但是当时，我认为我并没有发表任何令人诧异的言论。我感觉是时候做些改变了。何塞的离开是个因素，但并非唯一原因，我只是实话实说而已。

当亨克·滕卡特听说了这个即将传遍各大报摊的小道消息后，他很不高兴。我一回到英格兰，他就盘问起了我。“你为什么接受这个采访？你必须当着队友们的面道歉。”诸如此类。但我觉得我并没有什么好尴尬的。

“我的朋友，你不了解我！”我冷静地回答道。

“也许吧，但你还是必须这么做！”

“好的，好的，没问题。”

我们正要开始训练，我看到艾弗拉姆和亨克在交谈，然后主教练让队员们集合。“啊，迪迪埃有话要说。”

“哦，好吧，”我说，“伙计们，就像我在采访中所说的，我不知道赛季结束后会发生什么，但只要我还在这里，我就会保持职业性；而且我希望你们也一样，为俱乐部付出一切。就像我将会做的那样。就是这样。我说完了。”

对我来说，这根本不是什么大事，但俱乐部认为我已越轨，而且觉得必须发布一条新闻稿来确认我会效力至2010年。为了证明我说的是真心话，在接下来客战米德尔斯堡的比赛中，我进球了，而作为表示我有多么热爱这家俱乐部和球迷们的一种方式，我在庆祝进球时亲吻了球衣上的队徽。此后几年里，再也没有出现过有关我将离队的传言。

那个赛季本身还不错，但自罗曼·阿布拉莫维奇买下俱乐部后，这是我们四年来首次未能赢得任何冠军奖杯。我们在足总杯四分之一决赛中输给巴恩斯利，还在联赛杯决赛中负于托特纳姆，并且连续第二年不敌曼联，屈居英超联赛亚军。那令人很痛苦，尤其因为冠军归属是在赛季最后一天才确定的。若想夺冠，我们需要战胜博尔顿，而曼联则需战平或输给维冈。然而，最终我们踢成了1：1，而他们却以2：0获胜。实际上，如今回头想想，我觉得当我们在3月份做客白鹿巷球场与热刺4：4战平的时候，我们就已经丢掉了联赛冠军。当时我们先是以3：1领先，然后是4：3，最后被罗比·基恩在终场前两分钟扳平了比分。结果证明，失去的那两分是决定性的。

由于我们在国内赛事中一无所获，想要赢得一座冠军奖杯，我们只能寄希望于欧冠联赛。半决赛上，我们的对手是宿敌利物浦，对我来说，一切都在按照计划进行。次回合回到主场，我发挥出色，总共打进两球，帮助球队以总比分4：3晋级。

现在，我们挺进了决赛，并且极度渴望获胜，尤其是因为比赛将在莫斯科举行，这是欧冠决赛首次踏上俄罗斯的土地。对我们老板而言，在那里获胜将具有特殊的意义。决赛对手是我们的另一个宿敌曼联，令人惊讶的是，两队此前还从未在欧冠碰过面。2008 年正值慕尼黑空难发生 50 周年，因此他们和我们一样渴望胜利，而且公开宣称想要带回冠军奖杯，以纪念那些逝去的人。因此，本场比赛对双方来说都很重要。

对我来说，问鼎欧冠同样非常重要，因为如果我们能做到的话，我就会因自己跟随切尔西赢得了一切而高兴不已。

为了适应环境和为决赛做好准备，我们提前两天就到了那里。这场决赛对球队老板来说具有十分重大的象征意义，为此我们希望做对每一件事情。然而，世事并不总是如你所愿；你不可能永远掌控局面。当我得知与我非常亲近的外祖母被送进了特科迪瓦的医院，而且可能时日无多时，我就深受此事影响。比赛开始前两天，我不断地给陪伴在她床边的母亲打电话，得知她的病情不容乐观。小时候，我跟她十分亲近，可现在她却濒临死亡。比赛期间，我无法集中注意力。我发现自己很难把这件事抛于脑后，而且还时常感到紧张不安。如果当时赛场外没有出现这些个人问题，那么球场上的情况可能就会有所不同。但我们是人类，而人们未必能意识到，我们无法总是将自己与生活中发生的事隔离开来。这就是说，我也相信命运——那场决赛不是我们的决赛，注定不是。它是曼联的决赛。

比赛开局进行得相当平稳，双方都在试图进入各自的节奏。第 26 分钟，克里斯蒂亚诺·罗纳尔多接韦斯·布朗的传球头槌破门。几分钟后，我差点扳平比分，但比分直到上半场快结束时才被改写，弗兰克·兰帕德一脚射门打在内马尼亚·维迪奇和里奥·费迪南德身上后折射入网，让他们的门将埃德温·范德萨措手不及。

易边再战，尽管我们的攻势更猛，而且我还有一脚远射击中立柱，但最终双方均无建树。加时赛中，局势更加紧张，兰帕德的一次射门击中了横梁，我们很遗憾没能收获进球。而在另一端，约翰·特里从门线上将吉格斯的头球解围，由此拯救了我们。时间在慢慢流逝，而我却变得愈加沮丧，因为我并不满意自己的表现。我能看得出来费迪南德和维迪奇都很疲倦，甚至在试图拖延时间，仿佛他们想把比赛拖入点球大战。我对场边的主教练说："我们需要踢双前锋，那样我们就会进球。让我和尼可（阿内尔卡）搭档吧，其他人也行。但我们一定要踢双前锋。"整个晚上，锋线上都只有我一个人，可这种阵型并不是最适合我的。主教练并没有听取我的建议。尼可果真上场了，但他踢的是边锋，我仍然要独自一人对抗曼联的两名后卫。这使我变得越来越沮丧，因为我知道我们是如此接近进球和终结比赛。

加时赛结束前 4 分钟，情绪、挫折和本能战胜了我。由于有球员抽筋需要治疗，比赛暂停了，随后由我们发界外球，可卡洛斯·特维斯却迟迟不肯把球给我们。几名球员之间出现了争执，接着一切发生得太快，维迪奇推了我一把，出于本能反应，我朝他脸上挥了一掌。我下手一点儿也不重，但裁判就站在旁边，因此他立马出示了红牌。

我感觉就像是在做噩梦。我无法相信刚刚发生的事。返回更衣室的路很长，长得让人难以置信，一路上我都在想："这可能是我为切尔西踢的最后一场比赛了！"还有其他各种各样的想法，全都涌入了我的脑海。我还听到了来自本队球迷的嘘声。我知道我要对此负责，那种感觉简直糟透了。我永远也忘不了当时的感受。

等我抵达通道时，点球大战马上就要开始了。我无法直接返回更衣室，于是就站在那儿，独自待在通道里，等着点球大战开始。从我所处的位置，我刚好能看见场地。曼联猜中了硬币，所以双方将在他们球迷所坐的那面看台前罚点球。

那是一次非常奇怪的经历，我默默地站在那里，独自一人看着球场上发生的事情，听着球迷们发出的嘈杂声。我就像是个观望着局内情况的局外人。

天气很糟糕。天空突然下起了倾盆大雨，浸湿了场地。卡洛斯·特维斯第一个主罚，他将彼得·切赫送至错误的方向，轻松命中。接下来是迈克尔·巴拉克，他也没有犯错。随后主罚的两人则是曼联的迈克尔·卡里克和切尔西的替补球员儒利亚诺·贝莱蒂，他们将比分改写为2：2。接着，克里斯蒂亚诺·罗纳尔多上前罚球，像往常一样，他在助跑中途停顿了一下，我想那大概是为了让门将分心。然而，那却反倒使他自己分了心。无论如何，彼得猜对了方向，他跳向右侧，扑出了那个点球，而克里斯蒂亚诺则震惊地用手捂住脸。

与此同时，雨继续倾盆而下。弗兰克·兰帕德展现出了他平时的破门勇气，帮助我们取得了3：2领先。尽管双方门将均不止一次用手触到了球，但在接下来的三次主罚中，欧文·哈格里夫斯、阿什利·科尔和纳尼全都命中了。比分变为4：4。我们的队长有机会为切尔西赢下比赛。每个人都记得接下来发生的事。当约翰·特里准备射门时，他的立足脚出现了打滑，球击中右侧门柱外沿，随后飞了出去。约翰直接瘫坐在地上，头埋在两膝之间，悲痛欲绝。

此时，比赛突然陷入了僵局。那种紧张感令人难以承受。到了这个阶段，双方拼的已经是运气和心态，而不是球技。

曼联的安德森首先出场，切尔西的萨洛蒙·卡卢紧随其后——比分变成5：5。瑞恩·吉格斯冷静地主罚命中，然后轮到尼古拉·阿内尔卡。他已经跟随皇马拿过欧冠冠军，是个经验丰富的球员，也很擅长罚点球，所以我们都满怀希望。那一刻，我脑海里想了太多事情，几乎无法看他罚球。就在他要射门前，范德萨指了指他的左边，仿佛是在嘲弄尼古拉，让他往先前6名切尔西球员射门的方向踢。那让他改变主意了吗？那是制胜的小花招吗？无论如何，这位门将猜对了方向，他倒向他的右侧，将尼古拉的射门扑出。我们输了，曼联赢了。也许这就是命，那晚注定是属于他们的。

我转过身，直奔更衣室，独自坐在那里，麻木又难以置信，试图理解这一切，并从这场噩梦中醒来，随后我意识到我并没有做梦，一切都是真的。我感觉自己在那里坐了很长时间。后来，罗曼·阿布拉莫维奇带着他年幼的儿子进来，小男孩大概9岁或10岁，一直在哭。当然，我第一反应是抱了抱这个可怜的孩子。“有一天，我会为你赢得欧冠奖杯。”我承诺道。但看着他哭泣，想到自己没能为他把事情做好，我感到很难过。

后来我才知道，赛后约翰·特里在场上哭了很长时间，艾弗拉姆·格兰特试着去安慰他，但并没有效果。其他许多人也都流了泪。由于吃到红牌，比赛结束后我无法上场领取亚军奖牌，所以当晚稍后，艾弗拉姆·格兰特悄悄地把它给了我。这倒也无妨。我并不想去那里，正好避免了参加糟糕的奖牌和奖杯授予仪式。显然，在颁奖典礼过后，主教练一回到球场上，就把他的奖牌扔向了人群。他没有兴趣留着它。我也想把我的奖牌扔掉，但我的妻子劝我不要扔。然而即使到了今天，这块奖牌对我来说依然毫无意义。人们会说：“哦，可你参加了决赛啊。”这好像是在说，我应该为拿到第二名而高兴。皮埃尔·德·顾拜旦或许说过重在参与，但很抱歉，我并不那样想。也许，当你从未想过获得冠军时，你会觉得亚军也还不错，可是对我们来说，不，那百分之百是不能接受的。

最终，当大家陆续回到更衣室后，没有人说话，屋子里非常静。有几个人走向我，问我发生了什么，我还好吗，我只是回答：“还好，一切都太迟了，太迟了。”不论从情感还是身体上，我都备受打击，我只想尽快离开莫斯科。这件事让我明白，在体育运动中，成功与失败以及创造历史与残酷失利之间的分界线是多么细小。艾弗拉姆·格兰特距离成为切尔西最伟大的主帅之一仅有一球之遥，然而最后，不出所料，他在几天之内便丢掉了工作。

与此同时，我们一回到英格兰，我就去度假了。我们去了尽可能远的地方，只有我的妻子、家人和我。然后，正当我开始稍稍恢复时，我接到了母亲打来的电话——我的外祖母去世了。

第十一章

两位主帅，一座奖杯

(2008—2009)

2007—2008 赛季是个艰难的赛季，我们有过一些高潮，但也经历了许多低谷。而且，我还长时间同伤病做着斗争。我的膝盖出了问题，于是我在 2008 年 1 月做了个半月板手术，紧接着便前去参加非洲国家杯了。正常情况下，我本该休息一个月再开始训练，可我根本没有那么多时间，所以做完手术仅 10 天后，我就回到了训练场上。自那以后，我再也没能腾出时间来使自己彻底恢复健康，可是对我来说，若想表现出色，我就必须达到百分百的健康。我带着肿胀的膝盖从国家杯回来，基本上只能尽力熬过赛季剩余的时间。

因此，在2008年夏天季前训练开始前，我非常努力想要照顾好自己。我去看了一名膝盖专科医师，试图让我的膝盖得到休息，同时做些练习来帮助它恢复。但当我在夏休结束后回到伦敦时，我意识到我胖了 3 公斤。通常这并不算多，可鉴于我的膝盖仍未痊愈，我根本无法承受任何额外的重量。

6 月，路易斯·菲利佩·斯科拉里被任命为新任主帅，大家对谁将接任艾弗拉姆·格兰特的猜测也就此告一段落。此前他执教的是葡萄牙国家队，后者刚刚在欧洲杯四分之一决赛中不敌德国队。当然，他最主要的成就是带领巴西队赢得了 2002 年世界杯的冠军。毫无疑问，他的来头不小，而且是首位接管一家英超俱乐部的世界杯冠军教头，因此人们对他满怀期待。一些小报称他为“大菲尔”，他也以言辞犀利而闻名。问题是，尽管他能说会道，却不会讲英语，至少起初不会，所以每当他必须和我们进行私下交流时，他都需要翻译帮忙。斯科拉里带来了巴西同胞弗拉维奥・穆尔托萨作为他的助理教练，这使得我们的沟通变得更加复杂，尤其是当史蒂夫・克拉克于9月份离开的时候。尽管这位主帅很认真地在学英语，但我觉得在他执教切尔西的整个时期里，由于语言障碍，他总是很难解释清楚自己想要表达的意思。

返回伦敦后，我意识到我的膝盖仍未痊愈，然而接下来我们就要前往马来西亚和香港踢季前巡回赛了，于是我去见了主教练。那是我与他第一次正式会面，我告诉他我无法正常训练，所以不适合参加巡回赛。我首先需要做的是努力恢复身体健康，要么在我所了解的某家专治此类伤病的医疗中心治疗，要么就在伦敦进行康复。一开始，他说可以，没问题。可第二天，他便联系我说他改变了主意，我必须去马来西亚。我既不理解他的180度大转弯，也不理解他表达的方式。他本可以说，“好的，让我考虑一下”，然后再拒绝我，并解释原因。最后，虽然他还是决定我不用参加旅行，但那个插曲却让我们未能有一个良好的开始。

季前训练真正开始后，我们立马就被斯科拉里的训练方法震惊了，尤其是对我而言。我们又回到了那种未碰球便先跑5公里的欧式训练当中。考虑到我的体格、身体状况以及踢球风格，这样并不好。此外，自从离开法国后，我已经很多年没有那样训练过了。我根本无法应对他的训练课——刚跑两三公里，我的背就开始痛。我几乎不能走路，更别说跑步了，所以不得不在结束前停下来。我觉得斯科拉里据此便认为我不想和他共事。这是错的，因为纵观他的整个执教时期，我一直都在努力尝试重获他的好感。无论如何，从一开始他就更偏爱尼古拉・阿内尔卡，而忽视了我。恰恰相反的是，我和尼可之间没有任何问题。那时我们是非常要好的朋友，至今依旧如此。然而几周不到，我就显然不再是主力前锋了。

斯科拉里的训练制度带来的结果就是，由于我们的训练课强度低，所以赛季开局阶段，与在季前备战中训练非常艰苦的其他球队相比，我们的精力更加充沛。显然，他对自己正在做的事情非常自信，但事实上，训练课中最难的部分是5公里跑，而非之后我们开展的练习。也许我们的有氧健身做得不错，但我们的踢球感觉却不好。不久，由于早些时候没有进行身体上的高强度训练，两三个月后，我们的状态便开始出现下滑，此时轮到我们变得十分疲惫，而其他球队则有更好的耐力继续前行。每次我们的季前备战做得不够好，这种情况就会发生。这一次正是如此。

依我看，问题在于斯科拉里先前没有英超足球经验，而且不了解这个联赛对球员有着巨大的身体需求。这点在赛季初的某个晚上得到了验证。我记得某场比赛前一晚，我们待在一家酒店里，一起观看利物浦与曼联的较量。不用说，比赛非常非常激烈。

“这两支球队，他们是无法像这样踢完整个赛季的，”斯科拉里对我说，“5场比赛过后，他们就会累垮。”

“不会，不会，”我回应道，“这是英超联赛。整个赛季，我们每周都是如此。”

“不，不，不。”他坚称。我放弃了这个话题，因为我能看出他并不相信我。

到了秋天，状态开始出现下滑的却并不是其他球队，而是我们。圣诞节来临之前，我们不断丢分，5场比赛仅斩获一胜。与此同时，我从膝伤中复原，我的体能状况有了提升，于是主教练安排我在节礼日主场对阵西布罗姆维奇时出场，这是我回归后的首场比赛。我们最终以2∶0获胜，我进了球，并且很满意自己的表现。下一场比赛是在12月28日，我们将迎战富勒姆。我们以2∶2握手言和，我的表现平平，考虑到我刚复出不久，这并不令人惊讶，因为当你还没有找到比赛状态时，三天内踢两场比赛是很困难的。

新年伊始，在足总杯第三轮中，我们坐镇主场与绍森德打成平手，而在这场糟糕的比赛过后，我们又在客场0∶3不敌曼联，我对我的表现很不满意。我一度有机会射门得分，但却完全踢偏了，于是我尴尬地笑了笑。我并不是觉得当时的情况很好笑，其实恰恰相反，但我认为斯科拉里肯定误解了我的反应，因为他开始公开批评我们，尤其是我，说我们这样踢球是不可能赢得联赛冠军的。那时候，尽管他公开否认，但他已经和诸如彼得·切赫和迈克尔·巴拉克等几位老将闹翻了，更衣室内也因此出现了本不该有的气氛。

输给曼联三天后，我和他之间迎来了危机，当时球队将在足总杯第三轮重赛中客战绍森德，可我却被排除在了阵容之外——甚至不是遭到弃用，而是完全被剔除出去。在我效力于切尔西期间，还从未发生过连比赛阵容都进不了这种事。于是我去找他，我只是想和他聊聊，并不是想吵架。我只想知道我的位置在哪。

“不，你不会跟我一起去。如果你想离开，现在是时候了。”

“所以，你觉得我不能帮助球队吗？”

“好吧，可我也没选德科。”

“没错，但德科有伤在身，而我没有。”

“听着，”他终于承认道，“你不在我的计划里，赛季结束之前，你将不会再为我踢球。所以如果你想离开，现在正是好时机。去找你的经纪人谈吧。现在是 1 月初，到月底前，你还有时间找到一家俱乐部，然后离开这儿。”

我知道他觉得切尔西根本没有适合我的位置，也知道他在设法找到某种方式来摆脱我。他真正想做的是将巴西人阿德里亚诺从国际米兰引进到切尔西。

“没问题。如果你想要阿德里亚诺过来，我可以去国际米兰。”

我说的当然是实话，因为当时任国际米兰主帅的不是别人，正是何塞·穆里尼奥，所以我很乐意去那里。

这次会面结束后，我做的第一件事就是打电话给阿布拉莫维奇先生，经由他的助理向他解释相关情况。

“我能理解主教练不想我留下来，”我说，“倘若我不得不离开，我希望俱乐部能给我行些方便。”但那位助理立即就做出了答复：“不，你哪儿也不会去。谁说你要离开了？没人说过你要离开俱乐部！”

“哦，好吧。”我说道。他的语气和明确否认让我大吃一惊。至少，我知道了我在俱乐部的位置——虽然主教练不支持我，但俱乐部显然是支持我的。

我想说清楚的是，我和路易斯·菲利佩·斯科拉里从来没有私人恩怨。我知道他真的很努力，想在切尔西取得成功，也下了大功夫去学习英语，但我觉得这里的足球文化终究不适合他，从一开始就不适合。这种事在最优秀的主教练身上时有发生。

2 月初，我们在主场 0 ∶ 0 战平赫尔城，这是他最后一次率队出战。第二天他就离开了，几天后，《法国足球》发表了他在那场比赛前接受的一次采访，其中他谈了对球员们的看法以及他们的一些不足之处。他声称没有合适的球员去踢更适合我的 4—4—2 阵型，尤其是边锋位置，因此他无法让我和尼古拉·阿内尔卡联袂搭档锋线。虽然我明白他为何想接受那次采访，可是在我看来，无论之前我们有多么不合，像这样回过头来批评我并非结束这段关系的妥当方式。

在斯科拉里执教切尔西期间，我决定掌控自己与媒体及球迷的关系。我感觉自己常常被误解，媒体上出现了太多有关我的虚假报道和被错译的故事，这让我很不开心，因为我觉得人们曲解了我。我决定雇佣一家公关公司来帮助我处理这方面的事务，从而更好地控制我与媒体界的关系，而他们也确实做得非常出色。刚开始与他们合作，我马上就能与媒体和球迷更好地沟通了，至今我仍在与这家机构合作。对我来说，那个决定是个转折点，尤其是在我与球迷们的关系方面。

不管怎样，路易斯·菲利佩·斯科拉里一离开，俄罗斯国家队主教练古斯·希丁克便立即被任命为了临时主帅。而我们这支之前状态糟糕，表现不佳的球队，也重新追赶了上来，最终排名联赛第三，杀进了欧冠半决赛，也赢得了足总杯冠军。我们仍然是那批球员，在我看来，球队在赛季初期显然是存在问题的。

古斯·希丁克一来，我们就感觉很舒服。我们非常尊敬他，无论是执教埃因霍温俱乐部，还是执教荷兰、韩国和俄罗斯国家队，他都取得过辉煌的成就。还有一点我们觉得很棒，那就是他会讲英语。他来到俱乐部后对我们说的第一句话是："这支球队不健康。"那是显而易见的。有氧训练是一方面，但就足球而言，我们明显缺乏基本的身体条件。不过，这点立马就得到了改善，他开始努力训练我们，使我们找回了应有的状态。

他还着手重建了球队的自信心，包括我的，而在其前任执教切尔西时，这种自信心却受到了动摇。由于我一直在竭尽全力融入球队，我总是满场飞奔，但他告诉我别这样。"你是前锋，你不必那样做。你只需待在那里，完成射门就好。"

得益于其不同的训练方法和沟通方式，我的斗志立马有了提升，并且开始再次出场比赛和进球。我迫切想要证明我还能好好表现，而新主帅的加盟则重新给了我动力和能量。我的队友们也变得更愉快了。结果，我们在古斯·希丁克执教的前 4 场比赛中全部获胜。情况无疑正在好转。

我们很想为新老大赢得一座奖杯，也想展现出我们在赛季下半程取得了多么大的进步，但在欧冠半决赛上我们却输给了巴萨，这真的很令人沮丧。我坚信我们再次成为欧洲最优秀的球队之一，而且队里充满着经验丰富的球员。首回合我们客场与他们战成了 0 ∶ 0，第二回合，我们感觉压力很大。我们忍不住想起去年的决赛，当时我们距离夺得那座奖杯仅咫尺之遥。今年，我们又有机会完成这个任务了。

尽管我们距离胜利非常接近，但还是没能赢下比赛。第9分钟，迈克尔·埃辛从20米外攻入一个绝妙进球，带给了我们很大的希望。接下来约80分钟的时间里，我们都在尝试扩大那份微弱的领先优势。我们踢得更加出色。巴萨没有一脚射门命中目标，而且在第66分钟时（也许我记错了），阿比达尔还因对向球跑去的阿内尔卡犯规而被红牌罚下。这场比赛既因足球本身也因裁判的判罚而闻名，而这件事便是促成这一结果的若干事件之一。我们分别有4次点球申诉都被挪威籍裁判汤姆·赫宁·奥弗雷勃拒绝，我认为他的几次判罚都是错误的。在我看来，最明显和最荒谬的一次是，当杰拉德·皮克在禁区内明显手球时，站在一旁的裁判却挥手示意申诉无效。我至今仍想不通，他为何连一个点球都没有判罚。事实上，甚至在比赛过程中，随着判罚一个接一个不利于我们，我开始想："到底怎么了？怎么会这样？"一次错误，我们能接受；两次，也许吧；但在如此重大的比赛里4次犯错，这究竟是怎么回事？这让我觉得那名裁判实在能力不足。

在比赛结束前约10分钟，我被换下了。虽然我已经一瘸一拐，但我并未准备好下场。如果主教练问我是否想下场，我会说："不，我没问题，再等一等。我会让你知道我是否能应对。"我知道倘若我下场了，对方后卫皮克和丹尼尔·阿尔维斯就能给我们施加更多压力。但为时已晚。我看见换人牌上出现了我的号码，我不得不离场。我感到十分沮丧，我觉得我得回更衣室稍微平静一下。

虽然我不会通灵，但我的直觉告诉我，有不好的事情将要发生。我就是感觉到了。最后，我走了出来，坐在替补席上，一边看着最后几分钟流逝，一边不停地祈祷。时间来到第90分钟。也许，也许我们终究能够坚持到最后。突然，球到了禁区外的伊涅斯塔脚下，他干净利落地大力射门，皮球径直越过彼得·切赫，钻入球网顶部。砰。比分被扳平。再见，切尔西。

当迈克尔·巴拉克起球打到禁区内的塞缪尔·埃托奥的手臂时，裁判做出了最后一次的糟糕判罚，我们又一次没能获得点球。裁判当时就在事发地点，然而这依然没有差别。最终比分 1 ： 1，巴萨凭借总比分优势晋级。

终场哨声一响，所有人都疯了——球迷、球员，几乎每一个人。巴萨因快乐而疯狂，我们则因当晚遭受巨大的不公而异常愤怒。我承认我失控了。我直接跑到场上，朝那名裁判以及其他听得到我的人怒吼，并表示整件事是个耻辱(为了把事情讲得更清楚,我可能说了几句脏话)。我特别气愤，对当时吃到黄牌（后来，又被禁赛 3 场）几乎没什么印象。但我记得我们遭受了不公，以及我们踢得多么努力和多么出色，结果却因为别人的错误而被淘汰。我还想起一年前在莫斯科，我曾承诺要把欧冠奖杯带回斯坦福桥，而且对我们来说，经历赛季前半程后，如果我们能杀进欧冠决赛，那将是一次不可思议的转变。本赛季开始时，球队前任主帅曾告诉我我完蛋了，他说我既不能跑，又很懒惰，所以为了证明他是错的，最好的方式就是杀进决赛。当我进行口头攻击时，所有这些想法都出现在了我的脑海里。

显然，我对我在情感爆发时嘴里蹦出的那些话感到很后悔，但我并不后悔自己当时产生了那些情绪，因为我依然相信它们是正当有理的。我真的认为我们被剥夺了胜利。球迷理解我的反应，因为我也是在表达他们的感受。他们并不希望看到他们的球员只是耸耸肩，毫不在意地漫步下场，他们想要知道球员和他们一样感受到了不公。此外，当人们在电视机前观看这些事件时，他们并不总是明白，在球场上，我们的感情会更加强烈。我们愿意为球队和俱乐部付出一切，而这些比赛又是如此利害攸关，以至于有时候我们确实会失控。我并不是说那是对的，但除非你置身其中，否则很难完全理解。

我们还剩最后一座奖杯要去争夺——足总杯，球队将在决赛中迎战埃弗顿。半决赛，我们以 2 ∶ 1 战胜阿森纳，期间我再次发挥出色，攻入了那个至关重要的制胜球。我常常说，虽然能进球是好事，但那些关系重大的进球——改变比赛的扳平球，出人意料的制胜球——才是你职业生涯里的重要部分。我有幸收获了一些重要进球。在比赛中，我总是想："是时候创造不同了，是时候做些什么了，那就是我在这里的原因。"通常，你的机会转瞬即逝，所以你必须抓住它。

因此，比赛期间，我总会祈祷，请求上帝帮助我，请他为我指路。人们也许对我常常祈祷感到惊讶，但我的信念驱使着我所做每一件事，不论是场上还是场下。我真的完全相信某种东西或某个人在帮助我成为一名更好的球员和一个更好的人。对我来说，这比任何事情都更重要，尤其是因为我即将步入足球生涯的尽头。我从小信奉天主教，我们全家人都会去教堂，上帝一直存在于我和我家人的生活中。虽然成年后我不再参加那些活动了——做礼拜和祷告，但我始终相信上帝的力量。然后，大概在 2008 年到 2009 年的时候，我重新开始接近上帝，与他交流，同他对话。其中就包括在比赛期间和他交谈，对有些人而言，这听起来可能很好笑或很奇怪，但任何看到我仰望天空或在胸前画十字的人都会明白这是真的。

在我得到上帝鼎力相助的众多事例中，与阿森纳的那场比赛只是其中之一——但它是个很好的例子。那是一场势均力敌的比赛，当时比分为 1 ∶ 1，我踢得并不好。我尝试着打开局面，但并未取得什么效果。我没了激情。比赛还剩最后 10 分钟时，我开始同上帝说话，请求他告诉我怎样才能踢得更好，如何才能破门得分。5 分钟后，也就是终场前 6 分钟，弗兰克·兰帕德送出了一记长传，让我得到了一个单刀的机会，我绕过卢卡什·法比安斯基，打进了我们等待已久的制胜球。我几乎惊呆了！我知道有些人会想："啊，好吧，他之所以能进球，是因为那一刻球刚好来到了他身边。"但我真的相信还有别的东西。这样的事情发生过好几次——例如在 2012 年的欧冠决赛中，我非常有幸能在我的生命里拥有信仰，不仅仅因为这些时刻，还因为它给作为人的我带来了更广泛的认识。

那个赛季，足总杯决赛是我们赢得奖杯的最后机会，我们很想证明那些批评我们的人是错的，也很想回报我们的主教练。比赛本身非常具有历史意义，因为开场仅仅 25 秒，埃弗顿队的路易斯·萨哈便打破僵局，收获了足总杯决赛史上的最快进球。那天的开局很糟糕，我们几乎从开球后就在奋力追赶，但我又一次攻入关键进球，扳平了比分，也为我们带来了希望。第 21 分钟，我打进了一个头球，它让我们重新找回比赛状态，开始踢得更加流畅，也开始享受在温布利踢球。我们的球迷也在那里，这真是个特别的日子。对我们来说，那个进球就是转折点。随后，当比赛进行到第 72 分钟时，弗兰克·兰帕德用左脚打进了制胜球，帮助我们赢得了足总杯冠军。这个令人伤感且有时困难重重的赛季终于迎来了高潮。4 月份的时候，我们一度有机会问鼎英超联赛、冠军联赛和足总杯。尽管最后我们只拿到了足总杯，但我们依然觉得那是一种成就，因为我们曾有望夺得另外两座奖杯——对一支有些人在赛季初就不看好的球队而言，这已经不错了。那天我们尽情地庆祝着胜利。事实上，我认为那是我们成功秘诀的一部分——我们从不把任何胜利看作是理所当然的。我们享受每一次胜利，因为每一次胜利都来之不易，也都十分珍贵和美丽。

第十二章

安切洛蒂时代

(2009—2011)

有件事比5月底的足总杯夺冠更让我高兴，就是在那个月早些时候，我心爱的儿子基兰出生了。我和我妻子为这件喜事等待了很长时间，所以当这个健康、美丽的婴儿加入我们的家庭时，那种感觉几乎是不可思议的，我们由衷地感到幸福。

基兰的到来开了个好头，我不仅度过了一个很棒的夏天，也迎来了有史以来最好的赛季。这是个巧合吗？也许不是。但我的确在一段时间里感到更加快乐和安定了。

这还归因于6月初卡尔洛·安切洛蒂成了我们的新任主帅。按照原计划，球队的临时主帅古斯·希丁克在赛季结束后离开了俱乐部。安切洛蒂曾两次夺得欧冠冠军，也获得过许多其他奖杯，所以我们对他满怀期望。

上赛季结束时，外界出现了许多有关我在这家俱乐部未来的传闻。毫无疑问，有些人想要我离开。他们认为我不是切尔西需要的那类球员，这与我的球技没有太大关系，更多的是因为我给俱乐部带来的坏形象和坏名声。尽管由于我在场上表现出色，并且不遗余力地为球队争胜，大多数球迷都很喜欢我，但仍有少数球迷不理解我对场上事件的反应，其实那些都是因为我对自己的情绪和感情总是毫不掩饰，也因为我很爱我的俱乐部。我时刻准备着为俱乐部而奋斗。上赛季末，我在球队被巴塞罗那淘汰出欧冠后的反应，恰恰表明了我与球迷们一样沮丧。如果当时有摄像机对准他们，你会看见他们嘴里也说出了同样的话，因为他们的想法和我一样，也许比我更糟！我对我的言行并不感到自豪，但那表明了我有多么在乎。

在古斯·希丁克和我们相处的几个月里，他始终都在给予我支持，而且非常理解我，还帮助我恢复了自信心。因此，当赛季结束时，他是希望我留下来的人之一。他跟永远都支持着我的球队老板以及助理教练谈了谈。他们听了他的想法，然后明确表示，我肯定是他们未来计划的一部分。

我与卡尔洛的首次接触预示了接下来我们之间关系的发展，因为他让我们之间有了一个良好的开端。那年夏天，当我还在度假时，他就给我打来电话，并向我介绍了他自己，他告诉我他很期待同我合作。我觉得那真是件令人印象深刻的事。他其实没必要那么做。他本可以像大多数人那样，等到我们第一次见面时再说："嗨，近来如何？"但他没有，他不嫌麻烦地打电话给我——可能也打给了队里的其他人，那表明他很尊重球员。我非常高兴他要来切尔西。他是个出类拔萃的人，也是一位经验丰富的大牌教练，或许最终还会帮助我们实现欧冠梦想。

季前备战阶段，他没有安排5公里跑。他的训练和古斯·希丁克的训练属于同一类，部分原因是后者的体能教练留了下来，所以我们的训练课完全以足球为重心。

那年夏天，我没有参加任何国际比赛，因此我便能在度完假后认真开始做些良好且有效的季前训练。像以前一样，如果我拥有不错的季前备战，那通常意味着即将到来的赛季也会很顺利。那个夏季，在一段时间以来，我第一次未受伤病困扰——膝伤终于好转了，这使得我能将自己的身体发挥到极致，我觉得自己的身体被解放了。经过所有这些努力，我的身体在赛季开始时已经非常健康，而且立刻就找回了上赛季末我所展现出来的那种状态。

虽然我们在夏季转会窗口引进了内曼贾·马蒂奇和丹尼尔·斯图里奇，但球队阵容基本上是稳定的，因为我们的核心球员依旧是前三四个赛季的那批人。我们的团队精神令人惊讶，各个位置存在着良性竞争，这样很好。总的来说，更衣室里的氛围与一年前相比完全不同。我开玩笑地把与我关系最亲近的那些人称为“我的非洲兄弟”——萨洛蒙·卡卢、迈克尔·埃辛、尼古拉·阿内尔卡、约翰·奥比·米克尔，当然还有弗洛伦特·马卢达，后者与我相识已久，因为我俩曾在甘冈队并肩作战过。我在促使弗洛从里昂转会至何塞治下的切尔西这件事上出了一份力，因为我非常希望他能来体验这家由如此不可思议的人所执教的俱乐部。我想让弗洛看看何塞的执教方法，看看他是如何激励球员和给球员们灌输对他和俱乐部的忠诚意识的。

当时，我就像是这些球员的老大哥，因为我在那里待的时间比他们更长，所以自认为很了解俱乐部。然而同时，我和每个人又都是朋友。我乐于跟任何人坐下来聊天，我与约翰·特里、弗兰克·兰帕德和彼得·切赫非常亲密，同他们一起度过了不可思议的时光；而且总是试图成为不同群体之间的桥梁，设法让人们感到舒适和放松。年轻球员经常向我咨询建议或信息，有时只为一些琐事，但无论何时，我都会尽力帮助他们。甚至其他俱乐部的球员也会打电话向我寻求建议，我同样希望自己能帮上忙。这很重要，因为我记得我也曾身处他们的位置，感觉力不从心，只能仰望着队里面的大人物，可当我发现他们其实很好接触，也是普通人的时候，我又会十分惊喜。所以，只要有可能，我都尽力让自己成为那样的人。

作为一名球员，除了踢球之外，我们并不常常进行交际。赛季期间，我们总是出门在外，所以当球队踢主场比赛时，我们当中有家庭的人都倾向于陪伴家人度过那些宝贵的时间，而不是和队友们出去。这就是说，如果我们取得了一场不错的胜利，我们可能会以小团体的形式外出。何塞·穆里尼奥总是说，假如我们知道自己已经在场上拼尽了全力，即便没有获胜，我们仍可以偶尔一起出去吃个晚餐，但不能在夜店里疯玩。

因此，尽管我们有时会去夜店，但也只是为了庆祝诸如生日或重大胜利这样的事，而不是理所当然地去那里。我们是职业球员，所以要尽量避免惹麻烦。在一定程度上，由于有社交媒体的存在，我们不得不非常小心，即便是在休息的时候。这些事是运动员生活中的一部分，这点你必须接受。抱怨是毫无意义的；你只能去适应它。

无论如何，我们有了一个梦幻般的开始，不仅通过点球大战在英足总社区盾杯中战胜了曼联，而且还收获了联赛开局六连胜。那种感觉就像是我们又回到了取胜的道路上，我也回到了进球模式中。我与尼古拉·阿内尔卡组成了出色的锋线搭档，圣诞节到来之前，我在 21 场比赛中已打进了 18 球，考虑到我前一年的状况，这确实出乎我的意料。

那个赛季，最令我们——包括我——失望的事情是，在 3 月份的冠军淘汰赛阶段，我们输给了何塞执教的国际米兰。对他来说，与我们对阵轻而易举，因为他非常了解我们。但是在他看来，赢球并报复他的前东家显然同样十分重要。对我们而言，情况则不同。虽然我们熟悉何塞和他的助理教练，可我们并不了解他的球员，他担任国际米兰主帅一事并不能带给我们什么优势。我们只知道他会不惜一切代价来确保他的球队占得上风。我们先是在米兰以 1 ∶ 2 落败，接着又在斯坦福桥以 0 ∶ 1 告负，后一场失利尤其让我们难以接受。

老板也不高兴。他召集我们开了次会，大体上说的是，既然我们已经从欧冠出局，现在最重要的就是拿下双冠王，没有如果或但是。他这么说，我们并不感到惊讶，但幸好我们做到了！

4 月初，我们在客场以 2 ∶ 1 击败曼联，我攻入了关键的制胜球。此番胜利使我们重回积分榜榜首，并在还剩 5 场比赛的情况下占据着这个位置。我们与曼联之间的冠军争夺战异常激烈，直到赛季最后一天才见分晓——他们 4 ∶ 0 击败斯托克城，我们则 8 ∶ 0 大胜维冈，收获了球队史上最大比分的联赛胜利，最终以一分优势夺冠。奇怪的是，尽管冠军争夺战如此激烈，我们还是在夺冠的过程中打破了诸多纪录：那一年我们总共打进了 103 球，是俱乐部史上的最高纪录；我们成了第一支打进 100 球的英超球队；我们还是首支 4 次在单场比赛中攻入 7 球或以上的英格兰球队；最后，我们的净胜球是 71 个，同样创造了英格兰俱乐部的纪录。所以，虽然最终积分很接近，但我们无疑赢得非常漂亮，而且凭借的是进攻足球。此外，这次胜利格外令人愉悦，因为我们阻止了曼联豪取英超四连冠！

对我来说，同维冈的那场收官战很特别，因为下半场我上演了帽子戏法，由此以 29 球二度荣获金靴奖，领先于韦恩·鲁尼的 26 球。我对此感到十分满意，尤其因为我攻入了许多最终证明非常重要的进球。其中就包括主场对阵阿森纳的那两个进球，它们完成了我在与伦敦死敌的 12 次对决中共进 12 球的纪录——我必须得说，这个数字念起来朗朗上口。

显然，当我还在马赛效力的时候，阿森纳就有兴趣签下我，但他们从未提出过实际报价，而且当时我也没怎么意识到这点，甚至当我在勒芒时，阿尔塞纳·温格就说他知道我是个优秀球员，可他并没有进一步采取行动。然而，这便是生活；有时候，它会带你走上一条道路，而不是另一条。无论如何，我的第二座金靴奖向批评我的人表明，他们本不应该否定我。在过去的 12 个月里，我经历了多么美妙的转变啊！

联赛夺冠一周后，我们前往温布利球场踢足总杯决赛，旨在为俱乐部赢得球队史上的首个双冠王。遗憾的是，同我们相比，对手朴次茅斯的处境则迥然不同。他们由我们的前主帅艾弗拉姆·格兰特执教，赛季初期就受到托管，因此已经遭到了降级。我们为他们感到难过吗？是的。那会改变我们比赛时的态度吗？绝对不会。对我们来说，这是一次创造历史的大好机会，所以我们当然不会让感情阻碍我们完成任务。在那种局面下，你也许会在赛后同情对手，尤其是如果对手阵中有你的朋友的话，但除此以外，你无疑会表现出 100% 的职业水准。

1 ∶ 0 的比分并未真正体现出比赛的实际情况，尤其是上半场比分仍为 0 ∶ 0，而且我们总共射中了 5 次门框。第 54 分钟，朴次茅斯获得了一个点球，彼得·切赫将其扑出，下半场后段，我们也得到了一个点球，可出人意料的是，弗兰克·兰帕德竟然罚丢了。幸好这对结果没什么影响，因为那时我已经攻入了全场唯一进球——一记完美的任意球。我一脚远距离大力低射直穿人墙，刚好越过大卫·詹姆斯，即便他全力扑向左侧，也还是没能接近它。

我再次成为比赛制胜者，而且在跟随切尔西踢的 5 场杯赛决赛（联赛杯和足总杯）中，以及 6 次亮相温布利期间，我场场都有进球入账——这又是个不错的纪录，也绝对是今后可以细细品味的美好回忆。当时我并不知道这些纪录，因为我一心只想着为球队的利益而进球，但后来得知它们时，我当然非常开心。那个决赛进球是该赛季我在各项赛事中收获的第 37 球，这个进球数在俱乐部历史上位居第二。此外，我还被切尔西球迷评选为年度最佳球员，为此我感到十分自豪和感动。虽然这一路走来十分漫长，但它无疑值得等待！

我会永远记住 2009—2010 赛季。它是非常特殊的一年，无论是在职业方面还是个人方面，我都感到心满意足。我的身体状况很好，踢起球来轻松自如。在我的职业生涯中，有时候不管我多么努力拼搏或尝试，我都无法进球。但那个赛季恰恰相反。有时，我甚至没有刻意追求破门，也照样能够进球。我感觉进球如此简单，那就像是个强力淋浴器——你几乎不用按按钮，也无须做任何努力，水就会自然流下来！

不幸的是，那种感觉并没有持续很久。2010 年，世界杯在南非举行，科特迪瓦队获得了参赛资格，我们为此感到十分兴奋，尤其因为这是该项赛事第一次来到我们非洲大陆。正如我将在随后的章节里说明的，我们要在瑞士踢几场友谊赛，但是在世界杯开幕的十天前，我却在某场比赛中遭遇了严重的右臂骨折。我根本没想过我会无法参加这项期待已久的赛事，所以我立即动了手术，并且带着打上石膏的胳膊，继续尽全力参加比赛。

世界杯征程一结束，我便得到了我迫切需要的两周休假。那个赛季结束后，我的身体非常疲惫，紧接着又参加了世界杯。那段假期对我来说远远不够，尤其因为后来我又做了一次手术，这次是自 2004 年以来就一直困扰着我的疝气。说起来可能令人惊讶，可事实上，从那时起我就一直带着疝气在比赛，而之前的手术也未能根除这个问题。尽管 2009—2010 赛季是我表现最好的赛季，但每次比赛我都得服用消炎药，这样并不好，而且也不是长久之计。实际上，疝气导致我越来越疼痛，我才决定在那个夏天进行第二次手术。结果，我不得不错过大多数训练，然后就像以往一样，糟糕的季前备战意味着接下来的赛季将不会如我所愿。

进入 2010—2011 赛季后，开局阶段我踢得很不错，首场比赛对阵西布罗姆维奇便上演了帽子戏法，球队也在前五轮联赛中全部获胜。看起来我们似乎将继续上赛季的统治。不过很快，我们的战绩便开始下滑，到了 10 月初，我已感到十分疲惫，仿佛就要筋疲力尽。我不断对教练团队说我累了，需要休息几天，我还解释说，或许是因为那两次手术所消耗的精力超出了我的意料。但没人听得进去。他们认为我没问题，只是对自己的感觉反应过度而已。

最后，我去见了卡尔洛，坚持说我至少需要休息四天。“好吧，可以。”他勉强同意了。我去了阿布扎比，寻求一些阳光，让自己放松一下。然而，几乎刚到那里，我便开始感到不适，于是我立马就回来了。两天后，我理应同体能教练一起训练。我拖着疲惫的身躯来到训练场，但不出五分钟，我就开始冒汗，全身发冷并颤抖着。“我不能跑了，我什么也做不了，我必须停下来！”我恳求道。但他们无法理解，觉得我只是想偷懒。我执意要求停下。“听着，我为什么要对你们说谎呢？我也希望身体健康，我也想努力踢球，让自己感觉好些。你们为什么不相信我？”他们看了看我，开始认为也许我并不是完全在说谎。他们允许我回家休息，而这正是我迫切需要的。不过，我依然被排进了比赛阵容，于是我挣扎着踢了 3 场联赛，甚至还参加了主场对阵莫斯科斯巴达克的欧冠比赛。那是非常糟糕的一个月。我知道有些事情很不对劲，但似乎没人相信我。我明显身体不适，而且带着高烧踢了欧冠联赛，可我感觉别无选择，因为每个人都在怀疑我所说的话。

第二天在家，我躺在沙发上，无法移动。我一生中从未病得如此严重过。毫不夸张地说，连我的牙齿都在颤动，我甚至还出现了幻觉。我 10 岁的女儿放学回来后看了我一眼，然后说道：“爸爸，你还好吗？”我记得我回答说：“是的，是的，我没事！”现在想想我觉得很好笑，因为很明显那时候我一点儿也不好。无论如何，我去验了血，第二天结果出来了，上面显示我不知怎的得了疟疾。直到今天，我仍不清楚我是何时以及如何患上这个病的，因为尽管几周前我去过科特迪瓦，可在两天的时间里，我都在飞来飞去。然而，自我最初开始感到不适以来，我显然已经患上疟疾约有一个月了。公平地说，俱乐部最初给我验了血，可是很明显，那个阶段我的血液里并没有足够多的寄生虫，所以当时并未诊断出疟疾。只有在疾病更强烈地入侵身体后，验血检查才能确定我到底出了什么问题。我想我一定是在身体疲惫和免疫系统变得脆弱时被蚊虫咬了。

无论如何，尽管我立刻服用了药物进行治疗，不久后便重新披挂上阵，但它却完全毁掉了我的赛季。我的感觉时好时坏，而且由于我已经 32 岁了，人们不可避免地开始想：“啊，他大不如前了，他正在走下坡路。”

这段时间正值 1 月转会窗口期，俱乐部突然签下了费尔南多·托雷斯，部分是因为我一直在生病，而且那时候仍未痊愈，部分则是因为，如他们所说，他们想要开始为我的离队做好接班准备。“好吧，我还能踢球呢，不过，嘿，没问题！”我想这么对他们说。但我理解俱乐部的想法，他们必须未雨绸缪，而我也不得不接受这个事实。

费尔南多·托雷斯（我称他为南多）以打破英国转会费纪录的5000万英镑从利物浦加盟而来，为了适应他，他刚来到俱乐部，主教练就彻底改变了阵型。在那之前，我们踢的是双前锋，我更喜欢这个阵型，而且也觉得它最适合我们。但我希望他能融入进来，所以我只能改变我的踢球方式。我的位置稍微更靠边路，或者说是后撤了一些，有点类似伪10号，而他则会独自坐镇锋线。前两年，我一直与尼古拉·阿内尔卡搭档踢中锋，为球队破门得分。现在，为了让南多融入球队，我们调整了阵型，可那并不怎么奏效。

当然，他带伤加盟也是于他无益的。他在利物浦伤了很长一段时间。他甚至带伤参加了世界杯。当他完成重磅转会，来到切尔西的时候，他知道自己并未痊愈。从同一联赛中的一家重要俱乐部转会至另一家，然后试图融入一群已经相处很长时间且取得过太多成功的球员——对他来说，那一定非常非常困难。最后，恕我直言，在利物浦，史蒂文·杰拉德和费尔南多·托雷斯一直都是国王。可在切尔西，我们却有22个国王。我真的很同情南多，因为我知道那种情况对他来说有多不容易。从较小的程度上说，我也经历过类似的情形，我当然明白，在人们期待的压力下，一次重大的转会意味着什么。

在利物浦，他是他们的主力前锋，球队是围绕着他运转的。这并不是说其他人不能进球——他们也能，但他们会把球传给他，以他为中心来组织球队，目的就是让他进球。而在切尔西，情况却并非如此。我曾在马赛经历过相似的情形——我进了很多球，在那里我是国王。然后我来到切尔西，突然之间，我的进球数就从32个缩减到了16个。虽然这依然很不错，但作为一名前锋，我还是需要做些调整。我觉得南多同样发现了这种困难。事实上，他花了三个月才收获了他的处子进球。

与此同时，由于9月份在联赛杯第三轮中输给了纽卡斯尔联队，我们已被淘汰出局。次年2月，我们又在足总杯第四轮中不敌埃弗顿，而且由于曼联逐渐成为重夺英超冠军的热门，对我们来说，想要卫冕联赛冠军也变得十分困难。随后的欧冠四分之一决赛，我们将与我们在英格兰的最大对手展开较量，这场比赛将是两队之间力量的博弈。

“我们何时才能问鼎欧冠？”我记得首回合开战前几天，卡尔洛这样问我。

“哦，让球队围绕我来踢吧，那样我们就会赢得欧冠。”我回答道。虽然这听起来有点自大，但我相信我知道我们怎样才能取得成功。他并没有直接回答我，只是嘟哝着“是的，可是不，但是”之类的话。“好吧，没问题。”我回答说。我会接受他做的任何决定。

4月初，我出战了首回合坐镇主场的比赛。遗憾的是，我踢得并不好，结果凭借韦恩·鲁尼在第29分钟的进球，曼联最终以1：0获胜。第二回合，我坐上了替补席——此役将是我第300次代表切尔西出场，但实际情况却与我的计划不符！我感到非常失望，这并不奇怪，因为我知道自己仍能表现出色，并在那里取得好结果。可是，他选择了尼古拉·阿内尔卡和费尔南多·托雷斯，鉴于南多尚未为我们进过球，那可是一次赌博。中场结束前，当哈维尔·埃尔南德斯为对手打破僵局后，卡尔洛立刻转向我说道：“你必须上场了。”我无疑对我们目前的处境感到很沮丧。“啊，你终于要派我上场了，可是为时已晚！”

中场休息时，我热了热身，下半场一开始便替换南多上了场。我立即全力投入进来，迫使范德萨做出了几次重要的扑救。随后，比赛进行到第77分钟时，我用胸部停下迈克尔·埃辛的传球，然后跑向球门，接着一脚大力低射，皮球绕过曼联门将窜入了网窝。我终于为球队带来了希望！然而，我们几乎没有时间去庆祝，因为在我们进球后，朴智星立马就在他们的一次进攻中打入了一球，让我们跟那座仍未染指过的奖杯说了再见，那是球队老板下定决心要带回家的奖杯。

显然，主教练离开的时间到了。5月中旬，曼联再次斩获了英超冠军，我们最终落后他们9分。与往常一样，当某个赛季进行得不顺利时，有些球员就开始埋怨主教练不让自己上场。事实上，卡尔洛·安切洛蒂是一名非常优秀的主帅，但他更像是一名优秀的教练，也就是挑选比赛阵容和制定战术的人。也许他身边应该有一个人，能在球员不开心时承担起为他们排忧解难的责任，以及处理一些个人问题，而他则只需专注于足球的部分。

从某种程度上说，这是助理教练的工作，但去年11月，我们却失去了一位伟大的助理教练——雷·威尔金斯。助理教练的工作是同时与主教练和球员保持密切联系，了解他们的感受，知道何时同他们交谈，以及在他们失望或沮丧时该说些什么。例如，如果某个球员没有被派上场，那么通常他会去找的第一个人是助理教练，而非主教练。当然，助理教练也许会说："去找主教练谈谈吧。"但如果他很优秀，并且对他所扮演的角色充满信心，那他就会首先试着解释问题是什么。也许该球员需要加强他踢球时的某个方面，也许主教练是在试用一名不同的球员。无论如何，助理教练就是调解人，或许卡尔洛·安切洛蒂本可以在执教时无须处理过多"管理上的"事情，尤其因为他是个太过和善的人。他想让每个人都高兴，但那是不可能做到的。

赛季一结束，卡尔洛便遭到了解雇。下课两天前，他来找过我。

"迪迪埃，我真的很高兴能和你一起共事，我很抱歉我们并不总是意见一致。我希望你知道那不是针对你。"

"啊，不用担心，我懂的，"我回答道，"这就是足球。"

两年前，他曾在赛季开始前费心打电话向我问好。这一次，他又确保能跟我和和气气地说再见。其实在两种情况下，他都不需要这样做。但另一方面，正如我已经说过的，他是个出类拔萃的人。

第十三章

AVB 和 RDM

(2011—2012)

6月，俱乐部公布了我们的新主帅——安德烈·维拉斯-博阿斯，也就是不久后英国媒体所称的AVB。他是自我7年前加入切尔西以来的第六任主帅，也是自2007年9月何塞·穆里尼奥离开后球队在4年内所更换的第五任主帅。上赛季结束前，我听到传闻说他们想要任命安德烈为主帅，所以当他的加盟得到确认时，我非常高兴，因为我很了解他，也把他视为我的朋友。我们早就认识了。当我还在马赛的时候，他曾是何塞·穆里尼奥在波尔图的助理教练之一，并且经常过来看我比赛，然后回去把我的表现汇报给何塞。他跟随何塞来到切尔西，随后又去了国际米兰，我们一直都通过短信保持着联系，这种感觉很好。上赛季，作为波尔图主帅，他取得了令人惊讶的成绩——他们以不败战绩夺得了葡萄牙超级联赛冠军，领先优势达20分，而且还斩获了欧联杯冠军。这使33岁的他成了有史以来赢得欧战赛事冠军最年轻的主教练。

他当然有资格来切尔西执教，我对他成为我们球队的伟大主帅满怀期望。我并不担心如今我的一位朋友将决定是否派我上场比赛。在我看来，如果这份友谊是真实的，那么我们就应该能将私事和工作分开。他也应该能够做到诚实和坦率。如果他没选我上场，他应该可以说“好吧，我不选你，是因为另一个人更优秀”，或者“是因为我想尝试不同的打法”。即便我会很失望，我也应该能够接受，那仅仅是个传达得很清晰的专业决定。对我来说，它应当是个简单的情况，所以我并不担心。

当他抵达后，他任命罗伯特·迪马特奥为他的助理教练，于是罗伯特便重返了他曾以中场球员身份效力过 6 年的俱乐部。安德烈的训练方法与何塞的一模一样，我们都觉得很高兴。对我们当中经历过那些日子的人而言，我们又回到了自己熟悉的环境中。然而，我们也从小道消息得知，他想清洗一些他认为上了年纪的球员，比如弗兰克·兰帕德和阿什利·科尔——以及我。那是他的权利，因为俱乐部需要继续向前发展，但他不应该在试图进行改革的同时，还把那些球员留在俱乐部里。尽管我们不会到处抱怨，可是如果我们不开心，队内的其他人也会受到影响。

我与俱乐部的合约还剩一年就到期了，而安德烈则刚刚与俱乐部签下了一份 3 年的合同，我想他可能觉得，与我相比，他处于更强势的位置，所以当他加盟时，他并没有与我讨论此事。第一场比赛，对手是斯托克城，我坐在替补席上，而南多则进入了首发 11 人。鉴于每次迎战斯托克城，我即使不进球，也能够创造机会，所以我觉得我至少会踢下半场。但他直到最后 10 分钟才派我出场，我对此颇感失望，比赛也以 0 ∶ 0 告终。

那周晚些时候，我去见了他。

“安德烈，我想知道我的位置在哪儿，还有你为什么只让我上场踢 10 分钟。”

他回答说，当他第一次在季前备战阶段见到我时，离开后他心想：“哇，迪迪埃还是那个迪迪埃，根本不存在竞争，他依旧是最棒的。”然而随着季前备战不断进行，他发现其实南多在所有方面都更为出色。

“不，我不这么认为，”我回答道，“平心而论，季前备战阶段表现最好的是尼可（阿内尔卡）。既不是南多，也不是我。所以，如果尼可踢首发，我就觉得没有问题。”随后，我让他跟我坦白，告诉我我的位置在哪儿。他不愿给我一个明确的答复。好吧，我想这也算回答我了。

安德烈决定让队员们轮换着上场。我会踢一场比赛，然后南多踢下一场，接着是尼可，诸如此类。对于像我这种需要一定节奏，也需要频繁且规律地踢比赛的球员来说，这样并不好。我觉得其他前锋也是如此。另一方面，如果你进了球，但你知道自己不会踢另一场或另两场比赛，那么你就很难保持你的高强度和前进势头。

此外，我们的季前备战并不是最艰苦的，这就意味着，与路易斯·菲利佩·斯科拉里时期一样，由于赛季开局时我们精力充沛，所以起初踢得非常好，既能进球又能获胜。在那个阶段，安德烈充满信心，还派出包括丹尼尔·斯图里奇在内的年轻球员上场。可是到了第二个月和第三个月，我们便开始出现下滑，接连输掉了对阵曼联、阿森纳和利物浦的重要比赛（后两场是主场）。等到10月和11月的时候，我们甚至在4场英超联赛中遭遇了3场失利，然后又是三连败，包括欧冠不敌勒沃库森，而且联赛主场负于利物浦仅一周后，我们又在联赛杯四分之一决赛中输给了他们。12月，我们连续经历了3场1：1的平局，对手分别是维冈、托特纳姆和富勒姆。

由于队内的老队员不清楚各自的位置，在战术和保持球队振作方面，我们也不知道该对年轻队员们说些什么。我们和主教练没有太多交流，不清楚他想要从我们这支队伍身上得到什么，我们也没有办法对他们说“你们为什么这样做”或“试着那样去做”。

主场输给利物浦的那场比赛，则完全体现了球队当时的战术打法。安德烈一直非常热衷于从后防线发起进攻，从门将开始，把球传给中卫，然后按照此种方式向前传递。我不喜欢这样，因为这在英超联赛中是很难做到的。英超球队在比赛中通常压得很靠上。我认为利用长传球抢第二点，再从那里展开进攻，这样会更好，否则我们就有丢球的危险。我说出了我的想法，但安德烈坚信我们应该按他的方法做。迎战利物浦的前一晚，在全队会议上，他说他不同意我的看法，还说我们应按照他的方法比赛。好吧，那没问题。这次我进入了首发11人，而南多则坐在替补席上。

比赛最终战成了 1 ∶ 1，我在第 84 分钟时被换下。第 87 分钟，我们试图从后防线发起进攻，结果却丢掉了球权，利物浦队的格伦 • 约翰逊拿到球，并过掉了几名防守队员，然后将球打进！我感到无比受挫。

第二天，主教练把老队员们召集到一起——我、约翰•特里、彼得•切赫和弗兰克 • 兰帕德。他想知道到底发生了什么，为什么我们没法赢得比赛，为什么这个，为什么那个。他似乎是在寻求我们的建议，想要得到我们的帮助。一如既往，我直言不讳，至少是试图从一名前锋的角度解释有关情况——他需要停止轮换着让我们上场；如果他能给我几场比赛（假设是 3 场）来展示我的能力，情况将会好转。“如果在那之后，你仍对我不满意，那好吧，再见。选择其他人吧。”我说的话他似乎听进去了。我还建议他先搁置他的足球理念，至少直到我们赢下几场比赛并重拾信心为止。再一次，他似乎采纳了我的意见。

第二天，他召开了一次全队会议。我们都渴望听听主教练会说些什么。

“我们必须坚持我们的理念，继续使用现在的打法。我相信我们将凭借这种方式赢得欧冠冠军。”他告诉我们。他说得再清楚不过了。仿佛他与彼得 • 切赫、弗兰克 • 兰帕德、约翰 • 特里和我之间的谈话从未发生过一样。就他而言，一切照旧。他想要继续按照他的方式行事。

然后，安德烈挨个问球员们是否相信我们能赢得欧冠。他们都回答是。轮到我时，我说：“抱歉，教练，我觉得我们赢不了。”考虑到过去我们的交情有多深，我觉得我足够了解安德烈这个人，也认为他会理解我，知道我很坦率，敢于说出自己的心里话。因为跟他在一起真的很舒服，所以我才能这么做。但他显然非常失望。

“啊，迪迪埃，你必须相信我。”他回应道，然后向我解释了所有原因。

“抱歉，安德烈，但我还是不信。”

此次交流后，球队的气氛并没有变糟，但我和他可能都感到有些失望。接下来几天，有几名球员每次见到我就开始调侃我，让人不由觉得好笑。“相信吧，迪迪埃，相信吧！”他们会边笑边说。

随后，在12月初，尼古拉·阿内尔卡和我们的巴西中卫阿莱士要求转会，于是主教练便禁止他们跟随一线队训练。这完全对我们不利。在我效力俱乐部的8年时间里，我还从没见过这样的情况。然而主教练的看法是，他是要长期待在这里的，而那些球员就要离开了。而且，老板对他的做法也没意见。那些愿意和他共事的人能留下来；那些想要离开的人则只能和预备队一起训练。

这意味着我们只剩下两名资格较老的前锋，即费尔南多·托雷斯和我。然而，由于我明显不属于主教练未来计划的一部分，所以其他俱乐部便开始纷纷打听我。不久后的一天，我训练完回来，看了看手机，发现漏接了经纪人的一个电话。我马上打了回去，得知某家中国俱乐部给我提供了一份报价，跟向尼古拉·阿内尔卡提出报价的是同一家。于是，我去找主教练谈了谈。

“你还记得关于那些过得不开心的球员，你说过什么吗？”

“记得。”他回答道。

“好吧，我收到了一份报价。”

他意识到，如果他不谨慎行事，几天之内，他就将只剩下一名经验丰富的前锋。他要求我什么也别说，也不要做任何决定。我尊重他的请求，决定把所有报价都搁置一旁。

1月初，我不得不前往非洲参加非洲国家杯。过去，这项赛事常常干扰我的赛季。但这一次，我从未如此高兴地去那里。

科特迪瓦又一次在决赛中失利，这次是点球大战不敌赞比亚，等到2月底我回来时，我发现主教练和球员之间的交流正处于崩溃边缘。

他已经同一些球员闹翻了，其他人也失去了动力。在欧冠联赛中——16 强战首回合做客那不勒斯——诸如弗兰克·兰帕德、阿什利·科尔和迈克尔·埃辛等老球员全被摁在了替补席上，我们最终以 1 ∶ 3 败北，罗曼·阿布拉莫维奇也首次质疑了出场人选。

球队在英超联赛同样表现不佳。我们不再是联赛冠军的有力竞争者，2 月中旬就已跌出了前四。3 月 4 日，客战西布罗姆维奇的失利标志着安德烈已然走到了执教尽头。此时我们落后排名第四的阿森纳 4 分，在我为切尔西效力的这么多年里，我们还从未经历过如此局面。第二天，安德烈被解雇了，对此没人感到意外。

他很想取得成功，而且作为主教练，他显然拥有许多才能。我非常喜欢他这个人，可是在我看来，安德烈错就错在把事情想得太简单了，他认为我们只要按照他的方法来做就能获胜。也许他在波尔图是这样做的。然而足球并非如此。你无法凭借一己之力获得成功，那是不可能的。这项运动由许多个体组成，其中许多人都富有经验，所以你必须与所有人共同协作。你必须能够倾听他们，同他们交流。否则，如果你执教的是切尔西这种球队，你就将朝着深渊走去。

安德烈的助理教练罗伯特·迪马特奥随即被任命为临时主帅，球队也立马恢复了状态，在英超、足总杯和欧冠联赛中取得了一连串胜利。欧冠联赛的结果尤为重要，因为我们在加时赛中以 4 ∶ 1 获胜，成功扭转了客战那不勒斯时 1 ∶ 3 失利的局面，我攻入了打破僵局的进球，为我们的胜利做好了铺垫。

在足总杯中，我们取得了一些令人满意的大比分胜利，包括四分之一决赛 5 ∶ 2 击败莱斯特城，以及半决赛在温布利球场以 5 ∶ 1 大胜托特纳姆热刺。头一场比赛，费尔南多·托雷斯攻入两球，这是自他加盟俱乐部以来首次收获进球，这让所有人都松了一口气，尤其是他，这也意味着我们都在重新找回信心和团队精神。

罗伯特·迪马特奥刚开始当主教练时还有点犹豫不决。他不常和我们交流，但我们召开了一次全体会议，约翰·特里再次激励我们，他说我们得为自己在场上的行为负责，这点很重要，他还说我们必须团结一致，作为一个整体、一支队伍，再次变得强大起来。

我也在会上发了言。“我本来可以在 1 月份离开，”我说，“但我仍在这里。为什么？因为我相信我们有机会问鼎欧冠。也许我是错的，我们赢不了，但我会拼尽全力去赢得它。我已在这里效力了 8 年，当他们让我打替补时，我也并没有抱怨。如果我看到有队员抱怨自己无法上场比赛或某些事情不如他所愿，那么我和他之间就会出现嫌隙。如果你因没有上场而不高兴，你可以去找主教练理论。但是在我们球员之间，我们想看到大家都很快乐，我们希望享受足球。让我们努力争夺欧冠冠军吧。”

我们就是这样开始重建球队的。相比于其他方面，心理上的重建显得更为重要。作为老球员中的核心成员，约翰、弗兰克、阿什利、彼得和我开始恢复领导地位，并重新营造团队士气。不久，罗伯特明白了正在发生的事，于是他开始找我们谈话，并与球队沟通。

比如，他会打电话给我说：“迪迪埃，你不能每一场比赛都踢。我打算把这场比赛给南多。”或者：“这场比赛你可以休息一下，但下一场很关键。你要做好迎战的准备。”随后，我便能让自己做好准备。我过去常跟罗伯特说：“我只是希望你能事先告诉我。如果我没上场，没关系，但我不希望过来参加会议时看到出场名单，才发现上面没有我的名字。那样我会很沮丧。我不是 17 岁少年，不会因为没有被选上就愁眉苦脸。我不会那样。所以不用担心。你只需告诉我，‘你没进名单’。你甚至不必去解释，只要说明我没上即可，也许是因为你想尝试一些不同的东西。但那是你的决定，仅此而已。”

交流——这是我对主教练的唯一要求。它是如此简单，但令人惊讶的是，人们却常常做不到。然而，罗伯特·迪马特奥是个聪明的人，他接受了我和其他老队员的建议，赛场上的结果说明了一切。

4 月中旬，我们在足总杯半决赛中 5 ∶ 1 大胜托特纳姆热刺，这就是个很清楚的例子。那场比赛，在上半场结束前，我打进了我在切尔西生涯中的最佳进球之一，同时也为球队首开纪录。弗兰克·兰帕德从本方半场深处送出一脚长传。我控制住球，转身摆脱威廉·加拉斯的拦截，领先了他关键的半米距离，然后左脚大力抽射，将球送入球网顶部。卡尔洛·库迪奇尼纵身扑救，但徒劳无功。对我和球队来说，那是一个十分重要的进球。它为我们打破了僵局，让我们能自由地去进更多球。

几周后，我们在决赛上与利物浦展开较量，开场仅 11 分钟，拉米雷斯便率先为我们破门。我实在太想进球了，我无法放松下来，踢得也不是很好。中场休息时，我告诉自己不要有太多压力，要尝试忘记进球，只专注于帮助球队取胜。随后，下半场进行到第 7 分钟时，弗兰克·兰帕德为我送出了最完美的传球，我用左脚将它射入死角，最终结果证明那是一个制胜球，我们以 2 ∶ 1 赢得了胜利。我又一次贡献了至关重要的进球。

这是我在温布利为切尔西打进的第八球，我也因此成为历史上首位在 4 场不同的足总杯决赛中进球的球员——我对这个纪录感到十分自豪。但是，如果没有弗兰克，这一切都不可能。他参与了太多我在效力切尔西期间所攻入的那些重要进球。无论别人会怎么想，那种成功都不是偶然的。我俩经常在训练结束后多待 5 分钟、10 分钟或者甚至是 20 分钟，在球门前练习，通过增进彼此的默契，达到双方凭直觉就能知道另一个人会去哪里或者下一步会做什么的程度，来设法把球踢进球网。弗兰克和我反复练习，我们不断鞭策彼此，激励对方成为越来越优秀的球员。他和我一样，是在职业生涯中付出了极大的努力才达到现有的水平，所以我们拥有相似的心态，天生就能互相理解。我们的成功来之不易，而且我们也都知道，光凭天赋永远是不够的；勤奋努力能够打败天赋。我之所以如此尊重弗兰克，并且觉得很荣幸能与他在切尔西有一段如此不可思议的合作关系，这当中有非常多的原因，而其中之一就是那份职业道德。

当我在温布利攻入我们的第二球时，我几乎无法弄清发生了什么，我是那么开心。通常，进球庆祝都是出于本能，当时我首先想到的是感谢上帝能让我进球，可我也很想知道，为什么我总能在决赛中收获这些关键进球？显然，我永远无法得到答案，但这并不重要。我们都感到难以置信。鉴于年初我们所处的位置，在经历这样一个赛季后，我们还能赢得一座奖杯，这对我们来说几乎是不可思议的。两周后，我们即将迎来职业生涯里最重要的比赛，我们重新点燃了赢得冠军奖杯的热情，也知道我们能够再次获胜，没有什么比这更好的备战方式了。

第十四章 慕尼黑一夜

该从何处开始描述我足球生涯中最令人难以置信的夜晚呢？也许我得将时钟拨回到四分之一决赛我们战胜本菲卡的那一刻。首回合我们客场1∶0获胜。次回合在斯坦福桥进行，终场哨响时，我们以2∶1战胜对手，并以总比分3∶1晋级。那场比赛，我大多数时间都坐在替补席上，因此，比赛结束后我本该感到很失望。然而，我的喜悦之情还是盖过了一切，因为我们又一次杀进了半决赛——9年来的第6次。我从不把任何事看作是理所当然的，包括本场比赛的结果，所以我非常高兴。尽管我看得出来每个人都对晋级感到开心，但回到更衣室后，大家却并没有肆意庆祝。于是我开始尖叫，并且又蹦又跳。

“我们进入半决赛了！”我大喊道，但其他人只是盯着我看，他们肯定在想：“迪迪埃这次真是疯了！他怎么了？”

“你们上一次参加欧冠半决赛是什么时候？”我询问了很多年轻球员。

“呃。”

“是的，你们不记得，因为你们从未参加过。所以好好享受吧！高兴点！”

甚至迪马特奥也说：“是呀，剔除球员有时是件很困难的事。”于是我转向他，重复了那个问题。

“我的朋友，你上次参加欧冠半决赛是什么时候？”

“呃，我从没参加过。”

“对啊，所以放轻松，伙计，好好享受它！享受这一刻！”

必要时，我是个严肃的人；必要时，我会努力工作；但是如果可以，我也喜欢玩得开心，并享受当下——此刻便是这样。然而，每个人都表现得好像打进半决赛是稀松平常的。但它并不平常。无论如何，它对我来说都是件非常了不起的事。此外，我们即将对阵巴萨，在2009年的欧冠半决赛上，我们曾富有争议地输给了他们，而这正是我们复仇的好机会。

从2月到5月，赛季后半程永远是最重要的——因为这是你赢得奖杯的时候。这一次，我倾尽了全力来确保胜利属于我们。我确保了自己在身体上完全准备妥当，但我也跟队友们交谈了一下，以确保他们能意识到这段时期对我们来说有多么重要。

记得有一天，我对胡安·马塔说："求你了，我需要你帮助我赢得欧冠。"他那惊讶的表情意味深长！"是的，因为那个人是你；你要帮我，胡安。我来这儿已经八年了，但我尚未拿过欧冠冠军，也许你才是那个最终能帮到我的人。"他继续满脸诧异地盯着我，不知怎么回答。"如果我们拿了欧冠冠军，我的朋友，我会好好回报你的！"我突然大笑起来，虽然他明显有些困惑，但他也笑了。我这么说并不是因为他需要在比赛中受到激励，但我觉得他意识到了，尽管我在笑，可有一点我是非常认真的，那就是我极度渴望夺得这座我和俱乐部长久以来都无法染指的奖杯。

半决赛首回合在斯坦福桥进行。巴萨拥有全世界最优秀的球员之一——里奥内尔·梅西，再加上其他一些相当优秀的球员，包括阿莱克西斯·桑切斯、哈维和法布雷加斯（仅举几例）。比赛前夜，我们照例召开了全队会议，研究他们的打法，他们如何组织进攻以及如何传递100次而不失球。我们很清楚比赛将会多么困难。最后，迪马特奥像往常一样，列出了一份对方阵中最佳射手的名单。通常情况下，该名单会显示如"鲁尼22球"或"范佩西15球"之类的数据。当他列出巴萨的名单时，果不其然，哈维以 14 球位居第三，阿莱克西斯・桑切斯和法布雷加斯以 15 球并列第二，不过，当进球最多的人出现在屏幕上时，我们全都笑了——里奥内尔・梅西，63 球，单单欧冠就进了 14 个！但那个赛季共进 63 球？这是个多么荒谬的数字啊，我们难以置信地看着彼此，不由得笑了起来——我们还能做什么呢？我甚至给那个数字拍了张照片，因为它实在太令人吃惊了。

比赛一开始，就连平时经常触球的胡安・马塔都无法接近皮球，我也好不到哪里去。每当我拿到球抬头观察时，我总发现他们的球门似乎离我十分遥远，因为他们给了我们太多压力，不断对我们展开逼抢。对付他们的唯一方式就是打反击，我们一拿到球权，便利用拉米雷斯的速度和兰帕德的支援去突破。无论如何，那只是理论。那场比赛，他们的控球率超过 70%，并且有大把好机会，他们两次踢中门框，法布雷加斯还有一脚射门被阿什利・科尔从门线处解围了。另一方面，我们则仅仅创造出一次机会。不出所料，正如我们计划的那样，它出现在了一次反击当中。上半场行将结束前，梅西被兰帕德抢断，后者向左侧的拉米雷斯送出完美传球；拉米雷斯用头将球卸下，带球狂奔，过掉对方后卫，然后往回横传给禁区内的我，我则顺势起左脚大力射门，将球送进了网窝。整个过程发生得太快，以至于巴萨被抓住了漏洞。像往常一样，我朝角旗跑去，然后跪下向球迷敬礼。老实说，我太累了，无法满场飞奔庆祝。不久后，当比赛进入中场休息时，每个人都因不得不全力奔跑和防守而气喘吁吁。尽管我是一名前锋，可在那场比赛中，由于他们给我们施加了太多压力，我踢得就像是个中场球员。

在更衣室里，胡安・马塔反复发着牢骚，向我抱怨说自己没怎么碰到球。但在我看来，那是我们最不用担心的事。

“我的朋友，”我走近他，慢慢地回答道，“今天，不要担心你碰不到球。只管跑吧！然后，如果你累了，你就告诉他们，他们会把你换下。那不是问题。我也几乎没碰到球，但我不会抱怨。重要的是结果。明白吗？”

我们适应了比赛。虽然我们不是更出色的一方，但我们以 1∶0 获胜了。任务完成。

我们的下一个任务是前往诺坎普球场对阵一支极其优秀的巴塞罗那队。我们采用了与之前相同的策略，不料却在开场 35 分钟后丢掉了一球，于是双方在总比分上又回到了平局。几分钟后，我们遭受了巨大的挫折——约翰·特里在无球状况下用膝盖撞击了阿莱克西斯·桑切斯，结果被红牌罚下。

当梅西送出完美助攻，帮助伊涅斯塔破门得分，让巴萨取得 2∶0 领先时，其他球队可能很容易就会放弃比赛，但我们心里从未这么想过。过去 8 年，每次客战巴塞罗那，我们几乎总有进球入账。也许这就是为什么我有信心那晚我们肯定能进球。

中场哨声吹响前，兰帕德把球传给不知从哪儿冒出来的拉米雷斯，后者将球吊过巴萨门将维克托·巴尔德斯的头顶，为我们打入一球。那是个至关重要的进球，因为它意味着到中场休息时，我们在进球数上同对方是持平的，而且还手握客场进球优势。从心理上说，它对我们显然十分重要。我们在更衣室里想的是：“好吧，我们只剩 10 人了；我们还有 45 分钟去抵抗。”此时，球员们纷纷站出来承担责任。主教练要求布拉尼斯拉夫·伊万诺维奇打中后卫，可何塞·博辛瓦却说：“不，不，我来踢中卫吧。”然后继续说明他认为其他人可以踢什么位置。我们全都真正参与了决策，讨论了下半场我们需要做些什么。“我不管了，”我记得我说，“如果有必要的话，我可以踢左后卫。我们不需要前锋。无论付出什么代价，我都要踢前锋和左后卫。”我们完全重组了自己，然后在下半场奋力抵抗和防守，仿佛我们的生命有赖于此。

不幸的是，由于太渴望胜利，我送给了法布雷加斯一个点球。里奥内尔·梅西站上罚球点主罚。他们会不会就这样锁定胜局，然后便能预订机票，去慕尼黑参加决赛了呢？或许那晚上帝正在天上看着我们，又或许梅西因为从未攻破过切尔西大门而受到了影响。无论如何，他迅速起脚射门，球击中了横梁。我当时就有一种感觉，有时这种事确实会发生。

我们继续努力，希望再次进球，但我们的注意力主要还是集中在防止他们进球上。等到第80分钟时，我再也跑不动了，随后被费尔南多·托雷斯替下。时间朝着终场一分一秒地走去。在伤停补时阶段，南多重现了2009年巴萨在斯坦福桥对我们做过的事。他进球了，而且此球后来被认为是切尔西历史上最非凡的进球之一。比赛形势突然出现了转折，他接到来自我方半场深处的一记长传，狂奔了半个球场，身边没有一个人，然后冷静地盘过巴尔德斯，将球送入空门。那完全是一个疯狂的进球。我们欣喜若狂，球迷们也疯了，队友们全都跳到南多身上去庆祝他的进球。通常情况下，你绝不会像这样晋级，无论是在缺少一人近一个小时后（而且此人还是你们护身符般的队长），还是当你们对阵大概是有史以来最出色的巴塞罗那队时。

尽管比赛又一次被我们的对手主宰，但我们却出人意料地重新杀回了欧冠决赛——次回合他们依旧握有超过70%的控球率。然而，有些比赛结果就是无法解释和不可思议，这场比赛无疑便是如此。我们的庆祝活动持续到了晚上！

我之前谈到过，在和巴塞罗那踢完两周后，我们击败利物浦赢得了足总杯冠军。接着，我们又花了两周时间备战同拜仁慕尼黑的决赛——在慕尼黑举行。通常，在如此重大的比赛中迎战坐镇主场的球队于我们是不利的，很明显，比赛对我们来说将会十分困难，可奇怪的是，我并没有因此而担心。我曾跟他们交过两次手，其中一次是在他们的老球场，而且两次我都有进球。所以，尽管他们无疑是一支强队，但在决赛开打前，我的感觉还是不错的。

与四年前提前两天就抵达莫斯科不同——我觉得那太早了，因为等到我们真正开始比赛时，两天时间感觉就像是一周——这一次，我们是在比赛前一天上午才飞过去的。那一天，你能感受到队内的紧张氛围，因为队员们表现得跟平常不大一样。大家不怎么聊天；我们比平时更加沉默寡言，也更专注于即将来临的事情。

比赛前夜，主教练在球队会议上播放了一段视频。我们本以为他会像往常一样播放对手的录像，并用它来讲解相关情况，让我们做好准备。但我们看到的却并不是这个。事实上，那完全是个惊喜。视频中，每个人的妻子、女友和孩子都为我们送上了支持的话语，告诉我们他们有多爱我们，以及他们是如何看待我们的，等等。这显然是两三周前在我们不知道的情况下被录制好的，对所有人而言，以这样的方式在屏幕上看到他们，真的令人觉得充满力量，也很感动。有些球员相当动情；其他人则开着玩笑，以此来掩饰他们的情绪。然而，大家都被罗比（即罗伯特）的这个聪明主意感动了，这对我们来说非常特别。

在决赛中，我们决定使用与对阵巴萨时类似的战术。我们知道他们将掌握大量的控球权，而且会压得很靠上，使我们难以在他们的半场控球。所以我们明白，我们必须在防守端表现得非常强硬，只要一有机会，我们就得发起进攻。但我们也告诉自己，我们知道如何对抗最优秀的队伍，即便是在只剩十人的情况下，我们并不害怕。我们很有信心至少能打进一球，因为过去同他们交手时，我们也曾做到过。因此，赛前我们的心态是十分积极的。

由于拜仁球迷占了绝大多数，四分之三的球场都被红色覆盖了。我们就像是来到了客场，只不过这是迄今为止我们职业生涯里最重要的一场比赛。除了曾跟随波尔图问鼎欧冠的保罗·费雷拉和何塞·博辛瓦以外，我们阵中无人夺得过这座奖杯，但我们当中有 8 个人经历了

2008 年输给曼联的那场决赛，所以本场比赛无疑至关重要。

此役约翰·特里遭遇停赛，弗兰克·兰帕德戴上了队长袖标。从一开始，我们便发现自己不断面临防守压力。每当我们试图发起进攻，他们就会展开凶狠逼抢。我们一直在尝试，可就是无法突破他们。到了下半场，比分依旧为 0 ∶ 0，我们很清楚，从数据上看，在这类比赛中，先进球的一方往往能获胜。

我们试图在球场更靠前的位置夺得球权，摆脱上半场老是被压制在后场的局面，但是那很困难，不仅因为我们缺少约翰·特里，还因为大卫·路易斯和加里·卡希尔都没有完全康复。当时，踢左边锋的瑞恩·伯特兰德还很年轻，相对来说缺乏经验，所以很有可能被这样的情形给吓住。前一天，当他看到他的名字出现在首发阵容时，他足足在那里坐了 10 分钟，眼睛直直地盯着前方，直到我拍了拍他的肩膀，几乎把他从恍惚中唤醒过来，我鼓励他说：“加油，瑞恩，你得吃点东西来保持强壮，因为你明天的跑动会很多！”

随后，他们在第 83 分钟取得了进球。托尼·克罗斯送出传球，无人盯防的托马斯·穆勒头槌破门。虽不是最精彩的头球，却进得很轻松。对我来说，一切到此为止。比赛结束了。如果这时候进球的是切尔西，那么另一支队伍就完了，所以我非常担心反过来也是如此。我们的梦想将再次破灭。

当我把球放到中心点，准备重新开球时，我嘴里说着：“不，不，不！”然而，24 岁的胡安·马塔却鼓励了我。

“不，迪迪埃，”他说，“你得有信心，你得有信心！”

萨洛蒙·卡卢被换下，费尔南多·托雷斯替补上阵。终场前 3 分钟，南多为我们赢得一个角球，由胡安·马塔主罚。禁区里有很多球员。我听到大卫·路易斯对巴斯蒂安·施魏因施泰格说：“看好了，我们马上就会进球。”

球高高地飞向我们，我横跨禁区跑动，像幽灵般出现在近门柱附近，摆脱了盯防我的人，然后按照我叔叔多年前教我做的，准确把握奔跑和起跳的时机。皮球嗖的一声离开我的头部，穿过曼努埃尔·诺伊尔舞动的双手，径直钻入了球网。

几个月前，我曾请求胡安帮助我问鼎欧冠。现在，他确实拯救了我们，他用他罚出的绝妙角球让我们重获了机会。当我跑向边线，双膝跪地庆祝时，我完全恍惚了。我一直在跟上帝说话，乞求他："如果你真的存在，请指引我，请指引我！"当我进球时，我只能反复感谢他，并举起两根食指指向苍穹，就像是在说，为什么，为什么？他竟然指引了我？"我向上帝发出了请求——然后得到了回应。那种感觉真是不可思议、出人意料，而且难以言表。

对我们所有人来说，加时赛是极其艰难的。我们全都筋疲力尽。我跑不动了，而且还开始抽筋。我尽力去防守，但却不再能完全控制我的身体。在禁区内的一次防守中，我试图从身后断下弗兰克·里贝里的球，结果却碰到了他的脚后跟。那可真笨啊——点球。我简直不敢相信。"天啊！你做了什么！为什么这种事总发生在我身上，为什么？我在巴塞罗那做过，如今在这里又这么做了。"我告诉自己，如果他们进了球并因此获胜，我是绝对没有办法回到伦敦的。

然后，我们看到了罚点球的人——阿尔杰·罗本。他曾在切尔西效力过，是我和兰帕德的好友，也是一名全能的优秀球员。所以我们走向他，开始对他施加心理压力："阿尔杰，你是切尔西球员，你不能这样做！别这样做！不管怎样，我们知道你会踢向哪里。"诸如此类的话。他无疑受到了我们的影响，因为他的射门绵软无力——绝对比正常情况下更无力——彼得成功将球扑出。一如既往，彼得做了大量准备工作，他还与守门员教练配合，根据对方球员的跑动或迈出第一步的方式以及肢体语言，试图掌握他们可能的罚球方向。在那个疯狂之夜，他的努力收到了回报，但这并不是最后一次。

可怕的点球大战终于来临了。虽然我们事先或多或少知道罚球队员会是哪些人，但大家总会在场边进行一些讨论，确定一下在做出人员替换后，谁将留下来主罚，以及那天谁感觉比较好。我们都聚到罗比身边，帮助他拟定名单。我总是把自己放到第一位或最后一位。

“弗兰克先罚吧。”我说。但胡安·马塔却想当第一个。“不，不，让弗兰克第一个罚，然后你可以是第二个或第三个，这取决于你，不过……”

“不，不，我想第一个罚。”他坚持要求。

“好吧，那你先罚。”

弗兰克·兰帕德第三个主罚。“把你最优秀的球员放在第一、第三和第五位。”我说，“如果第二个人罚失了，你还有一名出色的罚球者来罚第三球；如果第四个人罚失了，你也有不错的人来罚至关重要的第五球。”结果证明，这是个很棒的策略。罚球顺序最终敲定，我们在场上一字排开，准备开始点球决战。尽管我们的球迷在尽全力用呐喊助威来鼓励我们，但整座球场似乎是一片红色的海洋。约翰·特里来到场边，同所有教练员和替补队员站在一起。人们说，旁观者的感受总是更糟，由于半决赛中的某个疯狂时刻，他不能参与进这场点球大战，我无法想象这对他来说是多么不容易。

拜仁率先罚球，他们的队长菲利普·拉姆朝彼得·切赫的左侧大力低射，将球罚进。接下来是胡安·马塔。他踢得不错，但角度太正，结果被曼努埃尔·诺伊尔扑了出来。“哦不，不要又是这样！”我心里想。接下来轮到对方中锋马里奥·戈麦斯，他没有犯错，直接将球从彼得的左侧罚进。大卫·路易斯则从禁区外长距离助跑，稳稳地把球送进球门右上角。接着，他们的门将走上了罚球点。虽然这很不寻常，但门将罚点球并非前所未闻。或许它是某种心理战术，想向彼得表明他既能用手也能用脚打败他。他的射门不是最棒的，彼得猜对了方向，扑向了右侧，可球还是擦过他进了网。我们的第三名罚球手是弗兰克·兰帕德，他来了一脚简单直接的爆射，将球从诺伊尔的右侧送入球网——拜仁慕尼黑3：2领先。

到目前为止，拜仁罚得都很好，这点毫无疑问。但我们并没有放弃。我们不断相互鼓励着："选一边，然后大力射门。""不要踢出绵软无力的半高球。""如果你罚失了，没有关系，但至少要试试。"我们的团结互助精神达到了空前的状态，注意力也异常集中。

随着点球大战的进行，包括我在内的一些人开始跪地祈祷，仰望天空以寻求指引和灵感。那是个超现实的时刻，当时我们的脑海中没有任何杂念，而那个时刻也将伴随着我，直到我死去的那天。

现在，轮到对方第四个罚球手伊维卡·奥利奇了。加时赛中，他替下了弗兰克·里贝里，但并未起到太大作用。我怀疑他不是很自信，因为他罚出的球并不像本来该有的那样势大力沉。彼得跳向左边，扑出了球，使得双方回到平局。游戏开始了！

接下来是阿什利·科尔。他是我们最优秀的罚球手之一。果然，他看上去几乎很放松，冷静地将球轻松从门将的右侧送入了球网——3：3。拜仁此时压力巨大，尤其是他们的第五个罚球手巴斯蒂安·施魏因施泰格。那时我唯一能想到的就是："如果他罚失，结果就将取决于我了！如果这个家伙罚失，一切就都将取决于我了！"

他把球放好，往后退了几步，然后又朝球走了几步，短暂停顿后（他有没有在罚球方向上改变主意呢？），一脚射门……球击中了彼得的左侧立柱。他射失了！刹那间，每个人都开始发疯似的跳了起来——除了我。我知道现在我们就要获胜了，但我必须保持平静。"冷静，冷静，"我告诉自己，"安静，安静。"我听到有人说："加油，迪迪埃，加油啊。"当我走过去放置皮球时，我瞥了一眼球门。突然，它看起来巨大无比。我能看见诺伊尔或跳来跳去，或抓住横梁，做着所有惯用伎俩来使我分心——并非以恶劣的方式，只是试图扰乱我的头脑，向我表明谁才是老大。我把球放下，提了提球袜，低头盯着球。我并不紧张，恰恰相反。这听起来可能令人惊讶，但我真的信心十足，对自己很有把握。“哇，这真是了不起。”我记得当时我是这么想的，那几乎像是一次灵魂出窍的经历。

由于诺伊尔总会出击，所以我决定把我惯常的长距离助跑变为短距离助跑。那样的话，他就没有时间观察我的助跑了。有那么一瞬间，我甚至考虑做出非常疯狂的举动，比如来一个勺子点球，即假装要大力射门，但又随即放慢速度，将球从门将上方吊进去。这样做相当冒险——梅西曾在2015年进过这种球。可是我想，鉴于此刻是如此重要，也许我应该做些令人难忘的事情。我很快就恢复了理智——这大概也是幸运的！反之，我对自己说了一些从年少时我就一直告诉自己的事：“你喜欢身处这个位置。如果你进球了，我们就能赢。如果你射失了，我们就会输。但你喜欢承担这份责任。”这是真的，我喜欢它，尽管有时我会射失，但通常我都能罚进。比起球员进球，门将扑救起来要更加困难，所以我无疑更有胜算。此外，我只是觉得一切皆有定数。如果它是你的，它就是你的，任何人都无能为力。换作另一天，我或许会备感压力。可在这一天，我却感到异常冷静。内心十分平静。

我双眼朝下，避免抬头看球门，然后瞥了一眼迅速吹哨的裁判。我走了两大步，假装真的要射门，然后非常短暂地停顿了一下。就在毫秒之间，我看见对方门将开始向左移动，于是便把球踢向他的右侧。事实上，我甚至没有射门——只是把球放进去了。结果，我攻入了制胜点球。

“噢，我的上帝！噢，我的上帝！噢，我的上帝！”十遍，二十遍，在我进球后的那几秒钟里，这是唯一回荡在我脑海中的话。我本能地径直跑向彼得·切赫。他才是真正为我们赢下奖杯的人，是他扑出了那些点球，特别是最后一个，所以我首先想要向他致意。我刚走上前去拥抱他，我俩就立即被全队压在了身下——毫不夸张。我不太清楚是谁，但我能感觉到一个接一个的身体落到我上面，击打着我，令我窒息。我刚成功抽身，便看见了比赛后段上场的弗洛伦特·马卢达。我给了他一个大大的拥抱，因为我俩共同度过了一段如此非凡又漫长的旅程，从效力甘冈的时候到现在，感觉就像是另一种人生。对我来说，能和他分享这个最终的胜利时刻是那么特别。

随后，我跑向球场另一边，去和所有不可思议的切尔西球迷分享我足球生涯里最棒的一天，一切都因为漫长的等待而更美好。他们太值得收获这座奖杯了，能在为他们赢得它的过程中起到作用，那种感觉真是不可思议。我终于能告诉自己："哦，上帝啊，这就是赢得欧冠的感觉！我一直很好奇，现在我知道了！"那种感觉既奇怪又不真实。

我不想离开球场。某个时刻，约翰·特里、弗兰克·帕兰德、彼得·切赫和我聚到了一起。我感谢了他们所做的一切，并告诉他们，我很荣幸能与他们一同效力。我们七嘴八舌地说个不停，我们实在太高兴了，所以不想结束这一切。然而，我们也意识到拜仁慕尼黑的球员们有多沮丧。有几个人流了泪。他们就那样待在球场上，内心既空虚又受伤，虽然在当时的情况下，能够对他们说的话并不多，但我们中的一些人还是试图去安慰他们。我觉得表示出我理解他们是很重要的——毕竟，四年前我也曾处于同样的境遇中。

老实说，颁奖典礼是在稀里糊涂中度过的，随后我们回到更衣室，传递着奖杯，欣赏着它，渐渐才意识到它真的属于我们。我们在那里待了很久，完全沉浸在获胜的感觉之中。我们喝着香槟，跳起了舞，唱起了歌，主教练还跟每个球员都说了话。老板没有说太多，但他显然十分高兴，而且很感激我们所有人。

其间，我身披科特迪瓦国旗，手捧那座巨大而迷人的奖杯，站起来直接开始发言。整个房间突然安静下来。我讲话的时候，老板、主教练、球员们都看着我。“为什么？为什么你躲了我们这么长时间？”我开始说道，然后谈到了2009年的巴塞罗那和2008年的莫斯科，以及为了最终赢得这座冠军奖杯，我们在本场比赛中所做的一切。有些见证了我讲话的人后来告诉我，它几乎就像是一次宗教体验。我觉得经历所有那些糟糕的时刻后，向大家表明赢得欧冠对我来说意义多么巨大是非常重要的。这就是我面对欧冠奖杯的方式。

我们直到午夜过后才离开更衣室，坐大巴回酒店的路上同样充满疯狂。我们唱着歌，发着疯。我不断回望身后那座美丽的球场——此时它全身泛着蓝色的灯光，惊讶于生活是多么非凡。

不用说，我的电话被打爆了。当我们抵达酒店时，我们见到了所有家人和朋友。我的妻子和孩子当然也在那里。我邀请了我所有的家人——公平地讲，等你数完每一个人，你会发现那是个庞大的家庭——以及我生命中的许多朋友和各种各样特殊的人，包括来自勒芒的马克•韦斯特洛佩和其他前任教练们。这一天同样属于他们。我希望他们能见到他们的孩子，这个他们多年来一直鼓励和支持的男孩。我想和这些人分享我的快乐。我妻子告诉我，她甚至不敢看我罚点球，因为她太紧张了，而当对方进球时，我儿子艾萨克则一直在哭。一切都是那么不可思议。从比赛最后10分钟，到加时赛，到点球决战——就像是一部电影。如同最精彩的电影，它也有一个圆满的结局！

最后，孩子们累了，去睡觉了，而大人们则继续留在酒店顶楼的露台上庆祝。某一时刻，我们把罗比扔进了游泳池——好吧，我们觉得这是他应得的！那晚我根本无法入睡。大家全都一样。那真是个欢乐的夜晚。我从酒店顶楼望去，俯瞰我们脚下的城市全景。我们将整座城市安顿入眠，然后狂欢到深夜，当次日人们开始起床，太阳即将从地平线上升起时，我们依旧在那里。那个晚上，我们真的感觉自己是这座城市的国王。我感觉妙极了，我想好好享受这个过得太快的时刻，并且永远将它镌刻在我长久的记忆里。

早上8点，我们回到大巴上，然后赶去坐飞机。我们刚起飞，大卫•路易斯就拿过空姐的话筒，然后开始领唱——我们根本没机会睡觉。球迷在希思罗机场迎接我们，数量远比我们想象的要多。

那一天，切尔西的街头游行甚至更疯狂，更激动人心。我们手捧足总杯和欧冠奖杯游行，成千上万的球迷沿道路排成队。每个人都在高歌，庆祝并享受这个时刻。然而对我来说，它是苦乐参半的，因为那是我的最后一次庆祝。我知道——其他人也都已猜到——我要离开了，所以此次游行异常热烈，令人情绪激动。其间，有个队友拿起麦克风，用那首知名足球圣歌的曲调唱道："我们希望你留下来，我们希望你留下来，迪迪埃•德罗巴，我们要你留下来。"我有些哽咽，但努力不去表现出来。

游行结束后，我们被带回了起点——某个学校的停车场。在该学校的体育馆内，我把全队聚集到了我的身边。

"我非常高兴能与你们一起夺冠，"我说，"你们给了我一份我所能得到的最好的礼物。我想告诉你们，我确定要离开了……而且……"我眼含泪水，无法把话说完。我十分难过，情绪也很激动，但我已经决定，在我们赢得欧冠后，我也该走了。我的告别是个异常艰难的时刻。我已经和所有球员建立起了密切的关系，尤其是其中几位——萨洛蒙•卡卢、何塞•博辛瓦、弗洛、弗兰克、彼得等。那份关系既特殊又深厚，所以离开他们让我备感痛苦。

当我回到家后，我的妻子也很伤心，孩子们也同样如此。随后，我接到了一个电话：快出来，快出来，让我们共度这个夜晚，一起庆祝吧。于是，我们一群人便带着各自的妻子和女友外出狂欢，这确实让我的心情变好了一些。

然而，正是那些告别概括了我人生的故事。自从我有记忆以来，每次我开始在某个地方感觉不错，我都会离开。我幼年时是这样，我效力于勒芒、甘冈和马赛时也是这样，现在轮到这里了。它从来都没有变得更容易。但世事本就如此，这是我必须接受的。

第十五章

在中国和土耳其的奇遇

(2012—2014)

当我们终于问鼎欧冠时，我已34岁，我的合同也即将到期，所以我觉得是时候去寻求新的冒险了。赛季期间，我与俱乐部一直试图在继续合作的最佳方式上达成一致，但正如许多顶级俱乐部的惯常做法，对于30岁以上的球员，切尔西只提供为期一年的合约。我想为接下来两年做好计划，因为我感觉我依然拥有顶级的足球水平。

我知道我绝不可能转会至另一家英格兰俱乐部。我欠切尔西太多了，我身上彻头彻尾流淌着蓝色的血液，我无法想象自己为英格兰的其他俱乐部效力。许多国外俱乐部都试图签下我，但直到慕尼黑的决赛结束后，我才做出了决定——如果我们输了，我会留在切尔西再试试看。

我也想尝试新的挑战。度过了安稳的八年后，我感觉再次探索未知是个不错的选择。在尼古拉·阿内尔卡转会至中国的上海申花后，我和他一直保持着联络，他似乎很享受这段经历。后来这家俱乐部联系了我，我们在赛季结束后不久就达成了协议。2012年6月19日，我宣布我和他们签订了一份两年半的合约，他们的赛季将于11月结束，我们的合同则从赛季中段的7月份开始生效。

2011年夏天，当切尔西前往中国香港和马来西亚踢季前巡回赛时，我们就被亚洲人对足球的狂热和激情震撼到了。球迷们无疑很喜欢切尔西和我，这也促使我下定了决心。上海提出的条件显然很不错，但我主要是想体验一下新的事物，探索世界上我未曾了解的部分，以及经历一场冒险之旅。

签约后不久，我们就出发了，当我的家人和我进入机场的入境大厅时，我们就被巨大的声浪和人山人海包围了。那完全超出了我的想象。通常，只有摇滚明星才会受到此种程度的欢迎。人们尖叫、哭泣、推搡，不得不依靠安保人员来维持秩序。机场外，情况也是一样：完全的歇斯底里和疯狂，球迷无处不在，他们高呼我的名字，挥舞着上海申花的队旗，试图朝我拍照，随后我们被护送进一辆等候着我们的汽车，驶向了我们要入住的酒店。

那是一次热烈的欢迎，也让我在这家俱乐部有了一个鼓舞人心的开始。最初几周，我住在一家漂亮的酒店里。后来，我搬进了一所环境优美的公寓，那里不仅能眺望长江，还能看到令人惊叹的美景。

老实讲，在去那儿之前，我对中国或上海知之甚少。例如，我不知道上海是世界上人口最多的城市之一，它拥有2400万居民，与整个科特迪瓦的人口相当，这是个相当引人深思的数据！

学校放假期间，我的家人都和我待在一起。但很快，正如我们所料，他们显然无法永远待在我身边。他们太习惯住在英格兰了。孩子们喜欢他们的学校，而且他们在那里有许多朋友，我妻子和我觉得维持那份稳定对他们来说很重要。回想起我自己那缺乏安定的童年，我不希望我的孩子也过上那种四处漂泊的生活。因此，我们决定把家留在英格兰，我会在11月赛季结束后回去，在那里待到次年2月新赛季开始。这样我便能陪伴他们将近3个月。9月份的国际比赛间歇期，我也会飞回家做短暂停留，而他们则会尽可能地在学校放假时过来陪我，比如复活节。

最终，这意味着我实际上能经常见到他们，但不可否认的是，有时候我很难用Skype（一款即时通讯软件）与我的孩子们保持联络。时差让这件事变得复杂起来。为了在英国晚间与他们通话，我不得不早上四五点就起床。幸运的是，我们的阿根廷主帅塞尔吉奥·巴蒂斯塔和他远在阿根廷的家人也有着同样的问题，而且鉴于队内有好几名外籍球员，他便把训练时间调到了下午晚些时候。这意味着我们能很早起来，与家人通话，然后如果有必要的话，还可以接着回去睡到午饭时间。

我的首场比赛——下半时替补出场——是客场对阵广州富力。我必须迅速适应的事情之一便是旅行，尤其是比赛场地之间相距甚远。广州就是个很好的例子。它的旧称是“Canton”，坐落于中国南部，严格来说，虽然上海离它并不像离我们要去的其他城市那么远，但依然相距1000英里（约1600公里）！开车需要花16个小时，显然我们会乘飞机，因为坐飞机“仅仅”需要两个半小时。这就像飞去马德里踢联赛一般。

让我同样感到震惊的是，我发现我们去过的大多数城市我都从未听说过，而它们全都拥有数百万人口。例如，广州就有1400万居民！长春是我们到过的最北的城市，距离我们1250英里（约2000公里），拥有750万人口，比伦敦的人口少不了多少，可我却从未听说过它。当我意识到我对这个国家是多么无知时，我感到相当羞愧，但弄清楚这些之后，我又觉得很兴奋。

由于外籍球员配有翻译，我们的交流并不成问题。无论我们需要去哪儿，他们都会如影随形，而且他们在俱乐部里也会随时随地帮助我们。有几个中国球员会说一点儿英语，我们的守门员就说得很不错，但大多数队员完全不会讲。我很喜欢他们的一点是，他们非常渴望学习，不仅仅是在语言方面，对于足球显然也是如此。比如，他们会睁大眼睛看着尼可和我，观察我们的一些动作，我们在练习中的所作所为，以及我们在团队里如何踢球。许多球员都很年轻，所以我来到这里后的目标之一便是帮助他们提高，让他们变得更加自信。他们怀着一腔热血，而且勤奋努力，我希望他们能为自己取得的成就感到自豪。

8月初对阵杭州（人口“仅”870万）绿城，我第一次首发出场。我将永远记住那场比赛，因为它让我对中国人的思维模式有了许多了解。我们队的某个中国后卫犯了错，导致对手首开纪录。由于他丢了球，对方利用反击率先破门。我看得出来他非常失落，他为自己的过失感到非常悲痛。五分钟后，我攻入了至关重要的扳平球。于是，我径直跑到他跟前，尽管我一句中文也不会讲，他也完全不会说英语，但我拍了拍他的后背说道："没关系，没关系。"以此让他明白一切都还不错，他可以放轻松。我后来又进了一球，我们也以 5 ∶ 1 获得了大胜。

第二天，虽然我们休息，可我还是来到了训练场，只为做些治疗和料理一些事情，你们猜我看到谁在场上独自训练？正是昨天那名因失误导致对方进球的后卫。我看见他在练习那个动作，试图使他的移动达到完美，以便永远不会再犯同样的错误。在翻译的陪同下，我走向了他。

"我的朋友，"我说，"你怎么了？"这名球员便长篇大论地进行了回答。

"他说他犯了错，"翻译解释道，"那是他的错，他对此感到羞愧，而你拯救了他。"我惊呆了。他几乎是在说我保全了他的荣誉。

"不，不，"我想让他放宽心，"这就是队友的作用。你犯了错，如果可以的话，我会纠正它。倘若我犯了错，我希望你也能为我做同样的事，这就是作为团队一部分的意义。"

那是个相当令人动情的时刻，它让我对中国人的思考方式有了更多的了解。而且我还明白，他们非常尊重他人，对足球运动充满热情。不管怎样，这次小小的交流令我大开眼界。

从我到达上海的那一刻起，我就遇到了许多人，并结识了一些可爱的朋友。我常被邀请去参加活动和聚餐，每个人都极其友善，也很欢迎我。我想充分体验那里的生活，了解那里的饮食和文化，所以我很乐意外出。人们非常慷慨，总会送我礼物。这很疯狂，有时候我觉得他们对我太好了。我能看出他们的文化中蕴含着多少尊重，而且由于我的肤色不同，个子也比大多数人高，我无疑显得很突出，这意味着无论我去哪里都会引人注目，也总能引来许多的大惊小怪。

我认识一个在上海生活多年的科特迪瓦人，他的普通话和上海话都讲得很棒。他时常帮助我了解当地的文化和习俗，早前他曾向我解释说，我获得了近乎神一般的地位。事实上，这令人有些尴尬，因为他告诉我，我被认为是某个古老的神的化身。这真是荒谬，但若不是觉得稍稍冒犯了神的话，那本来还挺好笑的。

我的科特迪瓦朋友告诉我，即使那些如今我视为朋友的人也用中文称我为“全能的神”！我的朋友告诉他们，在法语中那个词叫“Le tout-puissant”，于是他们便改用法语称呼。当我去见他们时，他们会带着中文口音向我打招呼：“啊，Le tout-puissant，你好吗？”由于这很友善，我常常一笑置之，不过我当然没有把它当真。

头几个月里，我在上海踢球的经历还是非常积极的。然后，到了赛季末的时候，由于俱乐部股东之间的经济纠纷，我们开始被拖欠薪水——包括外籍球员，以及那些比我更需要工资的中国球员。不过，那些钱最终还是会及时打来。

可有一次，我们的工资被拖欠了两个多星期，而且并没有要付给我们的迹象。第二天我们有一场比赛，我来到了训练场，告诉主教练我不打算参赛，不是为我自己，而是代表其他那些需要工资的人进行抗议。我想要确保我的队友们能领到工资。

当然，第二天我还是上场了，并非因为我在乎那些钱，而是为了确保我的队友们能得到应有的报酬。我不想让他们失望。至少那一次，他们拿到了被拖欠的工资。

赛季结束后，就在我们准备回家之前，尼古拉·阿内尔卡和其他球员提醒我说，看来在我们离开的这段时间，我们是不会领到工资的。我回了家，然后正如他们预计的那样，尽管我和经纪人给俱乐部发了许多信函和邮件，我们还是没有收到 11 月或 12 月的薪水。

说件更令人愉快的事吧，回到伦敦后，我组织了切尔西前队友共进晚餐。此前在2月份的时候，我曾开玩笑地对胡安·马塔说：“帮我赢下欧冠，我会送你一份礼物。”

当我身处中国时，我想了想我们取得的成就，觉得如果我们能有一些东西来纪念它，那一定很不错。我是个篮球迷，在美国，当球队赢得总冠军时，他们都会获得一枚纪念戒指，所以我想了个主意，我要为我的队友们做同样的事。12月，我返回了伦敦，接着就组织了一场小型晚宴，邀请5月份曾随我一起夺得欧冠冠军的所有切尔西前队友前来聚餐。

晚宴被安排在球队主场附近的一家酒店里进行，过程非常低调。他们以为大家只是过来聚聚，当我把由某珠宝设计师特别制作的戒指送给每个人时，他们大为惊喜——每一枚都刻有当年欧冠决赛的日期和各个队员的名字。我也为幕后工作人员准备了手表，同样都刻着欧冠决赛日期。我想通过举办此次晚宴来表明，那支球队对我而言有多么重要，以及对我们来说，通过某些具有特殊意义的东西来纪念我们的成就也很重要。

1月，我去南非参加了非洲国家杯。当时刚好是转会期。我意识到如果2月份回中国的话，我就会失去在1月转会窗口加盟另一家俱乐部的机会，相比于金钱方面，这对我来说才是真正的难题。

我离开了这家俱乐部——尼可也一样。很快，我就收到了一些报价。我本可以加盟尤文图斯，但他们担心国际足联不会解除我与上海申花之间的义务关系，所以只想把我租借过去。

与此同时，我收到了土耳其球队加拉塔萨雷的报价。他们甚至来南非见了我，我很想去那里，因为这样我便又有机会参加欧冠联赛了，而且能为另一个国家的顶级俱乐部效力。在那个月末，我和他们签了一份为期一年半的合约，这份合约将在非洲国家杯结束后立即生效。虽然上海申花对此次交易提出了抗议，但最后国际足联还是授予了我临时的踢球执照，一切都得到了解决。

我非常高兴能加盟加拉塔萨雷。他们是一支强队，其主帅法蒂赫•特里姆绰号“皇帝”，被认为是全世界最优秀的教练之一，而且还是唯一一位曾带领土耳其球队斩获欧战奖杯的主教练。作为加拉塔萨雷前球员，他极富个人魅力，这也是他第三次执教该俱乐部了。翌年9月离开后，他被任命为国家队主帅。与此同时，为了找人与我搭档，俱乐部还从国际米兰招募来了韦斯利•斯内德，而我的朋友及科特迪瓦同胞艾曼努埃尔•埃布埃早已在那里，他正享受其中。此外，他们的主场既巨大又很现代化，能容纳5万多人，是欧洲最棒的球场之一。

就像在中国一样，我抵达伊斯坦布尔机场时的情景也是疯狂的。在那里等待我的球迷想必有成千上万吧。土耳其人因对足球的狂热而闻名，当然，在走下飞机的那一刻，我就亲眼见识到了这点。

我在这里的语言障碍不像在中国那么严重。虽然主教练和许多球员是土耳其人，但他们大多数人都会说英语，因此我们能用英语进行交流，这帮助我快速地适应了下来。

起初，我住在一家酒店里，足球运动员更换俱乐部时，几乎都要经历这个阶段。但到了5月份，我便搬进了一所漂亮的房子。它位于博斯普鲁斯海峡的欧洲部分，距市中心仅有5到10分钟的路程。我之所以选择它，是因为它有个游泳池，而且我想要享受户外活动和好天气。我也希望住在一个我的孩子们会乐于过来待待的地方。

2月中旬，我迎来了首秀，在下半时替补上阵。当时我们客场与阿克希萨尔体育战成0：0，主教练问我是否准备好了。“是的，我想是吧。”所以我热了热身，然后便上了场。第一次传中，头球攻门，球进了！就是这么简单。我进球了，但并不完全是首次触球就破门，或许是第三次。不过，我又一次在首秀中进了球——我想我几乎总能这么做，我也希望自己能延续这个纪录。我永远不会忘记球迷们的反应——他们彻底疯了。我在职业生涯里见过和听说过一些令人惊讶的球迷，但这些球迷真的是太疯狂了。

当我加盟这家俱乐部时，我和自己做了个约定，在打进处子球之前，我不会外出和队友们聚餐。好吧，结果我并没有等很久！从那天起，媒体、球迷以及我身后的每一个人都非常欢迎我，那种感觉太棒了。球迷们挥舞着横幅，比赛期间，他们还会高唱：“我们有德罗巴，而你们没有。”

那个赛季，让我最快乐的事情之一便是再次参加欧冠联赛。我们在 16 强战中成功淘汰了沙尔克 04，接着又闯入了四分之一决赛，而这仅仅是球队历史上的第二次。我们抽到的不是别人，正是皇家马德里，后者又恰恰由何塞·穆里尼奥先生执教。首回合客战马德里之前，何塞和我互发了短信，我们过去经常这样做。短信并没有什么很有趣的内容，我们只是祝愿彼此比赛顺利，但仅从他表述的方式来看，何塞的信息总是附带一些言外之意，因为他知道我想要获胜，也明白比赛就是比赛。那都是和善的戏谑，他总那样做，可我每次都因此哈哈大笑，这表明我们并未失去那份在切尔西时一直拥有的联系。对我来说，同他保持密切联系是种很棒的感觉。

我们以 0 ∶ 3 输掉了那次客场比赛。4 月初的第二回合将是一场关键之战，我们并没有放弃获胜的希望。或者，至少我没有。中场休息时，我们以 0 ∶ 1 落后，主教练想让我下场，以便为周末的一场重要比赛保存体力。他让助理教练告诉了我他的决定。

“别这样，你不能那么做！”我抗议道，“我们依然能够赢下比赛并晋级。如果你做出这个调整，那就表明你不相信我们仍能做到这点。但我相信！”

最后，我留在了场上。下半时，我们先是扳平比分，接着又打进一球，将比分改写为 2 ∶ 1，随后我攻入了我们的第三球。尽管他们有一个客场进球，但我们只需再进一球便能扳平总比分。我曾打进一球，但可惜越位在先。最后时刻，罗纳尔多用他的进球杀死了比赛。虽然我们出局了，但那是近几年加拉塔萨雷踢得最精彩的主场比赛之一，而且对阵的是皇马。

终场哨响后，何塞来到场上对我说：“你知道吗？我们非常害怕，真的很害怕！”同皇马的那场比赛大概是我加盟后头五个月里的高潮。

每个人都跟我说，另一个高潮将是5月中旬的加拉塔萨雷与费内巴切的德比。加拉塔萨雷位于伊斯坦布尔的欧洲部分，费内巴切则位于亚洲部分。一百多年以来，两家俱乐部一直是死对头。两队球迷之间经常发生打斗事件。他们告诉我，要想成为一名真正的加拉塔萨雷球员，你必须得在对阵费内巴切时进球。还有人提醒我，我们与他们的德比战会呈现出其他任何地方都没有的规模，英格兰当然也没有，尽管利物浦与埃弗顿以及阿森纳与托特纳姆之间同样存在激烈的敌对关系。“你会看到，费内巴切有许多狂热的球迷”，如何如何，“气氛很疯狂”，如何如何。

赛前造势过后，老实说，我有点失望，那时我们已经获得了联赛冠军，这对我们来说非常重要，但当我们到了那里的时候（客场比赛），气氛实际上并没有我们想象中的热烈。更令人失望的是，我听到一些主场球迷对艾曼努埃尔·埃布埃和我高喊种族歧视口号，尽管我知道这件事被认为是我们死敌俱乐部历史上的一个低谷，但我并不确定有没有人对他们这个举动采取什么措施。

经过良好的季前备战，2013年8月初，我们在阿森纳赢得了酋长杯，这场比赛过后，我面对枪手时的总进球数又增加了两个。这也意味着，我已经在对阵他们的15场比赛中打进了15球，这是个很不错的数字！随后，作为联赛冠军，我们要在8月中旬的土耳其超级杯上再战土耳其杯冠军费内巴切。这次的氛围更像是两家俱乐部之间的典型德比战。全场结束时，比分为 0 ∶ 0，比赛进入加时。就像以前经常发生的那样，我攻入了至关重要的进球，并凭借这个全场唯一的进球，帮助球队击败死敌，夺得了超级杯冠军。我完成了我的任务。现在，我已是个不折不扣的加拉塔萨雷球员了！球迷们立即陷入了狂喜。我从未见过如此情景。对他们来说，他们的俱乐部就是他们的信仰，他们会带着令人难以理解的狂热，一代又一代地支持着它。

双方的对抗是如此激烈，人们对各自俱乐部的期望又是如此之高，以至于那个赛季刚打几周，当我们发现自己排在费内巴切之后、位列联赛次席时，我们的主帅竟遭到了解雇。在这些国家，排名第二——与位居榜首的死敌仅差几分——几乎就意味着输掉联赛，所以我想这便是主教练不得不下课的原因。这很疯狂，因为赛季还很长，还有时间扭转劣势；但他似乎必须得走。接替他的是去年夏天刚被曼城解雇的罗伯托·曼奇尼。

在罗伯托的带领下，我们在头 12 个主场比赛中全部获胜，尽管那个赛季我们最终还是屈居联赛亚军——这自然导致罗伯托丢了工作，但我们却赢得了土耳其杯，并且进入了欧冠联赛的淘汰赛阶段，鉴于我们小组中有尤文图斯和皇马，那无疑是个巨大的成就。

此时皇马由卡尔洛·安切洛蒂执教，他们在两场小组赛中轻松击败了我们。不过首回合来到都灵客战尤文图斯时，我们与他们打成了 2 ∶ 2，对我们来说，这个结果既令人印象深刻，也很重要。次回合于 12 月初进行。比赛前一晚，我们身处球队在伊斯坦布尔下榻的酒店，我记得当我望向窗外时，我发现之前一直在下的雨已经变成了雪。

第二天，在球场工作人员做了大量工作来清理场地后，我们开始了比赛，但是不久之后，一场大雪和冰雹便席卷了整座城市。几分钟之内，整座球场便被大雪覆盖了，边线已经无法辨认，而且由于暴雪和冰雹刺痛着我们的眼睛，球员们根本无法跑动。我很少见到如此大的冰雹——

跟蜜瓜球一样大，也从未见过雪如此迅速地就积得那么厚。不到五分钟，我们就看不见场地上的草皮了。由于继续踢球太危险，这场比赛被中止了，我们只能等到第二天，希望双方能接着展开较量。如果它在 0 ∶ 0 的情况下被完全取消，那么按照积分榜的排名，尤文图斯将会和皇马携手晋级。我们十分期望次日再战，并获得胜利，从而取代尤文图斯晋级。

球场工作人员再次不知疲倦地清理着积雪，比赛也确实继续进行了。那是个异常寒冷的周三下午，可我们的球迷却展现出了他们有多么投入，整个球场座无虚席。在比赛的大部分时间里，雪虽然不是很大，但一直在下，而且由于天气恶劣，球场工作人员不断地在清雪，场地条件非常糟糕。事实上，它糟糕到了几乎无法比赛的地步。可是我们没有选择，只能努力向前压上，再压上。距离比赛结束仅剩五分钟时，我送出了一记头球摆渡，韦斯利・斯内德抓住机会打进一球。我们终于战胜了重重困难，而 1 ∶ 0 的胜利也让我们力压豪门尤文图斯，挺进了欧冠 16 强。

对我们来说，这是个了不起的成就。我们都很期待，想看看我们会在 16 强战中碰到哪个对手。抽签结果出来了，我们将要对阵切尔西！此时，它的主教练是何塞・穆里尼奥。做个补充说明，当我们的主帅罗伯托・曼奇尼于 2008 年离开国际米兰后，何塞便接替了他的位置，之后他去了皇马，接着又回到了切尔西，对媒体而言，他们有大量故事可写。我们有两个月的时间来备战，但很快它就成了人们唯一跟我谈论的事。

首回合在伊斯坦布尔进行。切尔西开局踢得很好，费尔南多・托雷斯在第九分钟便取得了进球。何塞的球队知道该怎么做。他们不仅阻挡了一切，还限制住了我。我不得不想办法突破，所以我不再踢前锋，而是四处跑动，试图为我的队友们创造空间。最后，我们在下半场成功将比分扳平，但我们知道，次回合客战斯坦福桥将会异常艰难。

对我来说，重返伦敦西南部的感觉有些奇怪。那段时期，我踢得不好，也无法进球。然后，在比赛前一天，我们去斯坦福桥进行踩场训练，突然，砰、砰、砰，所有感觉都来了，我不再犯错了。我的队友全都注意到了。“哇，迪迪埃，你简直是火力全开！”他们猜测那是因为这场比赛太过重要了，然而最重要的是，其实那是因为我找回了所有的直觉、空间感，以及对场地尺寸和球门位置的感觉。即使闭上眼睛，我也知道球门在哪儿，知道该往哪里射门，知道我该做什么。我对这座球场再熟悉不过了。那就像是离家在外的你回到了家里一样。甚至在黑暗中，你也记得所有东西的位置，灯的开关在哪儿，楼梯有多少台阶，哪扇门在打开时会发出吱吱声。正是在那个时候，我才意识到我有多么思念这个地方。

不出所料，我踢得并不好。我太激动，也太紧张了。回到这里，听见球迷们呐喊，看见场上场下那片蓝色的海洋，我不可能抑制住我的感情，假装这支球队对我而言毫无意义。我们很快便丢掉了一球，如果你想在斯坦福桥扳平比分，那可是个十分困难的任务。

尽管我们显然对自己没能走得更远感到失望，但切尔西以2：0获胜也并不让人惊讶。然而，我自己很清楚为何与切尔西交手会如此困难。这与几年前我面对马赛是同样的道理。有些球员在回到老东家时能设法使自己不带任何感情。可我做不到，尤其因为我曾在这家俱乐部度过了八年美好而成功的时光。

第十六章

重返切尔西

（2014—2015）

我和加拉塔萨雷的合同于2013—2014赛季结束时到期，他们希望我能留下来，但我收到了尤文图斯的报价。他们的主帅安东尼奥·孔蒂很想签下我，而我也一直有兴趣去意大利联赛踢球，不过我犹豫了，因为我在加拉塔萨雷待得很开心，我也不确定自己是去还是留。结果，2014年7月，孔蒂在与尤文图斯达成一致后离开了球队。不过，如果能与特维斯搭档锋线，那本会是个令人震惊的进攻组合。再加上尤文图斯是一家有着悠久历史的豪门俱乐部，所以如果能代表“老妇人”（人们对它的昵称）出战的话，那也将是我的荣幸。

何塞离开切尔西后，我们仍然时常联系，两人的友情一直延续着。后来我也离开了切尔西，而那时他还在皇家马德里执教，他告诉我：“有一天，你必须回到切尔西。这才是你的俱乐部，你是属于这里的。”他甚至还说：“如果我要回去，没有你是不行的，你必须想办法回来。”2013年夏天，当他重返切尔西时，他曾试图签下我，但被加拉塔萨雷拒绝了，因为那年1月我才刚刚加盟过来。

因此，当我告诉他我有机会去尤文图斯时，他说：“不，你先等等，你先等等。”最棒的是，罗曼·阿布拉莫维奇也希望我回来，于是7月下旬，切尔西为我提供了一份为期一年的合约。何塞声明，他签下我不是出于情感原因，而是因为我依旧是欧洲最优秀的射手之一。听到这样的评价，我非常高兴。就我而言，这是个很容易做出的决定——切尔西是我的家，而我和何塞又有着特殊的关系，所以我无法拒绝再次与他共事的机会。就是这么简单。

第一次重回斯坦福桥，那种感觉就像我从未离开过一样。尽管自2012年以来，俱乐部增添了不少新面孔，但球衣、队徽和体育场都没有变化——当然，球迷也没有变。约翰·特里和彼得·切赫依然效力于此。我很感谢奥斯卡把11号球衣还给了我，在我离开后，他一直穿着它。那是个非常大方的举动。他其实没有必要那么做，但以此种方式回归切尔西，我感觉真的很棒。

回到队里，我很高兴能见到的球员之一便是埃登·阿扎尔。回到2012年夏天，正当我要离开切尔西时，我说服他和俱乐部签了约。当时他说他不确定该怎么做，因为他很想踢欧冠联赛。那个赛季，我们排名英超第六，而曼联和皇马等俱乐部对他也很感兴趣。不过，在我们赢得欧冠冠军后，我让热尔维尼奥打电话给埃登，劝说他切尔西才是最适合他的地方。事后他告诉我，他很惊讶我打了那通电话，而且那成了他加盟切尔西的一个重要原因。

然而，这次何塞回来担任主帅，感觉却有些奇怪了。实际上，他在2007年就离开了俱乐部，自我上一次为他踢球以来，俱乐部已经发生了许多事。如今，他改变了他与球队交流的方式，这很有趣。2004年，当我俩双双加盟时，他对待我们的方式是更加直接和唐突的。现在，我发现他似乎变得成熟了！他改变了向我们传达信息的方式。也许这是因为，相比于2004年——那时我们的年纪更大，也更厚脸皮——此时阵中有了一些年轻队员。你不能用对老球员讲话的方式来跟年轻球员交谈，所以我觉得他在讲话的方式上变得更谨慎了。

不变的是，他依旧注重细节。2004年的时候，球队就有一整支团队在致力于搜集对手的信息，分析所有视频和观看比赛。每场比赛前，何塞都会给我们一份厚厚的文件，里面包含所有详细的说明，然后我们会对此进行研究。而在赛前一天的球队会议上，我们只是对这些信息又进行了巩固。通过事先做好所有准备工作，它们为我们提供了获胜的工具。我们现在依然是这么做的。另外，何塞了解每个联赛中的每一名球员——不只是英国联赛，还包括国外联赛。当我们上场后，我们对对手同样了如指掌。当然，如今所有顶级俱乐部都非常注重细节，但在2004年，除了个别一流球队外，那还是很罕见的。

同我早些年效力切尔西时相比，球队的打法也变了。过去，我们更加注重效率和直接性。我们的队员身体条件都很好，善于打防守反击，而我们利用的也正是这些。我们的防守和控球能力都很强，只要稍有进球机会，我们就会努力争取。现在，或许是因为队内的球员有所变化，相比于何塞首度执教时，我们的传球更多，控球更多，踢得也不再那么直接，而且如果有必要的话，我们推进得也更慢。

这种战术显然起了作用，因为从赛季一开始，我们就主宰了英超联赛，在各项赛事中均保持不败，直至12月初客场输给纽卡斯尔联队。

令人沮丧的是，赛季即将开始时，我在某场季前友谊赛中扭伤了脚踝，为此我花了一段时间才恢复健康。所以直到10月底，当迭戈·科斯塔受伤了的时候，主教练才能够用我。我很高兴能再次上阵，在头三场比赛里，每场我都有进球入账。

第一场是欧冠主场对阵马里博尔，我进了一个点球，帮助球队以6∶0大胜，收获了我们在这项赛事中有史以来最大比分的胜利。

我的第二球是客战曼联时打进的。上一次我在老特拉福德破门，我的进球为我们赢得了英超冠军，而这一次对我来说也是个重大时刻，当时比赛进行到第53分钟，比分仍为0∶0，在一次角球进攻中，我高高跳起头槌破门。那种感觉真棒！我们强大的防守使得曼联难以找回比赛状态，看起来我们似乎会带着胜利返回伦敦，直到罗宾·范佩西在伤停补时的最后一分钟将比分扳平。尽管这场平局依然使我们大幅领先位居次席的南安普敦，但它还是很令人失望。

我的第三球出现在两天后，与客战老特拉福德相比，那是个风雨交加的周二夜晚，地点则是位于什鲁斯伯里的那块泥泞且湿透了的球场。老实讲，我是在球队出发去踢联赛杯第四轮时才听说了这支球队。为了安置当晚可能多出来的观众，身处天空博彩足球乙级联赛的什鲁斯伯里不得不搭建了两座临时看台。那场比赛对我们来说很困难，部分是因为条件糟糕，部分则是因为一想到与切尔西对阵，对手大概就肾上腺素上升，极其兴奋。中场休息时，他们同我们战成了 0 ∶ 0——上半场即将结束时，我的一个进球被判无效。不过在第 48 分钟，我接到穆罕默德•萨拉赫的直传，打进了我在三场比赛中的第三球。他们在第 77 分钟时将比分扳平，这让我们清醒了过来，于是我们向他们施加了越来越多的压力，直到对方某个年轻后卫在我的压迫下将球顶入了自家大门。

这三场比赛发生在六天的时间里，尽管这种节奏可能会使比我年轻的球员都疲惫不堪，但我却利用这些比赛提高了我的体能水平。比起每周一赛，我更喜欢频繁出战，因为它能让我进入某种节奏，还能提高我的水平。此外，我的两位体能教练依然是史蒂芬•雷纳德和马蒂厄•布罗德贝克，他俩陪伴了我的整个职业生涯。虽然两天一战令我十分疲惫，肌肉也非常僵硬，但他们都在很努力地帮助我，为我拉伸、按摩和做专项锻炼。所以，如果没有他们的话，我恢复起来肯定没有那么快。

1 月份，一场晚宴在萨拉沃酒店举行，其间我很荣幸地获得了由英格兰足球记者协会颁发的贡献奖。该奖项表彰的是对足球运动做出过重大贡献的人，随后我在获奖感言中打趣地说，这家媒体曾在 2004 年把我批评得一无是处，当时我完全没想到，有一天他们会为我举行晚宴，并向我颁发这个奖项。正因如此，这个奖对我来说意义重大。彼得•切赫和蒂埃里•亨利亲切地谈到了我，对此我非常感动——我无比尊敬他们。在当晚的某个环节中，何塞•穆里尼奥发表了一段关于我的很棒的演讲词。他讲了太多让我感到惭愧的话，因为他才是我想要称赞的人。何塞将许多优秀球员变成了拥有必胜心态的球员。他在他执教的所有俱乐部中都做到了这点，即便在2007年他离开切尔西后，那种心态仍保留了下来。他还使我开始相信自己，相信我的能力，即便是在我第二次重返切尔西的时候。他告诉我，如果有时我丢了一些球，那也没关系，我只需要一记好球，一次出色的传球，就依然会破门得分。虽然这支队伍比2004年我加盟时的那支更年轻，但我心想：“我要向他证明我能做到。”何塞总能激发出我的那种情绪。这便是为什么我们有着如此独特的关系。

3月份的第一天，我们收获了自何塞·穆里尼奥回归切尔西后的首座奖杯——联赛杯。这也是2013年以来俱乐部拿到的第一个冠军。对包括主帅在内的所有人而言，我们仿佛等待了比这更长的时间。我们以2∶0战胜托特纳姆热刺，虽然比赛未必是最精彩的，但正如当时何塞所说：“决赛不是用来踢得好看，而是用来获胜的。”我在伤停补时阶段替补出场，对我来说，赢得这座奖杯有着特殊的意义。2004年，当切尔西重夺联赛杯时，它是我在足坛获得的首座冠军奖杯；2012年我离开后，从没想过自己能再跟随切尔西赢得另一座奖杯。鉴于这些原因，在终场哨声吹响后，我尽情庆祝了许久。约翰·特里、彼得·切赫和我是2004年那支队伍仅剩的球员，而对一些年轻队员来说，这是他们首次与切尔西一起品尝成功的滋味。

尽管我们在足总杯第四轮不敌布拉德福德城爆冷出局——那场比赛我也有上场，但大家对余下的赛季依然充满信心。虽然38分钟过后，我们曾以2∶0领先，可不知何故我们却没能取胜。赛后，何塞说他为失利感到羞愧——并非不尊重我们的对手，我们其他人也有同样的感受。

3月中旬的欧冠16强战，我们输给了巴黎圣日耳曼，对此我们深感失望，因为我们认为我们极有机会在这项赛事中走得更远。最重要的是，兹拉坦·伊布拉希莫维奇因在第30分钟时对奥斯卡凶猛放铲而被罚下，对手不得不在大多数时间里以十人应战。90分钟过后，双方踢成1 ∶ 1，我换下了拉米雷斯。比赛进入加时，尽管两队最终战成了2 ∶ 2，但我们没能成功创造出能带来胜利的重大突破，结果巴黎圣日耳曼凭借客场进球优势晋级了。那是个充满戏剧性和紧张感的夜晚，我们感到无比受挫。

至少，我们在英超的表现还不错。实际上是非常好。到了4月中旬，虽然我们从未设想冠军是我们的，但自赛季开打以来，我们就一直位列积分榜榜首，而且在以1 ∶ 0战胜曼联后，我们已经领先第二名阿森纳多达10分了。

下一场比赛，我们将做客酋长球场，对阵我们的伦敦死敌。如果能击败他们，我们则只需在接下来的五场比赛中再赢一场便能确保夺冠。由于紧接着将迎战莱斯特城，我们希望能在英格兰中部锁定联赛冠军，那样会非常棒。

我们很想获胜，以证明我们是英格兰最优秀的球队，因此0 ∶ 0战平阿森纳的结果确实令人很失望。赛后，罗曼·阿布拉莫维奇来到更衣室拥抱了所有队员，并鼓励我们打好剩余的比赛，他的举动极大地影响了我们对这个结果的看法。

但我们仍然更愿意提前锁定联赛冠军。结束了周日的比赛后，我们周一就前往了莱斯特城，比周中比赛提前两天到达了那里。那是该赛季我们第一次如此早地前往客场。通常，我们会提前一天抵达，但对我们而言，那可能是本赛季最重要的一周，所以我觉得主教练是想让我们多花点时间待在一起。

莱斯特城需要拿分保级，他们已经赢下了最近四场比赛，自11月以来首次逃离了降级区，但还远远谈不上安全，所以比赛对双方而言都很重要。即使是在正常的情况下，客场比赛也总是很难打，而在赛季的这个阶段，我们知道那将会难上加难。

然而，我们的备战强度却并不比往常更大。人们在读到下面的赛前准备信息时也许会感到惊讶，但在何塞治下，当赛前我们以团队的形式聚到一起时，我们有相当多的自由去做自己的事。我们必须尊重某些特定时刻，例如午餐时间和球队会议，但在其他方面，一切都非常随意。就连训练也并不繁重。

我们在周一傍晚抵达，然后吃了顿轻松的晚餐。接着，有些人便去看电视或电影了。基本上，我们能够利用自己的时间做任何我们想做的事。第二天早上，我们可以自己决定是否去吃早餐。我们一直都是这样，有些球员更喜欢睡懒觉，然后在大约12:30到13:00的时候吃午餐。我们去哪里都带着球队的厨师，他知道所有人想吃什么，所以队内并没有制定具体的菜单来规定我们必须吃什么。有些人可能会对我们的饮食并未受到更多管制而感到惊讶，但我们都是成年人，教练相信我们能基于提供给我们的食物做出合适的饮食决定。我们有很多选择，包括鸡肉、面食、米饭、西班牙肉菜饭，但永远是碳水化合物含量高的食物。

实际上，周二早上吃饭前，我们进行了一堂强度非常小的训练课，时长仅有约30分钟。我们边走边笑，做些有趣的练习，所以其实并没有出汗。例如，在某个时刻，我们玩了个游戏：八九个人站成一圈，两人在中间，每个人都得触球，然后更换中间的人。训练课在良好的氛围中进行，目的是让身体活动起来。

吃过午饭，下午是自由活动时间。晚饭前，我们举行了球队会议。何塞给我们看了莱斯特城的比赛视频和战术，说明了他希望我们如何去防守，以及对方是如何进攻和防守的。事实上，我们的对手曾在约一个月前改变了阵型——从他们最近的战绩来看，这很成功，他给我们展示了他们的新旧两种阵型。有件事何塞做得很好，即这些会议时间都不长，至多也就10到15分钟，因为他和他的团队已经提前完成了所有工作。他们早就想好要对我们说什么，而且我们已经收到了关于对手的许多信息。出场名单会在比赛日早晨公布，到那个时候，每个人都将清楚各自该做什么。

我记得那天吃晚饭期间，埃登•阿扎尔在房间角落里发现了一个球，然后想要让大家一起玩桌边头球的游戏。“不行，拜托，我们正在吃饭呢！”“好吧，好吧。”他勉强同意了。不过，我们一吃完饭，他就立马去取球，于是我们开始玩起了这个游戏。

我们六个人坐在一张长方桌旁，两边各有三人。在桌子的一端，他放个了垃圾桶在地上。从距离垃圾桶最远的两人开始，我们必须用头球互相传递，球每次都要传到桌子对面，直到最后一人将它顶进垃圾桶。好吧，从理论上讲是这样的。第一回合，埃登是最后那个人，可他没有顶进，引得众人大笑和欢呼，其中也包括主教练。于是他不得不换到最远的位置上，他对面是胡安・夸德拉多，我们所有人都跟着往前挪动。我坐在中间，对面是约翰・特里，约翰・奥比・米克尔和蒂博・库尔图瓦此时距离垃圾桶最近。我们从头开始，沿着桌子将球从一个人顶向下一个人，直到约翰・奥比・米克尔干净利落地把它顶进了垃圾桶，引得屋子里的其他人全都大声欢呼和鼓掌。实际上，有人拍下了整个过程，随后我把视频放到了社交媒体上，结果它被疯狂转载。如今看到它，我仍会捧腹大笑。

我通常会在临睡前做一次按摩，因为它有助于我入睡。第二天，也就是比赛日当天早上，我们一起散了会步，接着便去吃午餐。到了下午，我和其他一些人打了会乒乓球，然后就各自回房间休息去了。我们总是拥有自己的房间，而不是共享一室，因为这有助于我们休息。

我们原本估计乘大巴去莱斯特城主场需要 45 分钟，但实际上我们花了更长的时间，所以等我们抵达那里时，我们已经迟到了，我们的例行程序也因此被打乱。我们不得不快速准备出去热身，一切都很匆忙。这或许能解释为何上半场我们踢得很困难，不过公平地讲，我们的对手表现得确实不错。他们不断压迫我们，而且无处不在。上半场，他们是表现更佳的队伍，所以中场哨响前的那个进球是他们应得的。

由于以0∶1落后，我们突然面临今晚的取胜计划遭遇失败的可能性。我们最不希望看到的事情就是冒险使英超冠军不得不由最后一两场比赛来决定。中场休息时，主教练的团队讲话正中要害！他说有些球员没有发挥出想要夺冠所该有的水平，后卫们也打得很艰难；我们中的一些人——进攻球员——正将后防线和球队置于危险之中。他说的都是事实。

这种话要么会使某名球员深受打击，无法在下半场好好表现，要么会使他承担起帮助球队的责任。就我而言，我知道自己必须做什么。我得减轻后防线的压力，更多地进攻和跑动。果不其然，下半场开始不到3分钟，我就进球了。布拉尼斯拉夫·伊万诺维奇边路下底，将球传给了我，我从门前9米处将它大力轰进网窝。我再次站了出来，打入一个我们迫切需要的进球，由此改变了比赛局面。那种感觉每次都很棒，从来都不会减弱。

这是自新年后我首度为切尔西破门，我既不是主力前锋，也不经常担任首发，所以我已经等候了它多时。在此类比赛中，第三或第四个进球并不重要；重要的是这种能产生心理影响的进球。从那一刻起，我们便占据了优势。尽管我错过了另外两次好机会，但约翰·特里和拉米雷斯为球队锁定了胜利，而3∶1的最终比分也公平地反映了比赛。

那晚，在返回伦敦的途中，我们都处于快乐、激动和放松的气氛中。我们没有大肆庆祝——那还为时过早，但我们无疑都感觉冠军现在必将属于我们。接下来，我们将坐镇主场迎战水晶宫，想到我们有可能在主场夺冠，我们都非常兴奋。

即便水晶宫一直都是一支难以对付的球队，我心里也从不怀疑我们会击败他们。我认为，比起那些希望赢得他们的首个联赛冠军的球员，我的备战方式是不同的。在我看来，我个人的表现并不重要；重要的是集体的表现，以及确保我们能拿到分数。不过，我很清楚年轻球员们是什么感觉，因为我也是过来人。第一次，你总会觉得比赛将会不可思议，你们将以 8 ∶ 0 大胜，你会进许多球，然后成为全场最佳和当天的英雄。可事实很少如此。最终，我意识到我需要改变我的方式。当我明白了帮助球队的重要性，比赛不只关乎于我，以及我不需要进球或成为全场最佳的时候，我便不再给自己施加压力，这使我得到了解放，让我踢得更好。如果我为球队奉献了一切，那么我肯定会有所收获的。这也许是我的性格使然，但我就是这么想的。

通常情况下，前锋并不参与防守。前锋不会后撤太多，虽然他们有时候也会送出助攻，但他们一般只会待在前场努力进球。我是一名前锋，可我也是球队的一员。如果球队正以 0 ∶ 3 落后，然后某个传统的前锋打进一球，使得球队以 1 ∶ 3 落败，那么他会很高兴。他会觉得他已经完成了他的任务，是其他人没有做好他们的工作。对我来说，如果我送出助攻，帮助我们以 1 ∶ 0 获胜，我会非常高兴，远比我自己进球但球队仍以 1 ∶ 2 落败更开心，因为在我看来，这样的进球并没有价值。我想要为球队攻入重要的进球，就像对阵莱斯特城时的那个扳平球一样。

我常常见到其他一些前锋就没有这样的态度，他们只为自己的荣誉和成功而战。有时，切尔西阵中也存在拥有如此心态的年轻球员，当他们转会去别的球队时，我会和他们交谈几句。“你知道，对你来说，想要收获，最好的方式就是给予。如果你希望中场队员每次都传球给你，那么有时你也得说‘这是给你的’，然后给予他机会去进球，去发光。”如果你不能创造良好的团队氛围，那么什么好事都不会发生。有时候，你必须顾全大局。

这同样适用于足球以外的生活。我认为二者是相关联的。足球能反映出你在社会上为人处事的方式。你不可能把足球和生活各放一边：在球场上一个样，在生活中却完全不同。足球需要行动——追逐皮球，把它踢给某人，等等，生活同样关乎于行动。人无完人，我当然不完美，但我很清楚自己的短处，也努力想要改善它。只要有可能，我就会竭尽全力，并且努力着眼于大局。

迎战水晶宫的那个早上终于来了。主场比赛的流程始终如一。赛前一晚，我们住在切尔西港的某家酒店里，距离球场约 5 分钟路程。当天早些时候，我们在训练基地召开了一次球队会议，之前我们已经拿到了关于对手的详细信息，其间大家观看了一段 10 分钟的视频，教练则就所有事情做了总结说明。这意味着，当我们到达酒店时，一切都已交代完毕，我们在赛前也没有更多事情要做了。所以，我们基本上只是去那儿休息。第二天早上，球队召开了一次简短的会议，主要讨论定位球战术，比如角球，以及我们该如何防守，谁将盯防谁，就是这样。一切都准备就绪了。

水晶宫有一些非常优秀的球员，尽管我们试着告诉自己，本场较量同其他联赛对决一样，我们只需拿到三分，而不是想着“为了夺冠要拿三分”。但在经历漫长的赛季后，我们都很疲惫，而且看到他们开局踢得那么好，我们感到有些吃惊。他们在积分榜上的位置很安全，所以没有什么可输的，于是我开始觉得比赛将比我们预期的更为艰难。

上半场行将结束前，我们获得了一个点球，老实说，它来得正是时候。然而，当我看到埃登·阿扎尔准备上前主罚时，我又有些担心，因为他在对阵莱斯特城时腿部被踢伤，已经两天没有训练了，而且他从比赛一开始就对我说，他在场上感觉不是很好。所以，我有点担心他会罚失点球。他射向了中路——这在某个球员不知道把球射向哪里时经常发生，对方门将把球扑了出来。当时我的心脏瞬间停止了跳动，我心想：“哦不，他射失了。”不过幸运的是，球打到门将身上后，又径直反弹给埃登，于是他又稳稳地将球顶入了网窝。

一般情况下，埃登是个可靠的点球手。他能保持冷静，而且很少罚失，所以面对如此情形，这并不像他。赛季开始时，我们就已确定谁将是我们的第一、第二及第三点球手，而他总是出现在那份名单上。当我罚点球时，我的心里常有 5% 的小压力，这是我能接受的，因为它是我工作的一部分。也许埃登也会感受到压力，只是他没有表现出来。

对我来说，当我主罚点球时，我常常在最后一刻才决定把球踢往哪里。有些点球我之所以射失，通常是因为我提前选择了方向，让对方门将准确地预判到了，也许是因为他能够读懂我的肢体语言。守门员会观看可能罚点球的球员的视频，试图观察他们的肢体语言，以便他能在看到一名球员抬起左臂，或是上半身轻微地朝一侧移动而非另一侧时，就知道如何做出反应。罚球者必须设法比他们领先一步。仅有那么几次，我踢得很糟糕或完全偏离了目标，例如 2012 年非洲国家杯决赛我为科特迪瓦队罚的那个点球。我不得不接受，有时候就是会发生这种事。那个点球令人很失望，但我并没有让它影响到我，当我下次罚点球时，我并不会想到它。

事实上，我罚点球时会努力做到三件事：助跑期间将注意力集中到身体上，确保射门时强劲有力；观察皮球；与此同时，用眼睛的余光去感知球门和守门员。这是我在效力甘冈时别人教给我的策略，那时我已经二十三四岁了，不过在某种程度上，我其实早已出于本能地那样做了。然而，在职业生涯的整个阶段，所有球员都可以训练和提高罚点球的能力。

也许，本周早些时候那个顶球进垃圾桶的游戏终究还是帮了埃登！无论如何，他在成功打进反弹球后如释重负，随后跑下场地，咧嘴一笑，用手擦着前额，显然是示意他松了一口气。他并非唯一一个想要那样做的人！

下半场对我们保持镇定的能力是一种锻炼。我们把注力集中在不要丢分上，而不是带头发起进攻。我们知道水晶宫无疑有能力进球，因此在下半时的 45 分钟内，我们确实非常紧张。

终场哨声响起时，我们瞬间陷入了狂喜。这是自 2010 年以来我们获得的首个联赛冠军。约翰·特里双膝跪地，因为对他和自那时起就在球队效力的队员来说，5 年的联赛冠军荒是一段漫长的时间。甚至平时总是克制自己情绪的老板也高兴得向空中挥拳庆祝。

对我而言，我又一次实现了目标！当我再次加盟时，我说过我是回来赢得联赛冠军的，如今我真的做到了，因此我感觉非常棒。有趣的是，这个赛季我所收获的冠军奖杯，恰好与 2004—2005 赛季我首度效力切尔西时随队夺得的奖杯相同，或许一切都是命中注定——我深信，生活常常也是如此。

然而今年，我们是以一种令人难以置信的方式问鼎了联赛。我们从第一天开始就领跑英超，并且创下了位居积分榜榜首 274 天的纪录。之前从未有其他俱乐部做到过这点。但我们拥有一支不可思议的队伍，不仅包括经验丰富的老将，比如约翰·特里、彼得·切赫和我，还有新来的年轻球员，他们同样极具天赋和经验，例如法布雷加斯、埃登·阿扎尔和迭戈·科斯塔。

加盟切尔西是埃登在其职业生涯中做出的最棒的一次转会决定。现在，他有了必胜的信念，因为在切尔西，这是每个人都拥有的。然后，一旦你养成了获胜的习惯，并且你的球队也很优秀，那么你就知道该如何去维持它。来到切尔西后，我学会了如何去赢得奖杯，如今我也知道了如何去激励一支球队，还知道在赛季的某些时刻，主教练和一些关键球员必须如何振奋球队士气，营造积极乐观的氛围。那个赛季，我做了很多这样的事：激励球员，试图在更衣室里产生影响。我知道怎样取得重要进球，即那些能为球队赢得分数和为你赢得奖杯的进球，而且无论我在哪里踢球，我总是尝试去传授那些知识和经验。埃登现在已经学会了这点，这将使他成为切尔西队内一名至关重要的球员。

当然，迭戈在来切尔西之前已经是一名优秀的球员了——强壮，身体素质好，球技也非常出色。然而，我们当中那些很了解英国联赛的人也会告诉他一些有关联赛和某些后卫的信息，从而能给他带来些许帮助。例如，我会告诉他那些球员是如何跑动、铲抢和踢球的，即便这仅能偶尔给予他优势，以及在进球和不进球之间产生差别，但还是能帮助他适应英格兰足球。当然，他适应得非常快，这让他在首赛季表现得相当不错，要知道其间他还受了伤。

赢得联赛冠军令球队和我们的所有球迷都兴奋不已。尽管我们要等到三周后的收官战结束后才会被授予英超冠军奖杯，但是那天下午，我们在场地上待了很久，因为我们希望与他们分享快乐。我很喜欢我们与他们之间的那份理解，以及我们对俱乐部所怀有的共同热情。对他们而言，这同样是一次漫长的等待，他们跟我们一样高兴。

最后，我们回到更衣室进行庆祝，每个人都很开心，香槟洒在了许多人身上，他们大声高歌（偶尔跑调），尽情起舞。我相信我们应该努力工作，但也相信我们应该在合适的时候享受快乐。而此刻无疑就是合适的时候。

庆祝活动持续了很长时间。我们知道在收官战过后，球队还将迎来最大的庆祝，所以那天下午晚些时候，我就回家去和家人一起享受宝贵的时光了。回到家后，数周以来，我第一次能完全放松下来，我知道自己不需要准备任何东西，也无须证明任何事了。晚上，我和包括约翰•特里在内的几名球员一起返回了伦敦，继续享受我们的胜利。我们上一次联赛夺冠是在2010年，当时冠军直到赛季的最后一天才见分晓。这一次，我不会说我们赢得很轻松，但它的确没有那么紧张激烈。我们以某种罕见的方式赢得了它，而且这不太可能多次重复。我们非常清楚我们所取得的成就，也确保了以适当的方式来庆祝！

第十七章

房间里的大象

我有两本护照，一本是法国的，一本是科特迪瓦的。而我又是在法国长大的，所以我能代表其中任何一支国家队参加比赛。我的选择受到了若干因素的影响。首先，在法国，我从未在某个地方待很长时间，所以从来没有成为他们青训体系的一员，也因此从未入选过任何年龄段的法国青少年队。其次，当时蒂埃里•亨利、大卫•特雷泽盖和尼古拉•阿内尔卡及其他人已经是法国国家队主力了，而我 20 岁出头，且尚未取得后来的成就，因此他们根本不会考虑我。最后，我的叔叔曾效力于科特迪瓦国家队，尽管我成长于距离我出生的国家很遥远的地方，但我总能感觉到某种不可抗拒的吸引力。我很想延续家族的传统，穿上绰号为“大象”的科特迪瓦队的战袍。即使在我年轻时，每当听到我们的国歌，我也常常心潮澎湃。对我来说，我与我的祖国有着紧密的联系，纵然在我最终受到征召之前，我已经多年没有在那里生活过了。

2002 年 8 月，我接到了那通召我入队的电话，他们让我去巴黎市郊的戴高乐机场附近会合。当时我 24 岁，刚刚开始征战我在甘冈的首个完整赛季。那是我第一次有机会与未来的队友见面，队内的一些知名的球员让我感到非常惊讶，其中几个曾跟随诸如国际米兰、马赛和费耶诺德等俱乐部拿过欧战冠军。而身处角落里的我则刚从布列塔尼的一家小俱乐部起步。不过，我们迎来了一位新主帅，即法国人罗伯特 • 诺扎莱，当我效力于勒芒，而他在科西嘉执教法甲俱乐部巴斯蒂亚时，他就已经注意到了我。我们的足协主席雅克 • 阿诺玛也是刚刚上任的，他想要做出一些改变，向队伍注入一些秩序和纪律，并且对我们抱有很大的雄心。他觉得，凭借他手上的球员，我们不仅应以晋级 2004 年非洲国家杯为目标，还应致力于杀进 2006 年世界杯，那将会是我们历史上首次跻身于该项赛事。他是对的。我们应该做得远远比那时我们已经做到的更好，我们没有理由不这样做。我感觉自己已是这支想要获得成功的新球队的一部分，为此我感到十分激动。

那次会面两周后，法国国家队主帅雅克·桑蒂尼给我的经纪人打来电话——迪迪埃现在还能为法国队踢球吗？接到那个电话令人难以置信，也出乎我的预料。“抱歉，你太晚了。”我的经纪人告诉他。不过，我很高兴事情是按照这样的时间顺序发生的，因为我做出了正确的决定，无论如何我也不会改变它。

2002 年 9 月初，我们在首都阿比让迎来了首场比赛，为获得 2004 年非洲国家杯的参赛资格，我们与南非队展开了一场较量。那是我们最后的晋级机会，遗憾的是，比赛最终以 0 ∶ 0 结束。尽管这非常令人失望，但我们知道我们已经拥有了一支优秀的新队伍，也明白我们的战绩会开始改善。因此，关于那天，我记住的并非比赛结果。反之，永久烙印在我记忆里的却是我们走进人声鼎沸的国家体育场费利克斯·乌弗埃－博瓦尼球场时的那种兴奋。当时的氛围非同寻常，不同于我曾经历过的任何事。那就像是观众全天都在参与一场演出一样。从当天上午约 10 点钟开始，球场就一直处于爆棚状态。流行艺术家和音乐家在此表演，每个人都乐在其中。因此，当我们踏进比赛场地时，下午已经过半，而音乐、舞蹈、饮酒和玩乐也已经持续了好几个小时。我们能感觉到身边处处是嘉年华般的氛围，它无疑增添了我们为国效力的兴奋之情。很快我就意识到，这种赛前气氛是每场比赛的惯例！

那天下午，令我印象深刻的还包括令人窒息的高温。我也永远不会忘记它。我觉得自己仿佛走进了一间桑拿浴室。由于没有阴凉处可躲避，再加上气温高达 40℃左右，而且天气非常潮湿，等到热身结束时，我已感觉呼吸很困难，只剩半条命了。我能感觉到来自地面的热量在吱吱地响，穿过我的球靴，炙烤着我的双脚。我究竟要如何才能奔跑 90 分钟呢？

当国歌奏响时，整座球场的人都在自豪且大声地合唱，我感觉脖子后面的汗毛都竖了起来。每当回想起那天，我依旧能感受到那一刻的情绪。刹那间，它将我与这个多年前就离开了的国家以及我始终魂牵梦绕的地方重新连接在了一起。

十天后，科特迪瓦内战爆发。我原以为重返祖国会很简单，但忽然，一切都变得复杂起来。对于我们这些生活在国外的人来说，从千里之外关注着国内的战事是很难受的。虽然我至少了解到了我在科特迪瓦的亲人并无任何人身危险，但目睹这个国家如此分裂，我依然感到十分震惊。

战争一直持续到 2003 年 1 月，当时双方签订了一份并不牢固的停火协议，然而接下来几年，尽管有法国和联合国维和部队的干预，反叛军和政府武装部队之间仍然冲突不断。

那段时期，我们开始踏上了冲击 2006 年非洲国家杯和 2006 年世界杯的征程，也继续重建着国家队，而我几乎每场比赛都有进球——不只是进一个，常常是两三个。我在队内的地位变得愈发重要，不仅仅是一名队员，还是某个准备好代表其他队友发言的人。我曾在马赛效力过，并于 2004 年加盟切尔西，这两段经历教会了我如何去尊重年纪大和资历深的球员，但也让我懂得了如何在必要时大声发言。2005 年，当球队需要更换队长时，他们请我接任这个角色。对我来说，那既是一份了不起的殊荣，也是一项我非常乐意接受的挑战。

2005 年 9 月，科特迪瓦再次濒临另一场全面内战的边缘。与此同时，人们团结起来支持着我们的队伍，希望我们能杀进 2006 年世界杯，实现前所未有的壮举。2005 年 9 月的时候，我们的小组排名还不错，位列第一，但我们急需在喀麦隆身上至少拿到一分，以此保留出线机会。如果获胜，我们就将直接出线，这是每个人所热切期盼的。

无论过去还是现在，喀麦隆国家队一直都是我们在非洲的主要对手。每当这两个国家队展开较量，那种对抗感和重要性都意味着比赛会格外激烈。他们的绰号是“雄狮”，我们则被称为“大象”。

比赛于 2005 年 9 月 4 日进行，此役对双方来说都非常重要。由于全队肩负着取得理想结果的压力，在赛前的几周时间里，我几乎无法去想别的事。问题是，在非洲，“好结果”可不包括平局；它应该是以 3 ∶ 0 或 4 ∶ 0 大胜，是人们可以真正拿来庆祝的东西。从媒体到大众，甚至是管理层，每个人都在谈论这件事。除了一场干净利落的胜利，人们再无其他想法。我拥有的则是切尔西式的心态：好吧，胜利会很完美，但能拿一分是一分，我们依然能保持领先。但对这个局面如此糟糕的国家而言，我很清楚，一场胜利将会为它带来一个举国欢腾的团结时刻。所以，我们在这场比赛中备感压力。

当罗曼·阿布拉莫维奇决定和何塞·穆里尼奥一起前来观战时，我真的很感动。他们乘坐前者的私人飞机抵达，鉴于他此前从未踏足过非洲大陆，我想他会发现这整个经历将令他难以忘怀！他们不辞辛劳，愿意花时间来看比赛，这对我来说意义重大，因为那表明他们有多么珍视我们之间的关系，同时也给了我另一个迫切希望取胜的理由。

在那场比赛上，我如有神助。而该场比赛也是我表现最好的国家队比赛之一，只是可惜结果并不尽如人意。

对方率先打破僵局，但我随即扳平了比分。上半场行将结束时，他们再次取得领先。我拒绝放弃，因为我下定了决心要率队出线。在更衣室里，我激励全队继续努力。“我们会把比分扳回来的。我们会进球的。然后，我们必须把比分维持在 2 ∶ 2。因为 1 分就很好，那就足够了。”

果然，下半场刚进行10分钟，我们便获得了一个任意球，随后我罚进了自己职业生涯中最精彩的任意球之一，再次将比分扳平——2∶2。“我们必须保持冷静，把球控下来，掌握控球权。”我强调道。可是相反，球队却在不断进攻。这使得比赛跌宕起伏，而且当球队数次面临危险时，有些观众还晕了过去。救护车把他们送去了医院。接着，我们又在最后时刻犯规，送给对手一个任意球。球进了——他们以3∶2获胜。每个人都彻底陷入了绝望，全队上下和所有球迷都是如此。这是过去10年来国家队第一次在主场失利。我们过了许久才离开球场。

这个结果意味着，我们能否出线要取决于一个月后的最后一轮较量。届时我们将客战苏丹，而且必须获胜——这是我们所预期的。但同一天的同一时间，喀麦隆也将在开罗对阵埃及，如果他们赢了，他们就将在积分榜上超过我们，然后成功晋级世界杯。

正常情况下，喀麦隆是有望战胜埃及的，然而比赛前一天，我接到了曾与我一起在马赛效力的埃及前锋米多打来的电话。

“我的兄弟，赢下你们的比赛吧，”他说，“因为埃及队总能给喀麦隆制造麻烦。”

“好，好。”我回答道。当时我的情绪很低落，因为小组赛的结果已经不在我们的掌控之中。“我们一定会击败苏丹，可我不确定喀麦隆会输球还是打平。”

“不，没问题，我们会好好对付他们的。”他继续乐观地说道。

这场比赛并不困难，我们很快便取得了领先。我们球队的一名队医因丢失护照而不得不返回法国，而替补席上的队友在比赛中一直与他保持着联系。由于那场比赛有电视直播，他可以向我们传达另一场比赛的所有动态。

下半场末段，我们以3∶1领先（这也成了最终比分），而另一场比赛，埃及在第80分钟扳平比分，两队战成了1∶1。那个时候，我非常紧张，以至于双腿不听使唤。我无法奔跑，定在了原地。

“跑，快跑！”教练们从休息席喊道。

“比分是多少？比分是多少？”

“你别管了，没关系的，继续跑就行！”

“我跑不动了，我已筋疲力尽，快告诉我比分！”

“不，不，你只需好好比赛！”

然而，当时我是如此坚信开罗那边的结果已经导致我们无缘世界杯，以至于我无法移动或做任何事情。

最后，终场哨声响起。我们的比赛结束了。令人惊讶的是，他们的比赛距离 90 分钟结束仍有几分钟，随后又进入了补时阶段。考虑到我们是同时开球，这不禁让人感到有些奇怪。不过这里是非洲，而且我也不清楚他们下半场发生了什么，导致比赛延长这么久。当补时结束时，我们从电话那头得知，裁判又给了额外的 5 分钟。5 分钟啊！此时，他们的比分依旧是 1 ∶ 1，尽管还有补时，但全队上下已开始欢呼雀跃，仿佛我们已经成功出线。我则恰恰相反。“不，不，不，等一等。比赛还没结束！”肾上腺素突然流过我的全身，我的心跳得如此之快，感觉它好像会从身体里蹦出来。我们全都挤在那部电话旁，同我们的队医交谈，迫切想要知道开罗那边每一秒的进展。

我就知道。我有这种预感——他们会获得一个点球，喀麦隆将得到一个点球。接下来我只知道，裁判果然判给了他们一个点球！

看完回放后，我认为那绝对不是点球——最多只能勉强算是。也许是那个场合的压力和围上来的球员影响了裁判的判罚。无论如何，现在另一场比赛已经来到了第 95 分钟，距离结束只剩几秒。我们完全被这脚射门所支配——我们的命运将由一脚射门来决定。

我感觉很不舒服。我的队友们非常震惊。我们搭着手臂围成一圈，仿佛是为了支撑那一丝希望，期待我们依然能够出线。我们都很激动。

“所有人，让我们祈祷吧！迪迪埃，快来，我们一起祷告。”当时在球队工作的前球员艾哈迈德·瓦塔拉催促道。包括我在内的几个人立马双膝跪地，虔诚地向上帝祈祷，渴望他能听到。等待点球结果的那会儿相当折磨人，它似乎会永远拖延下去。然后，我们突然听见电话那头大叫起来。过了几秒钟，我们才完全明白从开罗经由巴黎传来的消息：点球击中了立柱！他们射失了！我们出线啦！

科洛·图雷和我仍然不敢相信。“嘘！”我们乞求道，试图让一切冷静下来。有些人已经在欢呼雀跃，其他人则继续祈祷着。“比赛还没结束，还没结束。”幸运的是，不到几秒钟，它真的完全结束了。随后，我彻底释放了内心的喜悦，开始像个疯子一样绕场狂奔，拥抱每一个人，尤其是让我们梦想成真的新任主帅亨利·米歇尔。我觉得这实在难以置信，喜悦和欣慰的泪水很快就流了下来，我的大多数队友亦是如此。我们双膝跪地，感谢上帝，在场上庆祝了很长时间，然后得意扬扬地抬着亨利·米歇尔下了场。

回到更衣室后，我们继续庆祝着。更衣室里挤满了人，他们都前来祝贺我们所取得的成就，这是我们有史以来首次杀进世界杯。在我们的国家正遭受苦难的时候，我们却迎来了这个举国欢庆的历史性时刻。

突然，在所有欢呼和喜悦之中，我发现科特迪瓦国家电视台 RTI 正在拍摄我们。“把话筒递给我一下。”我告诉摄像师，他马上就递了一个过来。我们总是说，如果我们成功出线，那都是为了祖国的人民，我们将呼吁他们把和平带回科特迪瓦。现在，我们的机会来了。

没有经过深思熟虑，也没有准备好演说词，我自发地让所有队友都围到我身边。“嘘，伙计们，听着，听着。”我说道。更衣室里顿时鸦雀无声。你能听见针掉在地上的声音，每个人都看着我，随即我向全国同胞发表了一段慷慨激昂的恳求。

“我的科特迪瓦同胞们，无论你来自北方还是南方，东部还是西部，我们今天已经向你们证明，科特迪瓦人可以共同生活，并携手为同一个目标而努力：获得世界杯参赛资格。我们向你们保证，这会使大家团结起来。现在，我们请求你们，”我继续说，示意身边所有人都跪下，“现在，我们请求你们：非洲唯一拥有所有这些财富的国家不能以这种方式陷入战争。请放下你们的武器吧。组织选举。一切都将变好！”

我不知道我的恳求是否会在那天或是在未来得到回应。我也不知道有多少人会看见或听见我说的话，或者他们当中是否有人会听从这个请求。我只知道，那是我内心深处的想法，完全是出于本能的。它来源于我对祖国的热爱，以及其现状给我带来的悲痛。

第二天，我们飞回了阿比让。由于此前 24 小时的经历已经把我弄得精疲力竭，我坐在飞机上陷入了沉思，回想着过去 5 年内发生在我身上的一切，忆起自 5 岁离开祖国后，我有过的种种经历。我想到了我的家人，我对他们的爱，尤其想起了我父亲的母亲，也就是我挚爱的、已不幸过世的祖母泽赫。一想到她不能和我分享这个时刻，并为我感到骄傲，我便痛苦不已。我付出了太多努力才走到今天。飞行期间，我深受所有这些想法的影响，它们在我脑海里不停地回荡着。然后，我开始哭了起来。

当飞机降落在阿比让时，等待着我们的是人山人海，庆祝场面非常疯狂。我父母和其他一些人首先拥抱和欢迎了我，虽然几天前我才刚刚见过他们，但这次与他们重聚仍然令我非常激动。我能看出他们很为我自豪，与其说是因为我们出线了——那几乎是次要的，倒不如说是因为我发出的那份和平请求。后来我发现，在之后连续数周里，我的那段讲话每天都会出现在各大电视台和广播新闻简报上。我从未想过它会有如此大的影响，但是显然，最后它变成了一条响亮而有力的讯息。

进城的路上，那场面就和在机场时一样疯狂。我从未见过如此疯狂的景象。视力所及之处全都是人，有的从房屋里观望，有的则坐在树上，在炎炎烈日下等待数小时，挥舞旗帜，吹响号角，喜极而泣。当我们的敞篷巴士慢悠悠地沿着大街驶往总统府邸时，他们的手臂都伸向了大巴车。完全陷入了疯狂。我们的国家进入了世界杯，而人们之间的怨恨也似乎被搁置了，至少是暂时的。在实现真正的和平之前，我们还有很长的一段路要走，但这是个开始。

第十八章

世界杯和其他挑战

我最想要做的事就是和球队一起去赢得荣誉。我们的队伍十分出色，拥有诸如科洛·图雷、亚亚·图雷、艾曼努埃尔·埃布埃和阿鲁纳·科内等球员，所以1月份的时候，我们满怀信心地前去参加了2006年非洲国家杯，我们相信球队能够取得好成绩。和我们分在同一小组的还有东道主埃及、摩洛哥和利比亚，在三场比赛收获两胜后，我们成功闯进了四分之一决赛。在那里，我们碰到了老对手喀麦隆，后者与埃及和我们同属本届赛事实力最强的球队之列。

比赛在开罗进行，场面极具戏剧性。常规时间结束时，双方战成0∶0。随后，我们在加时赛第2分钟打破僵局，希望凭借此球进入下一轮，但3分钟后喀麦隆就将比分扳平了。终场哨响后，比分为1∶1，这意味着最终结果将由点球大战来决定。然而，那不是一次普通的点球大战。它成了国际比赛史上持续时间最长的点球决战之一。包括守门员在内的所有球员都成功罚进了点球，比分随之变为11∶11。作为队内的一号罚球手，第二轮将由巴萨球员塞缪尔·埃托奥和我率先罚球。

我们身上的压力异常大，包括主教练在内的所有人都能感受得到。当我满脑子想的都是远在科特迪瓦的家人时，我很难保持冷静并集中注意力。我知道那里的每个人——家人、朋友、熟人，甚至是我不认识的人——都在观看比赛。我不想把事情搞砸，而且作为队长，我觉得我肩负着比别人更多的责任，我不能让大家失望。我该选择和之前相同的方向吗？我该尝试新角度吗？对塞缪尔来说，不幸的是，他显然决定选择后者，结果他放了个高射炮。轮到我了。我不慌不忙，试图保持镇静。

我目光朝下，最后看了一眼对方门将，接着助跑起来，大力将球送往与第一次主罚时相反的方向，皮球绕过门将伸出的手臂入网。球离得有些近，令我稍感不安，但我们还是成功杀进了半决赛！这还使得一段时间内我们在与喀麦隆交手时占据着心理优势。在那之前，我们总感觉自己处于劣势。他们阵中全是经验丰富的国脚，而且曾问鼎过该项赛事的冠军。但那一天，对我们来说一切都变了，它带给了我们很大的信心。

接下来的一轮，我们成功淘汰了尼日利亚——我攻入了唯一进球，我们突然就杀进了国际大赛的决赛，这还是史上第一次，我们将在决赛中迎战东道主埃及队。我们信心满满，但回头想想，我意识到当时我们在精神和身体上都十分疲倦了。那天一开始就很不顺，由于道路交通混乱，我们的大巴花了一个半小时才抵达球场。其中有 45 分钟是在距离球场仅仅几米处耗费的，当时一群主队球迷把我们团团围住，而警察似乎不能或不愿意采取任何措施。我们觉得很困惑，不过或许他们是觉得这场比赛太重要了，于是决定不去解救对手，以此来助主队一臂之力。无论如何，等到我们进入更衣室时，大家都备感压力和沮丧，而且由于到达时间比预期晚，我们的例行程序全被打乱了。

比赛期间，我感觉筋疲力尽，缺乏活力。对我来说，那是一次非常艰难的经历。我们有过一些机会，但双方都没有进球。埃及队甚至还一度射失了点球。

于是，比赛进入了点球大战。作为队长，我决定率先上阵，结果却罚失了。通常我不会射失，但如果我确实没罚进，我就必须接受那是命中注定的事。它在生活中时有发生。当你冒险把自己置身于最前线的时候，有时事情就是会进展不顺。这是你必须经历的一部分，但你必须告诉自己，至少你有勇气站出来，所以你应该无怨无悔。这依然是个不能再糟糕的开局。他们已经罚进了第一球，第二球也进了。科洛·图雷随后为我们首开纪录。接着，他们罚失了，现在他们以 2 ∶ 1 领先。如果我们能罚进下一球，我们就会扳平比分。我们仍有希望。遗憾的是，阿鲁纳·科内没有将球打进，尽管后来艾曼努埃尔·埃布埃帮助我们又得了一分，但埃及队又两次命中，最终以4 ：2赢得了胜利。

这次失利令我异常痛苦，与其说是因为我罚丢了点球，倒不如说是因为我们距离冠军如此之近——我们甚至曾在预选赛阶段击败过埃及队，而且赛前我们很有信心会取得成功。

德国世界杯的情况则迥然不同。我已向往这一刻许多年了，我常常认为它只是个梦想，永远都不会成为现实。我从不敢想象一个更加非同寻常的场景——在对阵我的英雄马拉多纳曾效力的阿根廷队时，为我们国家打进世界杯首球。然而，在我们的首场比赛中，我真就做到了。尽管我们输了，可对我来说，那却是个梦幻般的世界杯开局。

我们身处一个艰难的小组，里面有荷兰、塞尔维亚和阿根廷。虽然我们在最后一场比赛中战胜了塞尔维亚，但由于小组赛第二场输给了荷兰，所以我们只踢了两场比赛就已经结束了我们的世界杯之旅。对我们而言，若能晋级淘汰赛，那就是一种成就，尽管那肯定会很艰难，但我们仍觉得自己是有机会的。

由于我们队的实力不错，我很看好我们的世界杯前景，然而在德国，另一件让我非常失望的事是，我们的球队面临着一些困难，我认为这些困难影响到了我们的表现。作为队长，我已经在俱乐部和国家队收获了知名度。我有点成了我们国家的一个偶像，这很大程度上是因为我曾在去年为平息政治暴乱而公开发声。所有这一切意味着，无论我们的球队到哪里，只要球迷们一看见我，他们就会围过来索要签名或合影。我从来没有寻求过这些，但我觉得那也没关系。如今我终于明白，对球队而言，这并不是个容易的局面。

我知道当时我犯了错——谁没犯过错呢？但我永远会摸着良心说，尽管我可能没有处理好某些情况，但我那样做完全是出于好意。我站出来充当球队的代表，毫无保留地发声，目的是为了提升科特迪瓦的形象，以及展示我们所踢的精彩足球。不幸的是，我想有时候它会影响到我们的团队精神，并且在我们的一些比赛中产生连锁反应，从而影响到比赛结果。

与此同时，国内政治局势依旧紧张，国家也分裂成了两部分。

正是在这个背景下，2007年3月初，我飞往加纳阿克拉，参加了2006年非洲足球先生的颁奖典礼。队友迈克尔·埃辛与我一同前往，他是代表加纳去角逐该奖项的。那天我觉得很自豪，因为我妈妈就在后台迎接我，她还帮我穿了一件科特迪瓦的传统多彩长袍！当我的名字被宣读出来时（我事先并不知道结果），我倍感荣幸和感动。我是首位获此殊荣的科特迪瓦足球运动员。乔治·维阿和塞缪尔·埃托奥过去也拿过这个奖。我的同伴迈克尔·埃辛也非常优秀，他位列第三，而且我们都很荣幸能在世界各地展示非洲的积极形象。

颁奖典礼结束几天后，政府和北部叛军“新军”于3月4日公开宣布停火，为未来带来了一些和平的希望。

3月24日，我们迎来了下一场国家队比赛，在非洲国家杯预选赛中客战马达加斯加。我们以3：0获胜，乘飞机返程时，我突然有了一个想法。我想，既然现在我们国家不再处于内战状态了，那我何不问问总统我能否去叛军大本营布瓦凯展示我的非洲足球先生奖杯呢？要知道仅仅几周前，这个国家南部地区的人是绝不会想去那座城市的。然后，如果有可能的话，我们何不尝试在那里举行对阵马达加斯加的次回合比赛呢？比赛定于6月3日进行，因此当局应该有时间去安排相关事宜。几天后，我要去总统府接受洛朗·巴博的会见，向他展示我的奖杯，所以那将是提出这个请求的理想机会。

在飞机上，我问了我们的足协主席雅克·阿诺玛对我的疯狂想法有何意见。实际上，他非常鼓励我这么做，所以两天后，当我将我的奖杯展示给总统并参加完一场大型聚会后，我紧张不安地询问他是否有可能准许我那两个请求。我一说完，他就答应了。他很喜欢我的主意，还说会安排我从安全通道往返。果然，仅仅两天后，即3月28日，我便来到了叛军腹地布瓦凯，并坐上一辆敞篷车，在士兵的一路护送下抵达与“新军”首领纪尧姆·索罗见面的地方（作为进一步的和平示意，后者在接下来的那个月被任命为了总理）。

当我沿路展示这座此时已具有巨大象征意义的奖杯时——它是我们国家的骄傲之一和未来的希望——我感到出奇的镇定，既没有因为士兵的存在而觉得受到威胁，也没有因为来到这个国家的另一部分，将自己置身于可能的危险当中而心生忧虑。相反，成千上万的男人和女人站在街道两旁热烈地欢迎我，向我欢呼，许多人热泪盈眶，此番场景对我产生了巨大的影响。有个老太太追着车跑了整段路程。其他人则简直是把自己扔到了车盖上，有的还跳到车前面，试图接近我。虽然天气炎热，但所有这些人都决定待在那里，带着极其渴望和解的姿态，欢迎我来到属于他们的区域。我以一名出身卑微的足球运动员的身份来到这里，目睹了绝对疯狂和热烈的场景，这让我非常震惊，也十分激动。

那天，人们对我的欢迎让我知道，他们是愿意抛开分歧的，这是个非常强有力的希望迹象。它使得人们相信，我们能够以此为基础，致力于重塑一个统一的国家。

6月3日，我们按计划在布瓦凯同马达加斯加展开了次回合较量。

“我们为何要去那里？那会危险吗？”赛前，有些球员很担心。

“伙计们，我们必须去。”我回答道，“我去过那里，也看过他们，他们热爱足球，也爱你们和这支球队，而且即使我们输了比赛，他们也会永远支持我们。我们必须去。”

这场比赛之前、其间和之后的场景与3月份时一样疯狂。尽管高温和潮湿令人难以忍受，但人们仍排着绵延数公里的长队试图进入球场。

比赛真正开始后，欢呼声和喧嚣声让人难以置信，最终我们以 5 ：0 轻取对手，我打进了最后一球，这尤其令我感动，也很完美。它代表了我为把这场比赛带到此地而努力去做的一切；它还表明，无论之前发生过什么，我们依旧是一个国家，依然团结在一支球队身后。

比赛本身变成了试图化解分歧的一个标志。我看到政府军士兵与叛军士兵在一起观赛。后来我还听说，那些在内战爆发时被迫离开家园，抛下财产并逃往南方的人已经决定，他们现在可以回来了。有人听到他们说："如果迪迪埃去过布瓦凯，那就意味着大家可以安全地回到那里了。"当我发现我们足球运动员能带来如此大的影响时，我感到非常惊讶。

比赛结束三天后，我探访了位于祖国西部的两个村庄，这是我 15 年来第一次造访我父母的出生地。我不会说他们的方言，所以沟通起来有些困难，但我父母和大家族里的其他亲人都在那儿，包括我亲爱的外婆伊莲娜——一位身材娇小、美丽高贵的女士，其行为举止以及看我的方式无不流露出她的爱与智慧。我喜欢回到这个我父母出生的地方。它能帮助我更好地了解他们、他们的思维方式和他们想要从生活中得到什么。

这片炎热土地的景象和气味立即触动了我。乡村的广阔美景，人民的友善和睦，一切都使我更加热爱我的祖国。我在那里受到的欢迎，同那一周我在其他每个地方所受到的欢迎一样疯狂——由于道路两旁人山人海，车程要比平常多花 5 倍时间，人们流着幸福的泪水，伸手想触碰我，不断尖叫、挥手，脸上写满了爱。对我来说，这次旅程让我从更深的层面重新认识了我的国家，而且使我和我的根源更紧密地重新连接在了一起。我从未失去与祖国的这份联系，但它们在那一周里却变得更加紧密，直至永远。我为我是科特迪瓦人而骄傲。我为现在的自己而骄傲。但最令我自豪的是，我能给这么多人带来如此多的欢乐和希望。

第十九章

激烈的碰撞

2010年南非世界杯是这项赛事第一次在非洲大陆举行。作为“大象”，我们非常期待这届不可思议又令人激动的大赛。此外，2009—2010赛季我表现得很不错，经历了切尔西生涯中最棒的赛季，期间我们首次赢得双冠王，而且我还当选为2009年的非洲足球先生，并荣膺英超金靴，两个奖项都是第二次斩获。2010年6月，我甚至登上了《名利场》杂志——那期有一篇关于世界杯的专题报道——的封面。当时有人告诉我，除了我之外，唯一曾登上美国《名利场》杂志封面的非洲人是纳尔逊·曼德拉，所以我意识到了自己也成了受人尊敬的人。因此，说我已具备参加世界杯的资格已是保守。我想让它成为一件特殊的事。

6月初，球队去瑞士进行了一些高原训练，并在大赛开始前踢了几场友谊赛。一切都很顺利。随后，在对阵日本队的一场比赛中，上半场我早早就取得了进球，几分钟后，我全速奔跑着，并试图控住球，这时我眼角的余光瞥到对方中卫（我打破僵局的射门恰恰是打在他身上变线入网）正朝我飞过来，一次激烈的碰撞在所难免。这便是他们所称的“哐当一下撞上了”。刹那间，我本能地抬起右前臂试图保护我的胸部。现在回想起来，那倒也好。如果他真的撞到了我的胸部，我都不愿去想那会对我造成什么样的伤害。那真是一次十分笨拙的拦截。

碰撞一发生，我就知道我受了重伤，因为我的前臂非常疼。回到更衣室后，我因为疼痛和悲伤流下了泪水。由于距离首场比赛只剩下11天，我确信我多年来参加非洲本土世界杯的梦想彻底破灭了。

我受伤的消息像野火一样迅速传开。比赛刚结束，许多人便联系我说想要帮忙。我的喀麦隆朋友，同样踢前锋的塞缪尔·埃托奥打来了电话，并立即联系了一名他认识的优秀外科医生，想看看他能做些什么。

最后，第二天早上，我在伯尔尼接受了一位顶级外科医生的检查，他离我们住的地方不算太远。他查看了 X 光片和扫描结果——我的肘部严重破裂——然后说，是的，他可以给我放一块板到骨头里，但我必须休息两到三个月才能再次踢球。

“等等，等等！”我无法相信这个消息，摇了摇头说道，“听我说件事。你看那儿的日期，只剩 10 天了。”我一边说，一边指着他桌子上的日历，“那是世界杯；我必须参加那天的比赛。我必须上场！这有可能吗？”那位外科医生长叹了一口气。

“这样啊，”他缓慢地回答道，“我之前从未那样做过。”

“我不是那个意思，”我打断道，“我要说的是，我有可能上场比赛吗，哪怕只有 50% 的可能性？”

“有的，你可以比赛，但要做好保护措施。而且，如果再次被撞，那你就完了。你将缺战八九个月或更久。”

“好的，那就这么做吧！”

当天晚些时候，他为我做了手术。他沿骨头给我放了一块 8 英寸的金属板，用 8 根金属长螺丝固定，然后给我装上了碳纤维防护石膏。于是我的胳膊里就装了相当多的金属，令人失望的是，我从未在机场触发过警报——整整五年，它们一直伴随着我，直到 2015 年夏天才终于被拆除。我把那些金属当作纪念品留了下来，给那个不太有趣的时期留了个有趣的回忆。

一两天后，当我回到球队下榻的酒店时，我的电话响了起来。

“我的孩子。”电话那头传来一个熟悉的声音——纳尔逊·曼德拉！“这是我们的世界杯，”他用南非人那种缓慢的讲话方式说道，“即使你不上场，你也必须来啊！我们会在这里等你的。”

“我会来的，我会来的，我已经在路上了！”我立刻回答道。

其实在去年的联合会杯上，我就已经见过纳尔逊·曼德拉了。我去了他家，见了他的家人，还跟他聊了聊。他给人感觉极具智慧与平和，也十分和蔼可亲。我深深觉得我面前是个独一无二的特殊人物，而且我非常清楚，能与他相处一段时间是莫大且罕见的荣幸。自那时起，我便和他其中一个女儿津齐保持着联系。她留了我的手机号码，所以正是她拨通电话后将它递给了她的父亲。当我在瑞士某酒店的大厅中央接到那通电话时，我感到无比震惊。

塞普·布拉特也致电给了我，鼓励我去参加世界杯——鉴于此后我和他以及国际足联之间所发生的一切，这有点讽刺。“没有你的非洲世界杯就不是世界杯。”他非常亲切地对我说。尽管他费心打来电话确实很好，但深深触动我的显然是来自纳尔逊·曼德拉的那通电话。只要我还活着，我就不会忘记它。

接下来的一周，我每天都在祈祷我的胳膊能恢复到足以让我参赛的程度。当我们抵达南非时，我仍感到疼痛，但我决心坚持下去，于是我戴着石膏，当着众多自家球迷的面，参加了我们的首堂训练课。“我一定要做到。”我不断告诉自己。

一周后，我开始再次感觉到我的胳膊——在此之前，它一直处于令人忧虑的麻木状态，而且我觉得它更强壮了。为了证明这点，我试着做了几个俯卧撑。

“停下来！你疯了吗？！”所有教练组成员都喊道。

“不，我没事，我没事。”我回答道，然后又多做了几个。正是在那时，我知道我将为首场比赛做好准备。我能上场比赛，也能被信赖；我来这儿可不只是为了给球队加油打气的！

首战我们对阵葡萄牙，我在第 66 分钟替补登场。遗憾的是，我对自己胳膊的恢复情况并没有 100% 的信心，这使得我在比赛快结束时错失了一个重要的机会。当球向我飞过来的时候，我差点儿摔倒，就在那一瞬间，我意识到如果我用脚踢球的话，我可能会跌倒，而我很害怕手臂先着地。我脑子里想的全是那种可能性，而不是控制住球，结果我射偏了。最后，双方战成了 0 ：0，不过对我们来说，这依然是个好结果。

第二场对阵巴西，我首发出战，这表明我的胳膊正在快速恢复，主教练有信心我能打满 90 分钟。我们踢得并不好，1 小时过后，我们已经以 0 ：3 落后了。然而，比赛也有积极的一面，那就是我打进了一球，由此成为史上首位攻破巴西队大门的非洲球员。即便它没有改变本场比赛的最终结果，也依旧是个让我感到骄傲的时刻。

最后一场比赛，我们 3 ：0 完胜朝鲜，我的好友兼切尔西队友萨洛蒙·卡卢为我们攻入了第三球。萨洛蒙从 2007 年开始为“大象”效力，他是我们球队取得成功的一个很重要的因素，在我和他并肩作战的那些年里，他总共收获了 20 多个进球。尽管赢下了这场比赛，我们还是在小组赛结束后惨遭淘汰，这显然让人很失望，可它并不令人惊讶。葡萄牙和巴西始终都是难以击败的对手，我也不认为是我的伤病改变了结局。

在我看来，这届世界杯的积极意义在于我们终于有机会在自己的大洲参加这项赛事——那将永远保留着它的特殊意义。非洲有史以来第一次举办这种赛事，对此我感到非常自豪，我们很清楚全世界都在关注着这里，想看看人们在这块神奇的大陆上可以实现什么。此外，作为在对阵世界最具标志性的足球队时进球的首个非洲球员，我不得不承认，那种感觉太酷了。

回想起 2012 年非洲国家杯，我总感到异常悲伤。那一年，我们将每个人的自我都搁在一旁，以一个团队来作战。我们真的觉得球队已经变得非常成熟和团结，这也表明了我们正处于一个巅峰时期。我们不害怕比赛，不害怕失球，我们会不断努力，也相信自己会踢出精彩且积极向上的足球。这也与我们国家终于比之前很长一段时间都更团结有关。

谁知道呢，或许这同样影响了我们整个集体的心态。

无论如何，我们进入了决赛，并且将在加蓬最大的城市利伯维尔迎战赞比亚。他们的法国籍主帅埃尔韦·勒纳尔给这支队伍注入了纪律和良好的精气神，但我觉得，自从我开始为“大象”效力以来，这是我们问鼎非洲杯的最佳机会。

双方在决赛中均无建树。下半时，我们获得了一个点球，显然那是个决定性的时刻。作为队长，我上前准备主罚。出于某种原因，我竟在最后一刻把球踢飞了。我至今仍无法解释这件事，因为我从来没有罚过那样的点球。到底发生了什么？谁知道呢？结果，加时赛结束后，0∶0的僵局依旧未被打破。

又到了点球决胜的时刻。天气很糟，雨下得非常大，就像以往进行点球大战时一样，紧张的氛围几乎令人难以承受。我们率先主罚。没问题，1∶0。赞比亚随后扳平了比分。两队球员一个接一个走上罚球点，将球一一送进网窝。所有人都是出色的点球手；双方门将都无法接近皮球。这一次，我决定第五个主罚，因为那常常是点球大战中的关键时刻，我希望确保此球能进。我们继续罚球，5∶5，6∶6，7∶7。每一次罚完球，所有人的神经就变得更为紧绷了一点儿。

我们的下一个罚球队员是经验丰富的科洛·图雷。他从很远处助跑——也许有点太远了，以至于给了门将稍微更多的时间去猜测他的肢体语言——然后一脚射门……球被对方门将扑了出来。此时，压力落到了赞比亚人身上。接下来罚球的是莱因福德·卡拉巴，他的射门高出了横梁。我们大大地舒了一口气。接着，轮到阿森纳队的热尔维尼奥为我们主罚。他奔跑起来，却同样将球踢飞。我们完全惊呆了。当对方中卫斯托皮拉·苏恩祖把球放好，准备罚出可能的制胜点球时，大家几乎都不敢看，随后他开始助跑，将球重重地送入了网窝——赞比亚8∶7获胜，我们又一次折戟决赛。

此番失利令我们十分伤心。尽管包括决赛在内，整个赛事期间我们未失一球，但我们最终还是输了。我们是进攻最出色的队伍，而且最后我还并列成为最佳射手。我不断地说，这怎么可能，凭借终于建立起来的团队精神和友谊，凭借这些优秀的球员，我们怎么会又一次空手而归呢？为了获胜，我们已经拼尽全力，而球队也无比团结，可还是无果而终。所有队友都流了泪，我也跟着啜泣起来。

对于最终结果以及我罚失的点球，我只能用命中注定来解释。或许就算再踢 10 个小时，最终依然会是他们的名字被刻在奖杯上。这有点像 19 年前，当赞比亚获胜后，他们乘坐的飞机却在加蓬附近坠毁，导致 18 名教练和球员丧生。也许，有些事就是命中注定的。

我返回了英国，心里很难过，精神也垮了。旅途期间，我还要处理一些棘手的家庭问题，这让我变得更加情绪激动。那天深夜，由于我的妻子远在科特迪瓦，孩子们也已安然入睡，所以我给一个朋友打了电话，向他诉说过去几天的困难。突然，我有一种非常奇怪的感觉，就好像我正在被吞噬，被我的情绪所淹没。“抱歉，我得挂了。”我不假思索地对他说。我只知道我必须马上挂掉电话。刚挂断电话，我便几乎毫无征兆地开始号啕大哭起来。我无法停下来。所有情绪都涌上了心头，关于决赛、家人和日常生活。我从未想过自己会哭成这样，因为之前我从未有过这种反应。我想这是我人生中那段艰难时期的顶点，就连当时发生在切尔西的事情对此也毫无帮助。

接下来的一个月，我的情绪起起伏伏。某天，我的精神面貌还不错，可第二天，我便心事重重，备感焦虑。我不是那种能完全无视场外生活中所发生之事的球员，所以这影响了我踢球。幸运的是，一个月后，切尔西迎来了一位新主帅。在那之后，我变得越来越强大，最终以一种不可思议的方式结束了那个赛季。即便如此，每当回想起那场非洲国家杯决赛，我依然会感到十分难过。

2014年世界杯是我最后一次有机会为国效力。由于它的举办地是足球心脏巴西（一个把此项运动当作宗教的国家，也是我一直希望有朝一日能在那里踢球的地方），所以我觉得，本届世界杯之后或许就是我退出国家队的好时机。

英超一结束，我就去了卡塔尔，以便在世界杯开打前，让自己在身体上做好准备。我练得很刻苦，减掉了3公斤体重，其中有一半是脂肪。鉴于我本身并没有许多体重可减，这意味着等我来到巴西时，我的身材非常匀称，而且我感觉自己的状态正处于巅峰。

当我们到达时，我们发现我们拥有众多巴西球迷，因为我们受到了不可思议的热烈欢迎。尽管我从未在马拉卡纳球场踢过球——我的人生理想之一，但我非常高兴能在一个如此热爱足球的国度比赛。

我们是第一支连续三次杀进世界杯决赛圈的非洲球队，对于这个成就，我们感到相当自豪。如果我们能首次进入淘汰赛阶段，那就更好了。我们的阵中依然有亚亚、科洛·图雷和热尔维尼奥，也有一些获得成功的优秀年轻队员，所以我们是很有希望的，尤其因为我们与日本、哥伦比亚和希腊同处一个小组。

遗憾的是，我们的主帅似乎并不信任我这个队长，首战对阵日本，他便将我排除出了首发11人。我自然很不开心，由于他是在开球前几小时才告知我的，这让我更加不满。一如以往，在我看来，主教练和球队之间的沟通十分重要，而我至今仍不明白他为何没有多给我一些提醒。当球队以0：1落后时，我才替补上场，然后完全扭转了局面。我们最终以2：1获胜，这当然是我能做出的最好回应。

第二场比赛，同样的事情又发生了，我还是被留在了替补席上，这次直到第60分钟才上场，而我们最终也以1：2不敌哥伦比亚。我再次感到很不开心。

现在，一切都取决于对阵希腊的那场决战——我们必须打平才能确保出线。这一次，我进入了首发阵容。中场结束前，希腊队率先破门，但我们在第74分钟利用反击扳平了比分。此时，我们距离晋级只剩下15分钟。几分钟后，我被换下了，我不知道这是为什么，可也正是在那时，我的直觉告诉我他们会进球。在2009年欧冠半决赛对阵巴萨时，我也曾有过同样的感觉。

时间不断流逝，直至比赛进行到第90分钟。此前我遇到过太多次这种情形。我们进入了补时阶段。我有预感，我就是知道。果然，第93分钟，几乎是比赛的最后时刻，裁判确信萨马拉斯在禁区内被人从后方铲倒，由此判给了希腊队一个点球。那是个有争议的判罚，至今我仍不能认同。

我爱莫能助，只能在替补席上关注着比赛，而且几乎无法控制我的情绪。于是，我跪在场边祈祷——那是我唯一能做的事。我祈祷着，希望着。遗憾的是，那天我的祈祷并未得到回应，因为萨马拉斯罚进了点球，帮助希腊队取得了胜利，让他们得以首次杀进世界杯淘汰赛阶段，而我们自己的晋级希望最终宣告破灭。

这届世界杯最令我失望的地方在于，虽然我仍是队长，但从一开始我就感觉自己是局外人。我认为法国籍主帅萨布里·拉穆齐觉得我的存在超出了他的掌控范围。也许他感受到了我的威胁，所以他不是很想让我上场。对于我遭受的待遇，我们的足协主席也没有对他说什么，于是我决定，我将在世界杯结束一个月后宣布退出国家队——尽管在那之前那位主教练已经辞职了。当时我36岁，刚刚和切尔西续约，因此我的足球生涯仍处于一个不错的阶段。我认为专注于俱乐部足球对我本身、我长远的健康以及我的家人都会更好。我知道科特迪瓦球迷会理解我的决定，所以我并不后悔做出这个决定。

仅仅六个月后，2015年2月，“大象”终于赢得了非洲国家杯。他们获胜的那晚，我无疑是百感交集。首先，科特迪瓦和加纳之间的决赛又一次进入了点球大战，虽然这次我们最终以 9 ∶ 8 获胜，但观战过程还是极其紧张的。我在家和朋友及家人一起看比赛，当我们罚进那个制胜点球时，我立马开始欢呼跳跃起来，因为我由衷地为我的队友们感到开心和释然，他们为收获这座奖杯已经等待了太久。即便如此，我也只是个普通人，所以我不得不承认，我有点难过没能同他们一起分享那座奖杯。无论如何，我非常愿意去那里跟球队一起庆祝，虽然六个月前我已离队，但我依然感觉自己是它的一部分。

然而对我来说，此次胜利的意义远远大于我个人的成功或缺席。它关乎于一个国家。鉴于科特迪瓦目前处于一段稳定的时期，我们希望“大象”的胜利能继续使我们的国家保持和平与团结，并且向人们表明，如果他们能够一起支持一支囊括了不同球员的队伍，他们当然也能抛开分歧，继续为国家统一这个共同目标而奋斗。

第二十章

我的家人和其他人

我还未太多谈及我的家庭，尤其是我的妻子，但没有他们，我就不会是现在的我，没有他们的爱与支持，我将永远无法取得如今的成就。不过，我们还是想保护好家庭生活的隐私，特别是当涉及我们的孩子时。我们从不在家里进行拍摄或接受采访。尽管如此，我也无法在讲述我的生活经历时不提到他们，因为他们是我人生中最重要的部分。

见到我未来的妻子拉拉·迪亚基特那一刻，我仿佛被一道闪电击中了，用法语说就是“le coup de foudre（一见钟情）”。我第一次见到她是在1995年，那年我17岁。当时我正在米歇尔叔叔在瓦讷开的商店里玩。告别绿茵场后，他开了一家杂货店，每当学校放假，我在勒瓦卢瓦踢球之余总喜欢去他那里。我记得我总帮他打理店铺，那天我感觉有点累，于是就躺在店铺后屋的沙发上小憩。我的表姐维维亚娜也在那里。她是我一个婶婶的女儿，她们那时候也住在瓦讷，而她最好的朋友便是拉拉。拉拉一走进来，我立刻就对她产生了兴趣。我之前从未见过她，但她非常与众不同，而且十分优雅。当然，也很漂亮。

她和我闲聊了起来，之后几年，我们一直保持着联系。虽然那时还年少，但我已深深地坠入了爱河。我过去常常给她写非常浪漫的情书，还把我的古龙香水喷到上面，然后再寄给她，希望她能回信。那个时候，人们仍喜欢写情书！不管怎样，我们保持了一段时间的联系，而且只要时间和经济上允许，我就会回瓦讷去看她，可最终我们还是停止了来往。

拉拉比我年长几岁，我想她是觉得我太年轻，还不够成熟，而且过着一种不负责任的生活——她是对的。那时候，我已搬到勒芒，而她则忙于学习护理和抚养三年前出生的儿子凯文。与此同时，我第一次过着一个年轻人口袋里刚有了点钱的那种生活。我挣来的钱马上就会花光。我会把钱花在买衣服、外出玩乐以及除购置生活必需品——比如买食物和付账单——之外的所有事情上。我记得有一次，我想要给一帮朋友做晚饭，结果却发现家里没电了。怎么回事呢？随后我意识到，整栋大楼里的其他公寓都有电。原来是因为我没有付电费，并且忽视了催缴单，所以才被断了电。

我仍没有放弃和拉拉在一起的希望。有一天，她和维维亚娜带着凯文过来看我。显然，有些事触动了她，因为从那天起，我们便重新开始交往了，而且关系也比以往更加牢固。只要一放假，我就会匆忙赶火车去瓦讷，往返行程 530 公里（330 英里）——仅仅为了见她。当你年轻并坠入爱河时，你所拥有的精力是惊人的。我甚至会在下午训练结束后前往瓦讷，然后赶很早的一班火车返回，以便及时参加第二天的训练。我能将时刻表倒背如流。事实上，由于我如此频繁地搭乘瓦讷到勒芒的列车，那些检票员都认识我了，所以几乎没有查过我的票。

有次情人节，我假装告诉拉拉，说我第二天有比赛，不能回瓦讷和她一起庆祝了。像往常一样，她接受了我是一名足球运动员的事实，于是照常进行她当天的计划。那天晚上，我突然出现在她家门口，准备好带她去一家不错的餐厅吃晚饭。不仅如此，我还给她买了一份礼物，并当着餐厅所有人的面，在桌子上递给了她。由于拉拉不是那种装腔作势的人，因此她立即把那个小包裹放进了包里，打算晚点再打开。但我坚持让她拿出来，然后当场拆开它。我是不是很浪漫？

2000 年 1 月，她搬到勒芒和我一起住。以前我活得像个单身汉，朋友总是来来往往，公寓的大门永远敞开着，现在我完全改变了生活诸事的优先次序，也改变了我的生活方式。拉拉见识过我的理财能力有多差，所以她彻底整顿了我的财务，还为我设定了预算，规定我能买什么和必须存下多少钱。她帮助我整理好了我的生活。在凯文还是婴儿时，我就认识他了，所以我很容易就接纳了他，并将其视为我生命中永久的一部分，像养育我的亲生儿子那样去养育他。

那年 3 月，拉拉告诉我她怀孕了。我心里别提有多高兴。所有的好事都集中到了一起。一年前，我刚刚签下我的第一份职业合同，在勒芒定居下来，现在个人方面也稳定下来了。生活不可能更美好了。对渴望拥有安定家庭生活的我来说，能在 22 岁成为一名父亲真是完美。

2000 年 12 月 15 日，我们的儿子艾萨克出生了，那是我生命中最美好的一天。第一个孩子的出生总是很特别，我体会到了各种各样的情感，尤其是因为他出生时脐带缠住了脖子，当医生试图帮他解开，使氧气能够进入他的肺部时，现场出现了一些扣人心弦的时刻。

艾萨克的出生改变了我的生活。几周后，他生病了，于是我不得不去自动提款机取些钱来支付医药费，正是这件事巩固了我肩上出现的新责任。我的财务管理依然很混乱——尽管比以前好，但依旧没能达到应该有的样子。我把卡插进卡槽，可它却退了出来——余额不足。因为没有钱给我儿子买药，实际上，我不得不向一个朋友借了点钱。那真是让人无比羞愧。“好吧，我明白了。”我当场就下定决心，“不能再这样，不能再这样了！”那天，我终于长大成人，成为一个负责任的父亲。

仅仅一年后，也就是 2002 年 1 月，我便转会去了甘冈，我们也随之搬进了俱乐部附近一幢漂亮的房子。我们是幸福的四口之家，尤其因为拉拉又怀孕了。那一年的 3 月 12 日，我们迎来了女儿伊曼。她是在我生日的第二天出生的——还有什么礼物比家中再添一员更好呢？

由于有了更高的薪水，我终于能买下我的第一辆车——欧宝赛飞利。我很为它自豪。它很舒适，有七个座位，所以有足够的空间容纳婴儿推车、婴儿椅和三个孩子。我非常喜欢它。

不久，我们再次搬了家，这次是去马赛。最初，我们住在市郊一个叫作拉特尔伊的美丽区域。但很快我们便搬到了距市中心约 20 公里的拉西奥塔，这个地方比之前还要好。它靠近海边，我们的房子则坐落在小山上。从阳台上望去，我们能看到美丽的地中海风景，而且去海滩至多只需 5 到 10 分钟。仲冬时节，我们常常穿着 T 恤坐在阳台上喝咖啡，同时欣赏着几分钟路程之外波光粼粼的蓝色大海。对孩子们而言，情况不是“我们去海边度假吧”，而是“我们今天下午去海边吧”。当你拥有阳光和大海时，一切看起来都会更好，那一年，我们拥有不可思议的生活质量，过得也十分快乐。此外，那时我真觉得我会在马赛待很长时间。

转会去切尔西令我的家人和我都感到很意外。那是一次巨大的转变。我们搬到了位于科巴姆的新训练基地附近，然后要为彼时 12 岁的凯文找学校。我们找到了一所离家不远的英语学校，我们不想送孩子们去国际学校，因为对我们来说，让他们学会讲英语是非常重要的。学期刚开始时，他一句英语也不会说。幸运的是，凯文很聪明，不到几个月，他的英语已经说得非常流利了。不像拉拉或我，他很容易就喜欢上了这门语言。起初，我还羞于在他面前讲英语，而且时常得问他某某东西是什么意思，反而是他帮助我们这些大人学习了英语。

对拉拉而言，搬家并不容易。她在法国有朋友和亲人，却不得不离开他们，去一个无法轻松与别人交流的国家居住。当你不会说本地语言时，你就会面临诸多困难。尽管当时我姐姐住在英格兰，这对我们有所帮助，但毫无疑问，拉拉花了好一段时间才适应下来，不仅仅是语言方面，还有气候和处事方式。虽然法国离英国很近，但二者在很多方面都大不相同。因此，我们要面对巨大的文化差异，无论是设法安顿家人，还是找住所和学校，都不是容易的事。

刚来这里时，就连只有三岁的艾萨克也发现他难以适应。最糟糕的是，有一天他竟然对我说：“爸爸，我想回马赛。”那确实是个低谷。当然，如果我现在问他，他会说：“没门！”我敢打赌他甚至不记得自己曾在那里住过。

最终，我们一家人安定了下来，但这花了不少时间，尤其因为刚开始时，我感觉我并没有融入俱乐部。到第二个赛季结束时，即 2006 年夏天，情况才有了好转。孩子们在学校都很快乐，而且完全能用双语交流了。

当他们在一起时，特别是在英国，他们会在玩耍时讲英语，也会用英语吵架和争论；不过，只要他们和我们在一起，我们全都会讲法语。这常常引得拉拉和我发笑，因为我俩没法同时轻松运用两门语言。同样，当孩子们去法国或科特迪瓦度假时，他们也会更多地说法语。他们对三个国家和三种文化都很熟悉，拉拉和我对此感到十分自豪和开心。

2009 年 5 月，我们的儿子基兰出生了。我们一直等到我们觉得这个家已经真正在英国安定下来了，才要了另一个孩子，所以当他出生时，我们感到异常欣喜。

我们最小的孩子艾玛出生于 2013 年 12 月。能拥有五个健康的孩子，我们感觉无比幸运。伊曼是我的大公主，而艾玛无疑是我的宝贝小公主！她非常爱笑，也很机灵，所以我非常期待她能成长为一个像她姐姐那样的好女儿。

2011 年 6 月，拉拉和我终于结婚了。很多人对我们尚未结婚感到惊讶，不过说实话，我们从不觉得有那个必要。而且对我们来说，结婚似乎并没有那么重要。

然而，我还是想用结婚这个方式来对拉拉说声感谢，做一些让她和我的孩子们，以及大家族都会记住的事情。她是孩子们的母亲，是我的终身伴侣，从低谷到巅峰，她一直陪伴在我左右。她认识我的时候，我身无分文，早些年当情况异常艰难时，是她在经济和感情上支持着我，帮助我面对一切。她从不抱怨。无论我必须做出什么决定，无论我为了踢球而不得不搬去哪里，她总是说："你才是那个踢球的人，所以我们会跟着你，我们会支持你。”她始终把我放在一个让我能够实现自己梦想的位置。有时候，这些状况可能会使夫妻之间产生很大的分歧，但我们从不会那样，我觉得自己非常幸运。也因此，对我来说，向她许下那份承诺并娶她做我的妻子变得十分重要。

我们在蒙特卡洛海湾大酒店举行了婚礼，基本上邀请了所有亲朋好友来参加这场为期三天的聚会。第二天是真正的婚礼日，结婚仪式在酒店进行，之后大家开始享用美酒佳肴，伴着音乐载歌载舞，玩得非常开心！我们举办了一场盛大的派对。虽然我明显是情人眼里出西施，但拉拉那天看上去确实要比平时更美，我们的孩子看起来也都很漂亮。我们希望年龄稍大的凯文、艾萨克和伊曼能记住这一天。现在，当我们看着那些照片时，他们也会说：“啊，你还记得那时……”对我们而言，这非常棒。那是一次快乐而幸福的婚礼——一切皆因等待而更加美好。

我们很努力地教导孩子们那些我们认为很重要的价值观。其中最重要的便是教育、分享、为他人着想以及礼貌。我们坚持要求，当他们放学回家后，第一件事是完成作业，然后才能玩耍或者放松。尽管基兰还很小，但就连他也做得很好，我们不用敦促他，他就会自觉地坐在厨房的餐桌旁读书。对我们来说，教育在生活中是至关重要的，所以我们十分渴望我们的所有孩子都能从小养成良好的习惯。我记得父亲曾对我多么严厉，总是督促我继续完成学业，直到我获得一个有意义的文凭。如今，我很高兴他当时那样做了，我希望我的孩子也能做到这些。

他们是一个大家族的成员，而且这个大家族分支众多，所以分享和为他人考虑从来都不是问题。正如我早前所说的，我们的非洲文化无疑影响着我们的生活方式，因为这种分享的本能在任何家庭中都是常态。每当家里来人时，不管孩子们当时在做什么，他们都会停下来，然后过去跟客人打招呼。这是基本礼貌的一部分。

说到物质，我的孩子们从不缺少任何东西，尽管现如今所有父母都知道他们很难去设置一个底线，但我们还是尽量做到不对他们有求必应。是的，当他们还小的时候，他们拥有很多玩具。不过随着他们长大，我们会向他们解释，比如说，如果他们想要最新款的运动鞋，他们就必须干些家务活，去挣得拥有它们的权利。我们为他们开设了银行账户，还跟他们解释了如何攒钱，以及如果把钱存在银行里面更长时间，它的价值会如何增加。尽管有时学校里的伙伴会对他们说："啊，你为什么要这么做？你爸爸很有钱啊！"但我希望这样的小事会帮助他们理解金钱的价值。所以，这是一场持久战。

交友同样是我们想要谨慎对待的一件事。即便当凯文在马赛上学时，他也遇到了一些交友的问题，他得弄清楚谁是他真正的朋友，谁又是因为他爸爸是个足球运动员才跟他做朋友的。我所有的孩子都必须意识到这点，但一般情况下，他们会发现，通常那些他们认识最久的朋友，才是他们真正的朋友。有时，别人会对他们说："啊，是的，你是迪迪埃·德罗巴的儿子。你为何不……"诸如此类的话。如果你不够谨慎或聪明，你就可能会把你的孩子置于能被别人利用的境地。我们试图让他们明白，当你屹立于世界之巅时，你的身边总有很多人围绕；而当情况不再如此时，你环顾四周，身旁有时空无一人。这就是生活，可对任何人来讲，它都是异常艰难的一课。

不幸的是，和我的孩子们一样，我的父母现在也不得不应对同样的问题。在他们居住的巴黎以及在科特迪瓦，人们总会尝试接近他们，和他们交朋友。最好的情况是，那些人只是想要别人看到他们和我父母在一起，但最后他们通常都会向他们索取钱财或寻求特殊的帮助。"哦，"他们会说，"我们正在做这件事，所以想知道是否……"那令人很难过，可它常常发生在任何变得出名和富有的人身上。当然，我自己就曾在某些我认为不至于那么恶劣的人身上损失过钱财，我们的其他亲戚同样会碰到这种事。我的父母非常清楚，如今人们对待他们不再像以前他们还是“无名小卒”时那样了，他们总是时刻保持着警惕，尽量不上当受骗。

我不得不常常告诫我的孩子，生活中，他们还会面对另一个潜在的危险——社交媒体。我知道它可以是个很棒的东西，但它也可能极其有害。“并非每个人都是你的朋友。”我反复告诫他们，“要小心。那上面有一些坏人，他们仅仅是因为你的名字才想跟你联系，而不是想成为你的朋友。”这非常困难，但很遗憾这是他们生活的一部分，因此他们必须警惕。

谈到足球，我的孩子们不得不活在德罗巴这个名字的压力下。例如，艾萨克很喜欢踢球，可有时他会因为没进球而遭到队友们的取笑。“哈哈，猜猜怎么着，艾萨克，如果你希望像你爸爸那样，你得进球啊！”当然，起初他会很沮丧，立马决定再也不想去参加训练，或者想要换个位置踢。

“听着，”我告诉他，“当我踢球的时候，我也会射失一些球。但我从不停止踢球。我也不会转而去踢后卫。我会重新振作，设法取得进球。虽然有时我会再次射失，但有时也会进两个。或者我会射失一球，然后踢进两球。无论是什么，我永远都会不断尝试。你也要去尝试。即便是最优秀的球员也会射失。他们错失机会，继续比赛，也可能依然没法进球，所以只要继续努力就好。”

有时，我会去看他比赛，不过我总是设法乔装打扮，以免他看见我，否则他的朋友就会告诉他：“嘿，艾萨克，你爸爸在这儿！”然后那些家长就会把时间花在给我拍照而不是看比赛上。我希望家长关注他们的孩子，而不是看我和给我拍照。我并不经常去看艾萨克踢球，对此我感到很惭愧，但无论是作为个人还是球员，这或许都更有利于他的发展。

然而，我们培养孩子的方式大多还是受到了拉拉的影响。由于我经常不在家，所以她才是那个真正确保他们按照我们所希望的方式成长的人。她的童年生活非常艰苦。虽然她出生于马里，但自幼便跟随母亲来到了法国。后来，她失去了母亲，之后便开始努力学习，以求养活她自己和当时还很年幼的凯文。因此，她经历过一些困难的局面，当谈及生活中重要的事情，比如家庭、爱情、教育和稳定时，她总能做到脚踏实地。

虽然这听起来可能很疯狂，但遇见她不久后，我的直觉就告诉我，她将是我的理想伴侣。看到她培养凯文的方式，我就知道我想要她成为我孩子们的母亲。她搬过来的时候，我只有 21 岁，艾萨克出生时我也才 22 岁，但我已经准备好当一名父亲了。即使那么年轻，我也希望拥有一个家。甚至当时我还想过："好吧，如果——但愿不会如此——我出了什么事，不能陪在他们身边，我知道她会照顾好我的孩子们。我知道她能够将他们抚养成人。"拉拉所能带给我的最棒的东西，便是她给予孩子们的爱和对他们的影响。

在孩子们成长的过程中，我和妻子一直努力让他们爱上科特迪瓦和我们的非洲血脉。这对我俩而言都很重要，因为我们都是在远离出生国的地方长大的，相比于整个童年都在那里度过的人，我们可能并不像他们那样，把这些事看作是理所当然的。有了孩子后，我意识到，相比于以前，我的根对我来说有着更多意义，而且我坚信，当你失去与祖国之间的纽带时，你将不再知道自己是谁，以及你来自何方。

我很幸运能在叔叔的陪伴下成长——他始终与科特迪瓦保持着紧密联系，我对我们的文化、饮食和音乐有着特殊的感情。不过，由于成年后我在那里度过了更多时间，我已经更加熟悉和了解我的祖国，这也让我觉得更充实了。它还意味着，我的孩子们能强烈地意识到我和他们的先辈来自哪里，而且他们很喜欢回科特迪瓦，我们在那儿也有房子。当我们回去度假时，许多朋友和大家族里的人都会来访。

我在家里偏爱吃科特迪瓦的特色食物。我最爱的一道菜是由熟透的香蕉和芳香酱料制作而成的，我母亲做的版本是最棒的！我也喜欢音乐，常通过它来宣泄情绪。在日常生活中，我并不经常显露自己的感情，不过多亏拉拉，我的确有了改善，但音乐对我一直都很重要。我最喜欢做的事情便是伴着一些来自科特迪瓦的美妙音乐跳舞。

我的名字还被非正式地用作我们国家一款烈性啤酒的名称。“你想要来一瓶德罗巴吗？”人们常常会问。在所有Maquis（科特迪瓦广受欢迎的小型露天餐厅）里，很多人会喝这种啤酒。那里有音乐，人们会过来吃喝玩乐。据说这种啤酒很像我。他们说我体格大、力量足，你无法打败我，而这个啤酒也一样——它比普通啤酒更大更带劲，所以你无法喝完它，可很多人似乎还是能喝光！科特迪瓦人喜欢玩乐和聚会，正如我说过的，我当然也很喜欢这样。或许那是因为这里的许多人生活非常艰苦，因此他们会尽量享受当下，而不是担忧未来。不管怎样，我发现我们国家的人有一个特点，那就是渴望保持乐观，不去抱怨，努力适应自己被给予的生活。这在很多方面都令人印象深刻。

尽管我的处事方式显然在很大程度上受到了欧洲人观念的影响，尤其是法国人和英格兰人，因为我在这两个国家度过了人生的大部分时间，但我首先把自己视为科特迪瓦人，而且我也知道，我对祖国的热爱将会在未来的岁月里继续增强。

第二十一章

慈善始于家庭

我认为这是我的教养。自小时候起，我父母便总是教导我要与同住一个屋檐下的人——叔叔、婶婶、表兄妹和兄弟姐妹——以及那些生活不如我们的人分享。和父亲一样，我也是家里的长子，因此我有责任树立榜样和保护其他人。

年纪更大一些的时候，我明白了我之所以总觉得有必要帮助别人，还与我自幼便离开家人和祖国有关。尽管在接下来的十年里，我大多数时间都不跟父母及兄弟姐妹们一起住，但我依然和我的家人生活在一起，并且始终觉得与远在科特迪瓦的父母和家人关系非常亲近。像我一样远离家乡的其他人就没有这么幸运了。除了缺失父母的陪伴之外，我还错过了在出生地成长的机会，我认为，这也是促使我想要重新同它联系起来和回报这个我如此热爱的国家的一个重要因素。

令我有些吃惊的是，2002 年 9 月，我第一次入选了国家队，当时我被选中参加对阵南非的比赛。那是我第一次不是以纯私人的身份回到科特迪瓦。当我们跑进爆满的国家体育场时，球队受到了热烈欢迎，鉴于此，我对我的国家在仅仅十天后就陷入激烈的内战而感到十分震惊。这些事情让我深受打击，也使我意识到国内政治局势有多么岌岌可危。

首次亮相国家队后，我开始经常返回科特迪瓦，为“大象”踢了许多场预选赛，包括非洲国家杯和世界杯。也就是在那时，我才真正开始以一种不同的方式来看待这个国家以及更多地了解那里正在发生什么。公平地说，从那时起，在科特迪瓦乃至整个非洲，我目睹了许多令我非常难过和使我深受影响的事情。通过去其他国家比赛和出于个人或人道主义原因访问别国，我已经变得会在所到之处尽力帮助他人了。

首次为国家队出战后不久，我开始同他们一道收获成功并经常进球，因此我在队里和全国范围内都开始有了一定的关注度。2005 年，我被任命为队长，之后不久，我便在电视直播中呼吁同胞们放下武器，这使得我在科特迪瓦的生活永远地改变了。此次呼吁让我一夜之间成了国民偶像——这绝对是我没有预料到的事。突然之间，我获得了和国家领导人一样的地位，而且我能看出人们希望我给予他们帮助。我不再仅仅是那个要在家中树立榜样的人，更是一个被国民看作领袖的人。这并非因为我想要扮演这个角色，而是因为人们满怀希望地看着我，认为我能够在某种程度上帮助他们。

甚至在国外，我的关注度也有了巨大的变化。有人告诉我："当我们说我们来自科特迪瓦时，人们会说他们完全不知道这个国家。但是，当我们说迪迪埃·德罗巴来自那里时，他们会说：'啊，好吧！现在我们知道了！'"

我很清楚这种认可赋予了我一份责任，而我很乐意去承担它。我并没有把它看作是一种负担。恰恰相反，我感到非常自豪，并且准备好了去拥抱它，这就是为什么我很快意识到，我需要找到一种方法，利用我的名气设法去帮助我们国家和这块大陆上需要帮助的人。

我必须从某个地方着手。最初，我开始走访孤儿院、医院，捐赠食物、床铺、衣物，尽我所能地提供帮助。我至今仍这么做，我的妻子做得甚至更多。我们觉得这是必须做的。当你看到那些孩子和家庭一无所有时，你就必须得做点什么。我们站在如此幸运的位置上，因此我们不能就这样绕道而行，假装它没有发生。我们都怀有深深的信仰，而且知道当某些事让人无法接受时，我们就有责任伸出援手。我们的良心不允许我们做相反的事。然而，有两件事——二者情况相似——尤其将我帮助他人的事业提升到了另一个层面。

第一件事与斯特凡有关，他是我在法国一个最好的朋友的弟弟。斯特凡住在阿比让，他为我的国家队首秀制作了一条巨大的横幅，并把它展示在球场内，以便让所有人看见“迪迪埃·德罗巴球迷俱乐部”。由于我在法国长大，那时其他人并不知道我是谁，所以那是个十分友善且鼓舞人心的举动。比赛期间，每次抬头，我都看得到那条大横幅，这给我带来了巨大的影响。之后每场比赛都有越来越多的横幅和球迷，但斯特凡总喜欢笑着提醒我：“啊，好吧，可我是第一个！当时我是唯一一个认识你的人！”

后来，在2005年初，我接到了他哥哥的电话。斯特凡得了白血病，并且被困在阿比让，几乎没有条件接受治疗。我立马打电话给所有我觉得也许能帮他弄一张法国签证的人，以便让他去那里治病，然而不幸的是，当时法国和科特迪瓦之间存在非常严重的问题，两国间的政治局势很糟糕，所以几乎没有人能获得签证。我试着致电给驻科特迪瓦的法国大使，但那时候并没有人真正认识我。我刚刚转会切尔西，尚未建立起我所需要的人脉，无法快速联系那些有能力帮助这个男孩的人。等到我们终于获得期盼已久的签证时，已经太迟了。他太过虚弱，没法长途跋涉，大约两周后，年仅16岁的他便去世了。他的家人全都悲痛欲绝。尽管已经尽了力，但我还是很抱歉没能多帮他一些。这是我第一次目睹某个我熟悉的人逝世。由于死去的是个本该拥有大好人生的年轻人，而且是因为缺少资源而失去了活下来的机会，使得这一切更为令人震惊。

我开始明白，我不仅需要做更多的事，还需要改变我做事的方式。我必须改善我的人际关系，去认识一些重要人物，即那些拥有权力和金钱，能更轻易带来改变的人。我还需要熟悉那些大使和总统，因为我想做得更多，也更快。我知道总有一天，我会需要他们的帮助。我不是为了高兴或让自己觉得自己很重要才跟这些人打交道——对我来说，幸福源于我的家庭。我跟他们打交道是为了让他们帮我去帮助其他人。

幸运的是，那时我正变得越来越出名，而且别人也希望见到我，所以接触他们也变得容易多了。起初，我和这些人打交道还是有所顾虑的，这就是为何我总是尽量保持独立，凭一己之力去做事。但是最后，我意识到我能借助他人的力量去达成我想实现的东西，否则的话，我就会受到太多限制。

正是在这个时候，我决定创立一个我自己的基金会，一个因我的名字而为人所知，并且由我掌控的基金会。能将时间和金钱献给慈善组织确实很棒，我很高兴在这方面投入了一段时间，可最终，我还是想做些由我自己负责的事，以便能决定我该往哪个方向提供帮助。2007 年，我决定将所有商业收入捐给该基金会，自那以后，我一直都这么做。

我很不希望通过大张旗鼓地宣传和举办大型募款活动来宣布成立一个基金会，比如一场晚宴或什么的——我见过太多这样的事。它们会筹集一大笔钱，随后就销声匿迹了。没人知道那些钱去了哪里。第二年，人们问他们："基金会近来如何？"他们会回答："啊，不，由于它没有取得成效，所有计划都不可行，因此我们不得不停止。"或类似的话。所有的善意、希望和金钱都化成了泡影。我真不想那样，尤其因为我不喜欢失败！所以，尽管我自己投入了很多资金，并继续进行着计划，但直到一切准备就绪，我才在 2010 年宣布该基金会正式成立。

2009 年 3 月，使我坚信我必须提高慈善工作和人道主义援助力度的第二件事发生了。当时，我们正在位于阿比让的国家体育场内同马拉维踢世界杯预选赛，比赛甚至尚未开始，球场一端的一段墙却坍塌了，共造成包括儿童在内的 19 人死亡和超过 100 人受伤。然而令人惊讶的是，由于场上没人意识到发生了什么，比赛仍在照常进行。虽然我们能看到远处有救护车来来往往，但那天天气非常热，人群既汹涌又嘈杂，所以那看起来好像是正常的现象。在这样的情况下，许多人都需要医疗救助。

赛后，一听说刚刚发生的事，我们全队就都前往医院看望了伤员。

到那里后，我还去看望了一个名叫诺贝尔的小男孩，他一直受到我的一位法国说唱歌手朋友迪亚姆斯的资助。此前，迪亚姆斯曾联系过我，因为她想捐些钱和食物给孤儿以及需要帮助的人。之后，她在造访科特迪瓦期间与诺贝尔见了面。她完全喜欢上了这个患有白血病的男孩，当场就决定帮他支付一年的医疗费用——就是那样，眼睛都不眨一下。我被她的慷慨深深打动了，所以一年期限一到，我就自然而然地接了她的班。由于去看望伤员时，这个小家伙仍在医院，我便去看看他近来如何。等待我的情景十分令人沮丧，也很让我难过：九个孩子挤在一间小屋子里，每个人都得了癌症这种毁灭性的疾病。这九个孩子的母亲则睡在床与床之间地板的垫子上。看见我后，她们都开始向我伸出双臂，用一种绝望的姿态乞求我救救她们的孩子，因为她们知道孩子们身上正在发生什么，看到这种场面，我感到更加痛苦。作为一个父亲，此情此景着实令人心痛不已，万般难过和深深震惊。

那天，我下定决心要尽全力救这个孩子。同样是那天，我意识到我必须正式成立我的基金会，并将它彻底推上另一个高度。

这一次，多亏我的名气大了许多，所以签证很快就办下来了。现在，我已经有了这些人脉！我出钱让诺贝尔去了日内瓦，他在那里待了三个月，接受了所能得到的最好的治疗。我去看望了他，他成了切尔西的忠实球迷。“等我去切尔西时，我想要见弗兰克·兰帕德和萨洛蒙·卡卢，我想跟每个人打招呼。”他兴奋地告诉我。我试着让他保持乐观，可我只能回答：“我的男子汉，只要你身体变好，我们很快就能去见他们。”

他不断与疾病抗争，但有一天医生打电话告诉我，由于他得的是一种既罕见又凶猛的白血病，结果不容乐观。我想我比这个孩子更加绝望，因为他并没有认识到自己将会怎样。我也不确定他的父母是否完全接受了医生的那番话。或许这倒无妨，因为他们会抱着希望坚持到最后。

果然，他的病情开始恶化，直到有一天，日内瓦医院的某个人打电话给我，说他的生命只剩下最后几天了。我对那通电话记忆犹新。我清楚地记得当我得知这个消息时，我坐在家里的哪个地方。随后，我在那里坐了很久很久，既麻木又难以置信，但仍心存一线希望，觉得我还有可能救他，医生也还能做得更多。这个九岁的男孩已经成了我生命中的一部分，也将永远留在我心中。

接下来几天，每当电话响起，我都会忽视它。我害怕电话那头带给我最坏的消息。但最后我还是接了。“我们也不明白，”医生说道，“这个男孩，他拒绝放弃，他的意志战胜了概率，他依然活着。不知怎的，他找到了继续生存下去的力量。”于是，我立马跳上飞机，去见了他最后一次，这让我俩都很开心。令人不可思议的是，他多活了一个月。随后我被告知他几乎不行了，第二天，他就去世了。我永远不会忘记这个小男孩。与斯特凡一样，虽然我内心知道自己已经尽了全力，但还是因为没能拯救他而感到非常难过。这件事至今仍令我十分痛苦和伤心。

不过，此事也对我产生了积极的影响，这个小男孩让我更有动力把事情做好并加快步伐，同时也做得更恰当。“我需要建造一家医院，”我宣布，“我想要建一家医院，以便那些患有这类疾病的孩子们能在科特迪瓦得到治疗。我不在乎它会花费多长时间，这就是我要做的事。”

该项目的关键部分是，不论是在科特迪瓦还是英国，我身边都需要有合适的人。目前，我的团队是由我信任的人，拥有商务、项目发展和融资经验的人，以及能理解我的未来憧憬的人所构成的。

最初的困难之一便是如何接近人们，然后劝说他们捐款。我担心他们会说：“你是个高收入的足球运动员，为什么你自己不去做所有这些事呢？”事实上，从2007年起，每当我与诸如百事、耐克和三星这样的公司签下商业代言合同，我便决定将所得收入捐给该基金会，此后也一直这么做。我是在以身作则，而人们也会意识到我对这个项目是很投入的。某些与我有合作关系的品牌（如百事和土耳其航空）甚至更进一步，通过额外赞助来支持基金会的活动。

该基金会以健康和教育为目标，因为我相信，如果你能给予人们这两样东西，那么他们就能在人生中获得更好的机会。我们集中关注孩子和妈妈们的健康。而在教育方面，它可以像提供书籍给学校那般简单。但我们一次只专注于做好一件事。我们得先学会走路，才能开始跑步。很快我们便明白，我们不能同时做所有的事情。

最初，我计划建造一个专门的儿童诊所，相比于我在看望诺贝尔时目睹的状况，那里能为他们的妈妈提供更好的生活条件。很显然，除了设法治疗孩子们的重大疾病——例如癌症——之外，我们还需为他们提供基础医疗。他们可能会仅仅因为没有可用的胰岛素而死于糖尿病。我们还想建造附属于儿童诊所的另一家诊所，让成人能在那里接受基本治疗，得到活下去的机会。

最后，我希望将来能建造一所学校，为那些没上过学的人提供受教育的机会。在我看来，这是基础，也是科特迪瓦和整个非洲唯一的前进之路。教育是唯一能使这些国家摆脱糟糕现状的方法，因为你越努力育人，他们就能越有看法；他们越有看法，斗争就会越少，因为他们会掌握更多信息，然后可能会说："好吧，我们不要打架了，让我们坐下来讨论，以另一种方式来处理事情。"同样，如果你不会读或写，你就会被周遭的事、你的邻居、家人以及当地领袖过度影响。但如果你受过教育，你就可以说："等等，我不同意这个，也许还有其他方法。"重要的是，你还有可能改变你的人生，并以一种你作为文盲时不会采用的方式来掌控你自己的命运。

自2002年起，科特迪瓦就一直处于内战中，没人希望看到这样的局面。人们常常毫无知觉地死去。当我到访全国各地，目睹那里发生的事时，当我前往其他那些正遭受严重人道主义灾难的非洲国家或者读到有关它们的消息时（比如卢旺达），我试着去了解这些事是如何发生的，然后总是回到一个事实上，那就是所有这些国家的文盲率都太高了。这绝对令人无法接受。因此，教育在对抗贫穷和追求民主的过程中是极其重要的，否则，人们还有什么希望呢？

当我们开始和其他人谈论我们的计划时，绝大多数人都非常支持。他们至今依然如此，这棒极了。人们想要提供帮助。我们想在阿比让的某个地方建造诊所，于是该地区的市长就帮我们弄到了土地。阿布拉莫维奇先生也自发地将一笔巨款以个人名义捐给了我的基金会，这令我很是感动，因为他本无须这样做。这就是为什么当别人觉得我是因为比赛成绩才尊重切尔西，是因为老板在经济上带给俱乐部的支持才尊敬他时，他们是错误的。那不单单是尊重，你只有在了解了内情之后才能理解我为何这么说，对我而言，切尔西不仅仅是一家足球俱乐部，它像是一个家。

最终，我意识到建造一家大型医院并非前进之路，因为建造它固然是件好事，可我们要如何维持它，又要从哪里获得资金呢？毕竟，运营一家大型医院是非常花钱的。我的确想过在国内的不同地区建立若干小型诊所，但又意识到人们可能无法长途跋涉来到这些地方接受他们所需的帮助。那里的人具备经营小型诊所的经验吗？我也不太确定。

我曾在伦敦和某个做心脏外科医生的朋友交谈过。他已经建成一些流动诊所，并把它们带到了诸如海地和尼日尔这样的国家，以便为当地人治疗和做手术。他解释说，这种方法能更好地帮助到需要帮助的人。你可以坐大巴去某地，待上一两个月，然后再去其他地方，等等。另外，此种做法成本更低且更为有效，因为医生和医务人员只在有需要时才从国外过来，所以日常开支要低得多。

因此，这就是我如今的计划。阿比让的诊所已经竣工，其规模在可承受的范围内，我们希望在所有设备安装完毕，工作人员招募妥当后，就能尽快开业。这是个奇妙的、令人兴奋的展望。除此之外，我们还将建造若干流动诊所，以便派人去治疗其他更远地方的人们。在那么多热心且甘于奉献的人的帮助下，我们取得了不错的成绩，对此我深感自豪，而这也激励着我继续进行我们正在奋斗的这项事业。

谈到教育方面，一段时间以来，我们已将数千套学习用品投送到了世界各地的学校。每年我们都会援助不同的学校，让越来越多的孩子能获得受教育所需的基本用具。这些学习用品包括铅笔、纸张和书籍等必需品，而对生活在发达国家的每个孩子来说，拥有这些东西是理所当然的。再次强调，我们暂时还不想太有野心，而是更倾向于在较小的范围内提供持续性的帮助。

近年来，我们还为非洲境内的其他项目提供了资金，包括帮助塞内加尔和布基纳法索遭受洪灾的难民。我们并不仅仅着眼于科特迪瓦国内正在发生的事。

回到2007年，当时我还以为建造和经营一家医院会很容易。我以为我们会在一年内建好医院，然后就开始正常运营。幸运的是，我并没有意识到它会比想象中要艰辛和漫长得多。如果我意识到了，我可能会很气馁。政治动荡和内战断断续续地持续了几乎十年，这无疑阻碍了我们的步伐，也让一些事情变得复杂起来。此外，很快我就意识到，一旦达成最初的目标，顺利运营一家组织机构是件复杂得多的事——尤其是在财务方面。除了我个人的捐款之外，我们还经常举办大型募捐活动，比如筹款舞会。迄今为止，我们已经在伦敦举办了四次慈善活动，它们不仅为基金会筹集了许多资金，还帮助我们实施了这些项目。最近的一次活动，是2015年4月在伦敦举行的，它在一个晚上就募集了相当多的款项，但我们也为组织此次活动做了大量工作。这些活动的组织者包括我、我的公关部经理卡罗琳以及她在Sports PR的团队。这样的活动并不是每年都能举行的，因为那需要大量的工作，但我们还是得到了诸多支持，其中包括音乐艺术家、赞助商，以及当晚来到现场的我的队友们，如约翰·特里、弗兰克·兰帕德、迈克尔·埃辛、弗洛伦特·马卢达、萨洛蒙·卡卢、拉米雷斯、布拉尼斯拉夫·伊万诺维奇和加里·卡希尔。蒂埃里·亨利和吉布里尔·西塞等球员也来了，吉布里尔还当起了 DJ。许多人捐出了拍卖奖品，我被当晚每个人的慷慨大方所震撼。这简直令人难以置信。

我的长远目标是让这家诊所由懂得如何管理此类医疗中心的专业机构来经营。我的特长是足球，既不是医学，也不是经营诊所。虽然我永远都会参与其中，但我也无法每天都专注于此，那是不可能的。

未来，我还希望我们的基金会能与大型人道主义机构或非政府组织联系起来。那样，它就能获得更高的知名度，所涉及的范围也会更大，这样就不会太过依赖于个体资金。这就是我的长远目标，而且我决不轻易放弃，相信我，我正在努力实现它！

第二十二章

世界大团结

2016年，联合国询问我是否愿意考虑出任他们的亲善大使之一。他们已经任命了代表欧洲的齐内丁·齐达内和代表南美洲的罗纳尔多，希望由我来代表非洲。齐达内和罗纳尔多都是我的足球偶像，所以我很荣幸能加入他们，但不仅如此，如果他们觉得我能够帮助联合国对抗贫穷、疾病和其他问题，那么我当然愿意帮忙。我唯独担心自己可能会让那些非常信任我的人失望。

我还担心自己能为这个角色付出多少时间，由于我在切尔西和国家队都身负责任，外加现有的慈善工作，我几乎没有时间去走访非洲大陆的各个地方。不过，他们很快就让我放下心来，表示这不成问题。所以，自2007年1月起，我成了帮助联合国开发计划署（UNDP）传达信息的体育人之一，所传达的都是他们认为需要覆盖全球的信息。

作为大使，我们的任务之一就是支持八项千年发展目标（MDGs）的事业，所涉范围从根除极端贫困和饥饿、抗击艾滋病，到减少儿童死亡率。比如说，非洲面临着许多特殊的挑战，而我每年都会参加一项不同的活动，目的就是提高人们对其中一项挑战的认识。我非常信任UNDP在世界各地尝试做的事，我认为他们的工作能给人们的生活带来积极的影响，我为自己能与这个组织联系起来以及奉献出我的时间感到自豪。

2008年，我参加了第一次活动，担任UNDP红丝带大奖的评委，该奖被授予了遍及世界各地的非政府组织，以勉励它们在艾滋病方面所做的工作。这无疑让大家对UNDP的工作有了更多了解。

2009年11月，我在某个主题有些类似的活动上与博诺（U2乐队的主唱）合作，在世界艾滋病日前夜帮助耐克发起了一项倡议——尽管这并不属于我在 UNDP 的工作。耐克宣布他们将与博诺的“红色”基金以及环球基金建立合作关系，携手对抗艾滋病、肺结核和疟疾，其想法是悬挂写有“系上丝带，拯救生命”的横幅，售卖特别的红丝带。所有收入将由两家基金会平分，对我来说，能帮助发起这个项目是莫大的荣幸。鉴于艾滋病和艾滋病毒已经在我们的大陆夺走了太多生命，这对我而言尤为重要。

以下这些联合国活动，每一条都涉及千年发展目标中的一项，我为自己能参与其中感到很自豪，包括有时要前往受这些问题影响的地方。这些活动包括：

动员人们根除集束炸弹 / 武器弹药的使用；

强调武装暴力在经济发展、健康和教育方面对非洲的影响；

努力控制疟疾的蔓延；

帮助埃博拉疫情地区进行恢复。

通常，这些活动所涵盖的议题都是我很了解或觉得与自己有联系的。例如，我对疟疾就非常熟悉，原因也许令人惊讶，我曾两次得过这个病——一次是青少年时期，另一次则是 2010 年我已经在切尔西踢球的时候。两次都是因为我太累，已经筋疲力尽，我的免疫系统使我的身体变得更易受攻击，所以当我被携带疟疾寄生虫的蚊子叮咬后，我便失去了抵抗能力。

然而，那时我年轻力壮，又很健康，而且很容易就能得到妥善治疗。我意识到我是幸运的。但我知道在非洲，情况常常不是这样。我亲眼见过当治疗得不够或太晚的时候，疟疾对个人及家庭所产生的毁灭性影响。我们必须不断努力，提供工具来预防、诊断并治疗这种可怕的疾病，这是至关重要的，尤其因为它对那些已经穷困潦倒的国家所带来的经济影响是十分巨大的。令人担忧的是，2014 年，在那些受到埃博拉影响的西非国家，疟疾感染率开始再次攀升，原因是人们要么不去接受治疗，要么就是被那些忙于试图控制埃博拉疫情的诊所拒绝。

由于我已从国家队退役，我将有更多时间前往受到我所参与的这些问题影响的地方。

2010年，我接到我的公关经理卡罗琳打来的电话，她告诉我美国《时代周刊》杂志想要采访我，并拍摄一些照片，原因是我入选了他们的年度“全球最具影响力100人”的名单。不仅如此，我还将与嘎嘎小姐（Lady Gaga）和比尔·克林顿一起登上杂志封面！这对我而言是个非常自豪的时刻，因为我始终希望全世界的人以一种积极的方式来看待非洲，看到我们正在那里做的积极努力，即促进和平、教育和健康。

2011年12月，鉴于我在科特迪瓦所做的工作，即努力为这个国家带来更好的医疗卫生与和平，我被“超越体育”授予了体育人道主义者大奖。科特迪瓦内战极具毁灭性，人们的健康问题十分严重，所以作为一名中立的运动员，我的言论和行动能起到很大的帮助作用，而该奖则是向更多群众强调这一点的绝佳方式。

2012年5月，我参与了以泽娜妮·曼德拉的名义开展的道路安全活动，我觉得此次活动非常棒。它旨在提高儿童的道路安全水平，尤其是在发展中国家。在非洲，死于交通事故的儿童比因艾滋病或疟疾而死的更多。那是个令人恐惧的数字。该活动以纳尔逊·曼德拉的孙女泽娜妮命名，她于2010年死于某个醉酒司机的车轮之下，年仅13岁。全家人伤心欲绝，由于我和他们一直保持着联系，所以自然想要尽我所能地帮助他们。

2014年10月，我很荣幸受邀在世界投资论坛开幕式上发言，该论坛每年都会在联合国贸易和发展会议（UNCTAD）期间举行。我因我为自己的基金会所做的工作而受到邀请，对此我感到十分自豪，因为这说明它正开始被视为一股行善的力量。

论坛本身是一场大型活动，它在日内瓦举行，恰好赶上UNCTAD的

50 周年庆。主席台上不仅有瑞士总统和 UNCTAD 主席，还有联合国秘书长潘基文。置身于如此令人瞩目的人物当中，并且有近 400 名代表作为听众，我深感谦卑，当我发表一段 7 分钟的演讲时，他们全都在专心致志地听我讲话。

我非常紧张，但我相信我清楚地传达了我们的信息。我希望能在未来的几年内继续进行这种提高人们意识的公开演说。我很享受它，事实上，在担任多年的国家队队长后，我现在已经很习惯这样做了。在非洲，队长这个角色涵盖许多方面，其中就包括发表演讲。例如，我们常常会跟某个部长一起吃午饭，其间我们的足协主席会讲话，然后我也必须说几句。尽管一开始，我常觉得这是种煎熬，也非常害怕，但最后我适应了过来。如今，我已经能更加自在地在他人面前发言了。

最近，我因在非洲所做的慈善工作而荣获巴克莱体育精神奖，这令我感到很是惊讶。该奖旨在认可并奖励那些捍卫真正比赛精神的人，所以我很感动自己能被选中。然而，我在非洲的工作全都是与尽力帮助别人——尤其是儿童——有关的，我们想给他们一个实现梦想的机会。人在身体健康时更容易心怀梦想，因此这便是我的基金会和我所参与的各种各样的联合国及其他活动的工作方向。

一如以往，这些经历使我懂得，我的声音能被用来当作一种改变的力量，以及我可以给其他人树立积极的榜样。我非常认真地对待大使这个角色，而且对这份工作已经非常适应了，我希望未来能有更多机会发表公开演讲，探讨有关我的国家和我的大陆的问题，要知道，我对二者都有着深深的牵挂。

第二十三章

何去何从？

我仍对我人生的转变感到很惊讶。是的，我一直都想成为一名足球运动员，但我从未期望能出名到无论去哪里，走在街上总有人认出我的程度。我是个简单的人，我觉得作为一个人，我并没有改变，我只是适应了某些环境。有些人告诉我，我已经变了，但有时候，那只是其他人看待你的方式发生了变化。有时候，有些人对我应该如何表现抱有某种期望，但那可能是很难做到的。

在科特迪瓦，我的名气已经大到了某种程度，除非人们亲眼看见，否则他们很难理解。例如，有个女人曾走到我的面前，说："我刚生了个儿子，我给他取名叫德罗巴。"不是迪迪埃，而是德罗巴。那很疯狂，但如今我已经明白和接受，仅仅通过进球，我就拥有了多么大的影响力。

有时，我会停下来思考："为什么是我？为何这一切发生在了我身上？"但我相信命运，也非常相信上帝。实际上，我由衷地认为是他把我带到了这个世界，然后说道："你得给予回报，你得做出贡献。"足球给予了我太多，可现在我明白它也给了我更高的目标。它赐予我力量，让我能通过我拥有的名气去帮助别人。它指引着我的人生——对我而言，踢球一直都是帮助他人的一种方式，未来我也将继续用它去达成这个目的。

尽管我已不再为切尔西效力，但我非常希望有一天，我会以一个不同的角色回归。2014—2015 赛季收官战前几天，我与主教练和几名俱乐部代表见了面，他们说："你必须跟俱乐部保持联系，你可不能离开后就消失了。你是这家俱乐部历史的一部分。我们尊重你想要继续踢球的选择，去享受足球带来的更多乐趣，但只要你决定退役，请你马上回来。”对我来说，如果未来弗兰克和我能一起在切尔西退休，那将会很完美。这将为我们的场上伙伴关系画上一个合理的句号。

经过这么多年，我已更加了解阿布拉莫维奇先生，他总给我留下深刻印象。他依旧是个非常简单、腼腆的男人，热爱并熟悉他的足球。我曾多次和他共进午餐，他喜欢了解球员们的感受和球队的进展。他很注重个人隐私，所以我刻意不去过多地谈论他，因为我觉得那样做是不对的，但我们是能相互理解的，而且在我看来，他是个正人君子，我感觉非常荣幸能和他拥有如此良好的关系。

正如我已说过的，何塞·穆里尼奥和我之间同样有着特殊的关系和特别的理解。他把我带到了这家俱乐部，后来再次把我带了回来，这样做并不是出于老交情，他告诉我那是因为我能为俱乐部做贡献，而且每一次，他都使我充满自信。这是因为他与其他教练不同。对大多数教练而言，当他们加盟一家新俱乐部时，他们会说：“我会努力获胜的，但那会很困难。”可何塞却说：“我来这里就是要赢得胜利的。”这感染了他的球员，于是他们很快便开始有了这种心态。我就是如此。对于我在球员时期他所给予我的一切，我将永远心存感激。

我知道这是正确的决定——在挂靴之前再进行一次冒险，因为我只想在自己还能踢球的时候享受这份乐趣。

同样，无论在哪里生活，我总是很享受，不管是在英国、法国、非洲、中国、土耳其，还是在如今我非常喜欢的蒙特利尔。我非常享受美国职业足球大联盟的新挑战，因为不论我接下来在哪里生活，我依旧对足球拥有雄心，也热衷于去发现我身体里还储藏着什么样的力量。

因此，我希望在球员生涯结束后马上回到切尔西，但是目前，我正在做我想做的事，即享受最后几年的踢球时光。我很高兴自己在2015年夏天加盟了MLS（美国职业足球大联盟）的蒙特利尔冲击队，更令我高兴的是，第一次首发我就上演了完美的帽子戏法。10场比赛过后，我总共打进9球，但这种水准很难去维持。不过我很现实。我知道我与5年前的自己已大不相同，可比起某个21岁的小将，我无疑拥有更出色的应对比赛的能力。

所以，理想状况下，我的未来应该是在英格兰，而且与切尔西有关，但我也很希望将我的基金会发展壮大。事实上，我真正希望的是它最终能变得越来越小，因为那将意味着我们生活在一个更美好的世界里，那时候人们就不再需要它了。但我是个现实主义者，因此在那种情况发生之前，我还是希望我的基金会能够存在，以向他人提供帮助。

我并不完美，这点我很清楚，但我试图脚踏实地，并谨记我从哪里来。我一开始什么也没有，所以现在我拥有的一切都只是附加的东西。我知道生命可能有多么脆弱，世事变化得有多么快，因此无论我在别人眼中处于什么地位，无论我已收获多少名声或财富，现在对我来说重要的是，我该如何利用它们和我所处的优越地位来回报社会，以及在我的有生之年做出贡献，设法在这个世界留下印记。

我想我已经在足坛留下了印记。这是别人无法从我身上拿走的东西。然而，我希望人们将来会说："他是个优秀的足球运动员，但他也很有头脑，能把才智运用到其他事情上。"通常，我不喜欢讨论我正在做的事，但在我人生的这个阶段，我意识到我必须得这样做，因为我觉得它能做出改变。

我的妻子和我养育着我们的孩子，希望他们以后也会想参与我的基金会并帮助别人。这是我们对他们的期望。他们非常幸运，他们拥有自己想要的一切，所以他们同样有责任去回报社会。事实上，在我看来，这便是你创造一种遗产的方式，那是有史以来最好的遗产。

有一天，我将离开这个世界。到了那一天，如果我的家人仍在继续从事这项由我开启的事业，我想我会含笑离去。

附录I　我的“最佳”首选

我选择的“最佳阵容”不是4—3—3，而是5—5—3。这是一份以切尔西为主的最佳球员以及我职业生涯最佳时刻的清单。和所有的清单一样，我很难做出最终的选择，每一次我都可能编出非常不一样的排序，但至少对我而言，这是最难忘的一些球员：

我的切尔西“五佳球员”：

1. 罗曼·阿布拉莫维奇，因为没有他，我们就无法获得我们的这些成就。

2. 何塞，如果不是因为他，我或许永远不会成为一名切尔西球员。他也改变了我们一家的生活。

3. 约翰·特里、弗兰克·兰帕德和彼得·切赫。并不是说他们三个有着同等的地位，而是他们应该被视为“一体”。

4. 克劳德·马克莱莱，他是我一到切尔西就交到的好朋友，也是一名非常棒的队友。

5. 球迷——简单来说，他们是必不可少的存在。

切尔西之外的“五佳球员”：

1. 卡尔斯·普约尔，一名难缠的后卫，却是一位绅士，一位真正的绅士。

2. 阿鲁纳·迪恩达内，科特迪瓦前锋，他为我助攻了非常多的球。同时，我们的关系非常要好。

3. 里奥·梅西，因为只有一个梅西。

4. 里奥•费迪南德和内马尼亚•维迪奇，可以把他们看作一个组合，因为你很难与他们对抗。对我来说，想从他们那里获得进球，我必须起得非常早！

5. 2012年的整支拜仁慕尼黑球队，因为那一年的他们真的非常优秀。

我与切尔西的三个最佳时刻（非常困难的选择）：

1. 好吧，显然是2012年获得欧洲冠军联赛冠军。

2. 2010年获得英超联赛冠军。

3. 我曾在温布利打入的所有进球——相当多的进球！

附录 II　职业生涯里程碑

俱乐部生涯

目前：蒙特利尔冲击俱乐部（2015—）

此前的经历：勒瓦卢瓦（1993—1997），勒芒（1997—2002），甘冈（2002—2003），马赛（2003—2004），切尔西（2004—2012），上海申花（2012—2013），加拉塔萨雷（2013—2014），切尔西（2014—2015）

国家队生涯

科特迪瓦国家队：出场 106 次，打进 66 球

科特迪瓦历史最佳射手

入选非洲国家杯最佳阵容：2006 年、2008 年、2012 年

荣誉与成就

切尔西

欧洲冠军联赛冠军（1）：2011—2012

英超联赛冠军（4）：2004—2005、2005—2006、2009—2010、2014—2015

英格兰足总杯冠军（4）：2006—2007、2008—2009、2009—2010、2011—2012

英格兰联赛杯冠军（3）：2004—2005、2006—2007、2014—2015

社区盾杯（2）：2005 年、2009 年

加拉塔萨雷

土耳其足球超级联赛冠军（1）：2012—2013

土耳其足协超级杯冠军（1）：2012—2013

土耳其杯冠军（1）：2013—2014

在重大决赛中出场次数：22

个人奖项

非洲足球先生：2006 年、2009 年

BBC 非洲足球先生：2009 年

英超年度最佳阵容：2006—2007、2009—2010

法国足球先生：2004 年

土耳其足球先生：2013 年

科特迪瓦足球先生：2006 年、2007 年、2012 年

切尔西年度最佳球员：2007 年

入选 ESM 年度最佳阵容：2006—2007

入选欧足联年度最佳阵容：2007 年

入选国际足联最佳阵容：2007 年

《Onze Mondial》杂志金球奖：2004 年

非洲杯最佳射手：2012 年

欧洲联盟杯最佳射手：2003—2004

法甲年度最佳进球：2003—2004

入选法甲年度最佳阵容：2003—2004

法甲年度最佳球员：2003—2004

英超联赛金靴奖：2007 年、2010 年

金靴纪念奖前 10：2006—2007

金靴纪念奖前 20：2006—2007

金靴奖：2013 年

获国际足球历史和统计联合会评选出的 21 世纪世界最佳射手

欧洲冠军联赛决赛最佳球员：2012 年

《时代周刊》百大最具影响力人物：2010 年

超越体育人道主义运动奖：2011 年

英国《GQ》杂志年度最佳运动员：2012 年

《GQ》杂志土耳其年度风云人物：2013 年

获足球记者协会评选出的最佳贡献奖：2015 年

事实档案

* （2016—2017 赛季之前）切尔西从未在没有迪迪埃·德罗巴的情况下夺得英超联赛冠军

* 2015 年曾被足球数据统计公司评为英超联赛历史最佳非洲球员

* 首位获得英超联赛金靴奖的非洲球员

* 首位打入 100 个英超进球的非洲球员

* 首位在欧洲赛事打入 50 个进球的非洲球员

* 首支挺进世界杯决赛的科特迪瓦球队的队长；打入了他们在这项赛事中的首球

* 15 次对阵阿森纳的进球纪录——共计出场 1175 分钟，平均每 78 分钟 20 秒打入 1 球

* 代表切尔西在决赛中打入 9 球——足总杯 4 球，联赛杯 4 球，欧冠联赛 1 球

* 唯一一位分别在 4 场足总杯决赛中都有进球的球员（4 场比赛都由切尔西获胜）。包括半决赛在内，德罗巴在 8 场温布利杯赛决赛中打入 8 球。

* 在重大决赛中打入 10 个进球，并获得过 15 座冠军奖杯

* 2012 年被球迷选为切尔西历史最佳球员

* 切尔西队史最佳射手排名第四

* 2012 年被国际足球历史和统计联合会评为 21 世纪世界最佳射手。2001—2012 年间德罗巴在国家队和欧洲俱乐部比赛中的 92 个进球使他成为同龄人当中的最佳球员。

附录III 俱乐部职业生涯数据

俱乐部	联赛（出场）	进球	法国杯（出场）	进球
勒芒				
1998—1999	2	0	0	0
1999—2000	30	7	0	0
2000—2001	11	0	3	1
2001—2002	21	5	1	1
合计	64	12	4	2
甘冈				
2001—2002	11	3	0	0
2002—2003	34	17	3	4
合计	45	20	3	4
马赛				
2003—2004	35	19	2	1
合计	35	19	2	1
俱乐部	联赛	进球	足总杯	进球
切尔西				
2004—2005	26	10	2	0
2005—2006	29	12	3	1
2006—2007	36	20	6	3
2007—2008	19	8	1	0
2008—2009	24	5	6	3
2009—2010	32	29	4	3
2010—2011	36	11	2	0
2011—2012	24	5	3	2
2014—2015	28	4	2	0
合计	254	104	29	12
俱乐部	中国超级联赛	进球	中国杯	进球
上海申花				
2012	11	8	0	0
合计	11	8	0	0
加拉塔萨雷				
2012—2013	13	5	0	0
2013—2014	24	10	3	1
合计	37	15	3	1
俱乐部	美国职业足球大联盟	进球	加拿大足球联赛	进球
蒙特利尔冲击				
2015	10	9	0	0
合计	10	9	0	0
总计	456	187	41	20

联赛杯	进球	欧洲	进球	其他	进球	合计	进球
0 2 0 2 4	0 0 0 1 1	0 0 0 0 0	0 0 0 0 0	0 0 0 0 0	0 0 0 0 0	2 32 14 24 72	0 7 1 7 15
0 2 2	0 0 0	0 0 0	0 0 0	0 0 0	0 0 0	11 39 50	3 21 24
2 2	1 1	6 6	11 11	0 0	0 0	55 55	32 32
联赛杯	进球	欧洲	进球	其他	进球	合计	进球
4 1 5 1 2 2 0 0 5 20	1 0 4 1 1 2 0 0 1 10	9 7 12 11 10 5 7 8 5 74	5 1 6 6 5 3 2 6 2 36	0 1 1 0 0 1 1 0 0 4	0 2 0 0 0 0 0 0 0 2	41 41 60 32 42 44 46 35 40 381	16 16 33 15 14 37 13 13 7 164
	进球	大陆赛	进球	其他	进球	合计	进球
		0 0	0 0	0 0	0 0	11 11	8 8
		4 8 12	1 2 3	0 1 1	0 1 1	17 36 53	6 14 20
	进球	大陆赛	进球	其他	进球	合计	进球
		0 0	0 0	0 0	0 0	9 9	9 9
28	12	102	50	5	3	631	273